分権化・自律化がもたらした学校経営へのインパクト

日本教育経営学会紀要

第65号

第一法規

ま　え　が　き

　我々は今，学校経営を巡る節目の年を迎えています。

　周知の通り，2022年は，近代学校制度の礎となった学制発布（1872年・明治5年8月）から150周年の年でした。改めていうまでもなく，学校制度は，明治初期の激動の時代に，近世から近代にかけてのうねりの中で設計・実装された重要な近代制度の一つであり，今日の学校制度，そしてそれを基礎とする学校経営も，規範と実態の連続／断絶を伴いながら，その延長線上に存在しています。加えて，2022年は，学校教育法施行（1947年・昭和22年4月）75周年にもあたりました。同法により，新たに3年課程の新制中学校が発足し，これが小学校6年に続いて義務制とされたことから，現在に続く義務教育制度の根幹は，この時に形作られたといえます。

　以来，日本は経済の発展・挫折を経験し，多くの自然災害にも見舞われました。それらに応答する試行錯誤のプロセスで成立した新制度の一つに，コミュニティ・スクール（学校運営協議会制度）があります。同制度も2022年，制度の発端から20年を迎えました。しかし，諸リソースの不足や関係者の主体性・自律性の浸透度の相違等から，その実現の程度は様々です。更に近年では，自律的学校経営というよりも，むしろ社会教育の場としての位置づけに重点が移りつつもあり，同制度は今，クロスセクショナルな多様性と，タイムトレンドの流動性の中にあるといえます。そこで，本号では，日本の学校経営における分権化・自律化の歴史的・今日的再吟味と，各々の新制度がもたらした功罪，そこから外挿される未来について特集することにしました。論文募集に応じて投稿された1論文（朝倉，他論文）も含めて，4本の特集論文を掲載しています。

　各論文では，1990年代以降の学校の自律化政策を戦後の歴史的文脈から吟味し，理念的には通底・連続しながら，自律を実現させえなかったこと（植竹論文），学校運営協議会が，学校経営の硬直的〈擬制的安定〉に影響され，飲み込まれている脆弱性（仲田論文），多核体としての地域づくりと，子どもも大人も育てていく包括的な仕組みの構築（丹間論文），学校経営の分権化・自律化の下での校長のリーダーシップ発揮実態と新たなネットワーク構築の必要性（朝倉，他論文）等が，それぞれ論考されています。

研究論文については，21本の投稿申し込み，17本の投稿があり，厳正な審査の結果，2本が掲載，1本が後述する「査読継続」となりました。教育経営の実践事例については，4本の投稿申し込み，3本の投稿があり，1本の掲載となりました。特集論文は，1本の投稿申し込みがあり，上述の通り1本が掲載されています。

　そのほか，大会開催時シンポジウム，若手研究者のための研究フォーラム，課題研究，実践研究フォーラムの各報告，研究動向レビュー，大会報告を掲載しております。書評については，6編を掲載しました。

　質を担保しつつ，論文掲載数を増やすことは，今期編集委員会のミッションの一つです。具体的な数値目標こそ掲げてはおりませんが，前号よりも1本でも多くの論文を掲載できるよう，編集委員会の皆様には大変丁寧な査読をして頂いております。また，今号では，内容の専門性に鑑み，一部編集委員以外の会員にも査読をお願い致しました。関連して，前号からの新たな取り組みを踏襲し，査読回数を3回に増やし，投稿者と査読者のやりとりを3往復確保致しました。これら査読者と投稿者との知見の濃密な往還は，建設的な研究吟味の場となり，読み応えのある論文を今号に掲載することにつながったと考えます。負担の多い複数回の査読について，誠意を持って臨んでくださった査読者の方々に，この場をお借りして，改めて厚く感謝申し上げます。

　なお，今回の査読では，掲載数増に向けたもう一つの新たな取り組みとして，「査読継続」の仕組みを試験的に導入しております。これは，資料の追加やデータの再分析が求められ，短期間での修正が困難であると想定されるものの，一定の水準に達している論文について，次号への掲載を目指して，時間をかけて改稿して頂き，再投稿して頂く仕組みです。今回は，1本がその対象となっております。

　これら一つひとつの取り組みは，小さなものかもしれませんが，今後も，少しでも多くの，質の高い論文を掲載できるよう，査読体制の工夫と精緻化を進めて参ります。次号でも，多くの会員からのご投稿をお待ちしております。

　最後になりましたが，第一法規の田村雅子氏と芳賀郁雄氏には，編集作業で大変御世話になりました。心より御礼申し仕上げます。

2023年5月

紀要編集委員長　貞広　斎子

目　　次

特集　分権化・自律化がもたらした学校経営へのインパクト

戦後日本における「学校の自律化」
政策の歴史的再検討

共栄大学　植　竹　　丘

— 今再び，教育経営は学校に引き戻そうとする機運にある。引き戻した姿は，かつてあったものとは相当に異なるものとなろう。「異なる」とは，自然に異なるのではなく，異ならせる努力によって「異なる」のである。[1]

1　はじめに：問題関心と課題設定

　本稿は，1990年代中盤以降の「分権化」に伴う「学校の自律化」政策が，歴史的な見地からどのような特徴を持っているのかを明らかにしようとするものである。

　教育経営学界において，歴史研究は必ずしも盛んであるとは言えない[2]が，数少ない先行研究を参照すると，戦後学校経営の時期区分としては，被占領期から1956（昭和31）年の地方教育行政の組織及び運営に関する法律（以下「地教行法」と呼ぶ）成立までの「戦後改革期」，地教行法成立から1990年代前半までの「55年体制期」[3]，1990年代中盤以降今日までの「分権改革期」の三期に大きく区分するのが通説であると考えられる[4]ため，本稿もこれに倣う。

　ところで，「（学校の）自律（性・化）」という用語は，戦後を通じて用いられていたわけではなく，管見の限りでは1990年代中盤以降の「分権改革期」に用いられるようになった用語である[5]。よって，三期を通時的に検討するためには，本稿における「学校の自律」を定義しておく必要がある。

　本稿では，「教育経営について学校が自己決定しうるかどうかの程度」[6]を「学校の自律性」，その実現のために，学校に意思決定の権限を与えること，あるいは「教育委員会が有している権限の一部，ないしは相当部分を学校に委譲し，学校はそれらを自らの権限として経営を行う」[7]ようになることを「学校の自律化」と呼ぶ。「自律」という言葉は用いられずとも，このような性格を持つ政策が，戦後を通じてどのように展開されてきたのかについて検討することを通して，1990年代中盤以降に展開されてきた学校の「自律化」政策が，歴史的な見地からどのように評価できるのかについて検討する。

　以下第2節では戦後改革期，第3節では55年体制期，第4節では分権改革期の「学校の自律化」政策を検討し，第5節でまとめと若干の考察を行う。

2　戦後改革期における「学校の自律化」

　被占領期に行われたいわゆる「戦後教育改革」において，学校運営に対する関心は決して高くはなかったと言われる[8]が，学校の運営・経営に関する言及が全くなかったわけではない。本節では，被占領期における政策文書において，「学校の自律化」がどのように構想されていたのかを検討する[9]。

　1945（昭和20）年8月14日のポツダム宣言受諾以降，いわゆる「戦後教育改革」が進められることとなる。しかし，文部省による「新日本建設ノ教育方針」（9月15日），GHQ／SCAPによる「日本教育制度ニ対スル管理政策」（10月22日）には学校経営に関する内容は含まれていなかった。これらの文書は戦時教育体制の処理に主要な関心があり，学校経営に言及する段階ではなかったと考えられる。

　被占領期の教育政策文書のうち，初めて学校経営に言及したのは，1946（昭和21）年2月にまとめられた「米国教育使節団に協力すべき日本側教育委員会の報告書」[10]である。日本側教育委員会[11]は同報告書の「四，教育協会又は教育者連盟に関する意見」[12]において，「教育内容の充実」，「学校運営の民主化」を目的の一つとする「教員協会」又は「教育者連盟」（以下単に「教員協会」と呼ぶ）を「教員の自発的自治的団体」として設立することを奨励した。

　この教員協会については，以下の二点を確認しておきたい。第一に，「其の組織単位は一定地域（例へば都，区，郡）内に於ける同権，同程度の諸学校に奉職する教員（学校長を含む）を以て成立す。」とされた。後に設置が奨励されることとなる教育研究協議会と異なり，学校単位ではなく「都，区，郡」単

位に設置されるもので，教員だけでなく校長も含むものとして構想されていた。第二に，教員協会は，「労働争議に類するが如き行動は努めて之を避けることを要す。」とされ，労働組合法に依拠して設立される教員組合とは明確に区別され，職能団体として位置付けられるものであった。

　また，同報告書は，「児童そのものゝ生活発展を主目標とする時，学校により，年度により，更に児童個々により，その進度と実質とが必ずしも画一であり得ないこと，同一でなくてよいことは当然である。それを画一固定の標準化せんとする要求のために，教育方法の活発な運営が妨げられることは明かである」とし，各学校ないし各教員の自発的な判断を重視していた。これらは次に見る米国教育使節団報告書と通底する認識である。

　日本側教育委員会報告書を受け作成され，1946年3月31日にGHQ／SCAPに報告された米国教育使節団報告書にも，学校経営に関する言及が見られる。同報告書は，「教育の目的」の項において，「民主政治における教育の成功は，画一と標準化とを以ってしては測られ」[13]ず，「中央官庁は教授の内容や方法，または教科書を規定すべきではな」[14]いとした。また，「地方的下部行政区画（市町村）の権限」の項において，「教師や，学校長や，地方教育課長などは，上位の教育関係官吏の支配や制御を受けないことが大切である」[15]とした。先述のように，画一的に教育内容や教育方法を規定するのではなく，各学校ないし各教員の自発的な判断を重視しているという点で，日本側教育委員会と通底する認識であるということができる。

　同時に同報告書は，「臨時再教育計画の方法」の項において，「あらゆる学校がその教師達の集会を開いて，その席上，問題や実際に行われていること等を，校長に支配されずに自由に論議する必要がある」[16]とし，「各学校内の教師の集会」の設置（開催）を促した。日本側教育委員会報告書における教員協会が都，区，郡単位だったのに対し，米国教育使節団報告書においては，各学校単位での教員の集会に期待されていたのである。

　各学校単位の教員の集会が，「臨時再教育計画の方法」の項に含まれていたことから示唆されるように，当時，教員には「民主化の担い手」としての役割が期待されていた。これについてより詳細に言及しているのが，1946年5月15日に出された「新教育指針」である。

　教員に対する手引きとして書かれた同指針は，「五（五）教師自身が民主的な修養を積むこと」において，「生徒を民主的に教育するためには，先づ教師

自身が民主的な修養を積まねばならぬ（中略）学校の経営において，校長や二三の職員のひとりぎめで事をはこばないこと，すべての職員がこれに参加して，自由に十分に意見を述べ協議した上で事をきめること（中略）このやうな学校経営そのものによって教師は民主的な修養を積むことになるのである」[17]とし，「教育の民主化」の縮図としての「学校運営の民主化」を促した。

同指針に示された理念が具体的な組織として構想されたのが，同年10月3日に出された「教職員の教育研究協議会新設に関する件」（発学436号）[18]に基づく「教育研究協議会」である。同通達によれば，教育研究協議会は，「学校教育民主化促進の見地」から，学校長司会のもとに行われる学校教職員会とは別に，各学校に設けられる「学校長司会によらざる教職員の自主的な会合」であり，「教職員各自が学術的，建設的な立場」から「自由に忌憚なく意見を交換し活発に研究協議」を行うことが期待された。また，同協議会に校長は参加せず，同協議会の提案を尊重するものとした。

学校運営だけでなく，教育課程編成に関しても，1947（昭和22）年3月20日に出された「学習指導要領一般編（試案）」では，各学校ごとの特色ある教育課程編成の必要性が説かれているほか，1948（昭和23）年7月15日に成立した教育委員会法は，その第46条で，指導主事の職務を教員に対する「指導と助言」とするとともに，「命令及び監督」を禁止した。

これらの政策文書から指摘できることは，戦後改革期には，戦前の画一主義・形式主義への反省から，学校運営の民主化が求められ，教員の「専門性」に裏打ちされた学校経営の「自律性」が重視されていたということである。さらに，教職員を構成員とする教育研究協議会の設置が奨励されていたことからは，教員を学校運営の重要な担い手と位置付けていたと言うことができる。

他方，現在，学校経営の一つの重要なアクターとなっている父母・地域住民等の参加は，「学校委員会」構想等の「取り組みレヴェル」や教職員組合側からの提案にとどまっていた[19]。

これら被占領期の諸政策は，いわゆる「逆コース」期の歯止めを経て，その性質は変容していくこととなるものの[20]，当初の理念及び政策（構想）としては，総じて，「学校の自主性・自律性」が尊重されていたと言うことができる[21]。また，教育研究協議会に象徴されるように，その担い手として想定されていたのは，校長のみならず，教員であった。

3　55年体制期における「学校の自律化」

　保守合同を画期とする，いわゆる「55年体制」のもとでは，教育行政は「中央集権化」し，画一的な教育行政が求められるようになったと理解するのが教育行政学の通説である。本節では，この時期の政策文書は学校経営に関してどのような認識を示していたのかについて，いずれも「第三の教育改革」を標榜した，中央教育審議会（以下「中教審」と呼ぶ）答申「今後における学校教育の総合的な拡充整備のための基本的施策について」（以下「四六答申」と呼ぶ）と臨時教育審議会（以下「臨教審」と呼ぶ）答申を検討する。

　1971（昭和46）年6月11日に出された四六答申は，「第1編第2章第2　初等・中等教育改革の基本構想」の中に，「8　学校内の管理組織と教育行政体制の整備」という項を設けている。同答申は検討すべき改善方策として，「各学校が，校長の指導と責任のもとにいきいきとした教育活動を組織的に展開できるよう，校務を分担する必要な職制を定めて校内管理組織を確立すること」とした。また，その「説明」として，「個々の教員の特性に応じた役割分担と組織的な協力体制を取り入れた新しい学校経営の方式が必要とされ」るため，「校長を助けて校務を分担する教頭・教務主任・学年主任・教科主任・生徒指導主任などの管理上，指導上の職制を確立しなければならない」とし，校長の指導（「リーダーシップ」）のもとに，管理上・指導上の職制を定めることを提起した。これらは，1974（昭和49）年に教頭職，翌1975（昭和50）年に主任職として制度化された[22]。1975年の改正では，主任制を法制化するとともに，「調和のとれた学校運営が行われるためにふさわしい校務分掌の仕組み」として校務分掌に関する規定（第22条の2，現第43条）を新設した。改正通知では，「校務分掌の仕組みを整える」ことを「学校において全教職員の校務を分担する組織を有機的に編制し，その組織が有効に作用するよう整備すること」と説明しており[23]，四六答申のいう「構内管理組織の確立」を具体化するための規定であったと言えよう。

　四六答申で提起された「校内管理体制」（校長のリーダーシップと管理上・指導上の職制）確立の必要性は，15年後の臨教審答申でも指摘されている。1986（昭和61）年4月23日に出された臨教審の第二次答申は，「第四部第3節　学校の管理・運営の改善」において，「関係者の相互信頼の基盤の上に，各学校に責任体制と校長の指導力が確立されていることが重要」だとしている。こ

こで「校長の指導力」は，翌1987（昭和62）年4月1日の第三次答申では，「幅広い人間性，教員として長年にわたる教育活動の蓄積や自己研鑽等を通じて得られる高度の職務遂行能力，そしてそれらを基盤として得られる信頼感」に基づくものとされている。しかし，「校長のリーダーシップ」の重要性が強調されるのに対して，教職員を学校経営に位置付けようという言及は四次にわたる答申を通じて見ることができない。むしろ，学校の閉鎖性，「一部の教職員団体」，当時の形式主義・瑣末主義的な校則などの「極端な管理教育」や体罰等を問題視し，「教育に関する苦情や相談への対応の一環として，学校についての父母や地域住民の意向のより適切な反映に努める」ことが提起された。特に，1987年4月1日に出された第三次答申では，「これからの『開かれた学校』の在り方は，単なる学校施設の開放という範囲をこえて，（中略）学校の管理・運営への地域・保護者の意見の反映等をはじめとする開かれた学校経営への努力（中略）などへと，より広く発展するものと考えられる。学校の管理・運営についてもこうした『開かれた学校』にふさわしい在り方が模索されなければならない」とした。

以上を敷衍すれば，55年体制期には，取組レヴェルはともかくとして，政策レヴェルとしては「学校の自律化」が意識されることはほとんどなかった。四六答申は校長のリーダーシップ及び管理上・指導上の職制からなる「校内管理体制」の確立を提起し，臨教審答申は校長の「指導力」が発揮されていないという認識から，校長のリーダーシップの重要性を強調した。その反面，当時の「教員批判」や「学校批判」に呼応する形で「学校の閉鎖性」を問題視し，学校（経営）を保護者や地域住民に対して「開く」ことを求めた。このように，55年体制期には，戦後改革期の「教員の専門性に基づいた学校の自律」というアイディアは後退し，校長を中央集権化した教育行政システムの末端として位置付け，政策上「学校の自律化」が積極的に推進されることはなかった。

4　分権改革期における「学校の自律化」

分権改革期は現在に連なる改革が行われた時期に当たる。分権改革期の一連の改革[24]は，1996（平成8）年から1997（平成9）年にかけての地方分権推進委員会の勧告に端を発する。これを受けた「21世紀に向けた地方教育行政の在り方に関する調査研究協力者会議」の論点整理の提出（1997年9月19日）などを経て，その後の改革のメルクマールとなったと評価されている[25]，1998

（平成10）年９月21日の中教審答申「今後の地方教育行政の在り方について」（以下「98答申」と呼ぶ）に至る[(26)]。

　98答申は，「はじめに」において，四つの改善方策の観点を挙げている。その一つ目として，「子どもの個性を伸ばし豊かな心をはぐくむ」ことを目的として，実際に教育サーヴィスを提供する「学校の自主性・自律性を確立し，自らの判断で学校づくりに取り組むことができる」ようにするという手段が採用されている。そしてその実現のためには，「学校及び教育行政に関する制度とその運用を見直すことが必要である」としている。

　この「学校及び教育行政に関する制度とその運用」の見直しに関しては，同じく「はじめに」で改革の方向性を四つ挙げており，その一つ目として次のように述べ，「学校の自主性・自律性の拡大」及び「地域住民の学校運営への参画」の必要性を説いている。

　　　各学校の自主性・自律性の確立と自らの責任と判断による創意工夫を凝らした特色ある学校づくりの実現のためには，人事や予算，教育課程の編成に関する学校の裁量権限を拡大するなどの改革が必要である。また，学校の自主性・自律性を確立するためには，それに対応した学校の運営体制と責任の明確化が必要である。このため，校長をはじめとする教職員一人一人が，その持てる能力を最大限に発揮し，組織的，一体的に教育課題に取り組める体制をつくることが必要であり，このような観点から学校運営組織を見直すことが必要である。

　　　さらに，公立学校が地域の専門的教育機関として，保護者や地域住民の信頼を確保していくためには，学校が保護者や地域社会に対してより一層開かれたものとなることが必要であり，地域の実態に応じて「学校評議員制度」を導入するなど，学校運営に地域住民の参画を求めるなどの改革が必要である。

　98答申は，標題こそ「今後の地方教育行政の在り方について」となっているものの，その第３章として「学校の自主性・自律性確立」を位置付け，最も多くの紙幅を割いている。第３章では，「教育委員会と学校の関係の見直しと学校裁量権限の拡大」，「校長・教頭への適材の確保と教職員の資質向上」，「学校運営組織の見直し」，「学校の事務・業務の効率化」，「地域住民の学校運営への

参画」の視点からの改革案を提起した。

　98答申の内容に関して注目すべきことの一つ目は，「校長のリーダーシップ」の（さらなる）強調である。答申は，「校長が自らの教育理念に基づいて，特色ある教育活動を展開することを促進する」ために，意見具申等教職員人事に一定のプレゼンスを与えるほか，「教育に関する職に就いている経験や組織運営に関する経験，能力に着目して，幅広く人材を確保する」ために，教員免許状を持たない者の校長への任用を可能にすることなどを提案している。

　二つ目は，保護者・地域住民への説明責任及び学校運営への参画の必要性が提起されたことである。答申は，「学校が地域住民の信頼にこたえ，家庭や地域が連携協力して教育活動を展開するためには，学校を開かれたものとするとともに，学校の経営責任を明らかにするための取組が必要であ」るとした。また，「今後，より一層地域に開かれた学校づくりを推進するためには学校が保護者や地域住民の意向を把握し，反映するとともに，その協力を得て学校運営が行われるような仕組みを設けることが必要であ」るとした。

　98答申は具体的な制度改革として，学校管理規則の見直し，校長・教頭の任用資格の見直し，主任制の見直し，職員会議の法令上の位置付けも含めた運営の適正化，学校の自己評価の実施，学校評議員の設置等を挙げており，その後これらの改革案の制度化が行われることとなる。

　2000（平成12）年の学校教育法施行規則の改正では，学校経営に関して次の三つの改正が行われた[27]。第一に，それまで法令上の規定がなかった職員会議について，「校長の職務の円滑な執行に資するため」の補助機関として制度化した。第二に，「校長の求めに応じ，学校運営に関し意見を述べる」機関として学校評議員を制度化した。学校評議員の属性は「当該小学校の職員以外の者で教育に関する理解及び識見を有するもの」とされた。第三に，校長任用資格の見直しである。それまで校長は，教員免許状を有し教育に関する職に5年以上勤務した経験のある者に限られていたが，免許状を持たずとも教育に関する職に10年以上就いた経験のある者，これと同等の資格があると任命権者が認めた者にも拡大した。後者は一般に「民間人校長」として知られることとなり，後に副校長，教頭にも拡大された。同施行規則の改正以外では，学校の説明責任・経営責任について，2002（平成14）年に小中高の学校設置基準を新設し，学校評価を努力義務化した。2000年の地方自治法第2条改正に基づく地教行法（旧）49条削除によって，学校管理規則の都道府県教育委員会の「準則」措置

が廃止されたこととあわせれば，主任制の見直し以外は，答申の理念が十全に実現されたかは別として，この時点で何らかの制度化がなされたことになる。

　その後の政策の展開に関しても簡潔に確認しておこう。まず2001，2002年に制度化が実現しなかった主任制の見直しに関しては，2007（平成19）年の学校教育法の改正で，新たに副校長，主幹教諭，指導教諭が制度化され，職階が倍増した。次に，保護者及び地域住民との関係については，第一に，2004（平成16）年3月の中教審答申「今後の学校の管理運営の在り方について」で提案された学校運営協議会が同年の地教行法改正で導入された。当初は任意設置であったが，2017（平成29）年に努力義務化された。第二に，2006（平成18）年の教育基本法改正によって学校，家庭及び地域住民等の相互の連携協力に関する条文（第13条）が新設された。この新設については，教育の根本法たる教育基本法に規定されることによって，学校が家庭（保護者）及び地域住民等と連携協力することに正統性が与えられたという評価がある[28]。第三に，前述した2007年の学校教育法の改正で学校評価が義務付けられ，同法施行規則の改正により，自己評価の義務化，保護者・地域住民等による学校関係者評価が努力義務化された。第四に，同じ2007年の学校教育法の改正で，保護者及び地域住民に対し，学校運営に関する情報を積極的に提供することとした。

　では，このような内容を持つ分権改革期の「学校の自律化」政策を歴史的な見地から見た時，どのようなことが指摘できるのか，次節で検討する。

5　まとめと若干の考察

　ここまで，戦後改革期，55年体制期，分権改革期における「学校の自律化」政策について素描してきた。ここでは，戦後改革期及び55年体制期の「学校の自律化」政策との比較から，分権改革期における「学校の自律化」政策が，歴史的な見地からどのように捉えられるのかについて検討したい。

　分権改革の黎明期には，理念レヴェルで戦後改革と通底しているという評価がされていた[29]。しかし現時点では，両期の改革は，理念的には通底しながらも，異なる形の「学校の自律」を描いたということができる。

　第一に，戦後改革期と分権改革期の改革を比較すると，その最も大きな違いは，「自律の担い手」に求められる。戦後改革期には，学校に大きな裁量を認め，「教員の専門性に基づいた学校の自律」が尊重されていた。そして，教育研究協議会に象徴されるように，その担い手として想定されていたのは，校長

のみならず，教員であった。これに対して，分権改革期の「学校の自律」は，「校長のリーダーシップ」は強調されているものの，教員の学校経営への参画は提起されていない[30]。その象徴と言えるのが，補助機関としての職員会議の法令化である。他方，新たに「自律の担い手」に加わったのが，戦後改革期には周辺的存在であり，「学校の自律性」論から排除されてきた[31]保護者及び地域住民である。

　教員ではなく保護者及び地域住民を「学校の『自律の担い手』」として位置付ける[32]ことは，「教員不信」としては臨教審と通底しているということができる。小島（2000b）は，55年体制期の教育政策に対するアンチテーゼとして1960年代から学校自治論が展開された[33]ものの，1980年代に顕在化した種々の問題が学校自治論が根拠とした教員の専門性の脆弱さを露呈させ，こうした問題の解決は教員や学校には任せておけないとの認識や世論を生んだ[34]とする。小島はまた，このような認識の延長線上に，学校の当事者は教職員ばかりでなく，子供や親，さらに住民であるとの理解が示され，それまでの自治論を主張しうる状況ではなくなったとする。このように，1980年代は学校の「荒れ」が社会問題化し，「教員批判」や「学校批判」が多く行われていた。そういった時代状況の中では，教員を学校経営の主体として位置付ける発想は採用されにくかったと考えられ，分権改革期以降にも持ち越されたと考えられる。

　さらに分権改革期には，「校長のリーダーシップ」の強化が目指されてはいるものの，同時に，企業経営手法の援用を期待した[35]「民間人校長（副校長・教頭）」の新設など，教員免許状を持たない者に学校経営を開くこととなった[36]。教員免許状を持たない者に学校経営を開いたことは，臨教審第三次答申が校長の「教員として長年にわたる教育活動の蓄積（中略）を通じて得られる高度の職務遂行能力」に期待していたこととは対照的である。

　第二に，55年体制期と分権改革期の関係で注目したいのは，学校の組織体制の整備に関してである。四六答申は，校長の指導のもとに，教頭及び各主任などの管理上・指導上の職制を定め，「校内管理体制」を確立することを提起した。そして基本的な構図は臨教審答申でも変わらなかった。

　小島（2000b）は，1980年代中盤以降の改革が，「開かれた学校」，「特色ある学校づくり」をスローガンに掲げ，学校の自己革新能力に期待していたのに対し，98答申は，学校の権限拡大を担保しての自主性・自律性の確立を唱えており，「自律的経営に強い縛りをかけた四六答申とは似て非なるものだ」[37]と

評価した。他方，林（2000）は，98答申の改革案について，総論として「学校の自主性・自律性」や「学校運営への地域住民・保護者の参画」などの「うるわしい建前」を提示する反面，具体的な改革案としては，校長の「独任的学校運営」への志向が基軸となっているとした。両者の議論は，小島が理念ないし方向性に対する評価を行っているのに対し，林は「隠された本音」を読み取ろうとしており，決して噛み合ったものではなかった[38]。しかし，2007年に「新しい職」を設置し，職階上の階層性を増したことは，理念はともかくその内実としては，四六答申で提起された「『校内管理体制』確立の必要性」との連続性を指摘することができるだろう。

　これまで述べてきた，戦後改革期と分権改革期の「学校の自律化」政策を比較すると，「理念レヴェルの連続」と「政策レヴェルの断絶」が指摘できる。分権改革期には，制度レヴェルの改革が一定程度進行した。上述の通り，これらの改革は「学校の自主性・自律性」を求めた98答申に端を発する。しかし，実際の改革は「『学校の』自主性・自律性」を高めようとした政策[39]として，その内実を伴ったものだっただろうか。大学のように（地方）独立行政法人化して法人格を与える[40]ことは一足飛びに過ぎるとしても，奇妙なことに，多くの政策の名宛人は，設置者（職員会議，学校評議員，中等教育学校，義務教育学校），都道府県・市町村教育委員会ないし任命権者（免許状不所持者の校長・副校長・教頭への登用，学校運営協議会，副校長・主幹教諭，指導教諭の設置）であり，学校ないし校長が名宛人となっているのは管見の限り学校評価及び異動に際しての意見具申の取り扱いのみである。分権改革期の諸改革は，その当初の理念とは異なり，「学校の自律化」というよりも「教育委員会の自律化」にとどまっていると言えよう。

　かつて市川（1986）は，学校の権限を拡大するには，まず教育委員会の権限を拡大させなければならないことを指摘した[41]が，学校が「自律」できるほどの「分権」が行われたかという点については，上述のように「教育委員会の自律化」にとどまっている[42]。

　加えて，分権改革期以降の諸改革については，政策（規範）と実態（導入する／しない）の「断絶」が指摘できる。分権改革に伴って，上述のような種々の制度改革が行われたが，それらの改革の中には，教育委員会によって利用されないものも多い。言うまでもなく，自己評価（学校評価）や学校関係者評価のように義務ないし努力義務とされたものの実施率は高い。学校運営協議会の

設置が，任意であった時代には低調だったにもかかわらず，努力義務となった途端に大きく増えたことはその証左であろう。他方，「民間人校長・副校長・教頭」，第三者評価，中等教育学校，義務教育学校，副校長・指導教諭の設置など，任意となっているものは概ね低調であり，任意のもので実施率が高いと思われるものは，定着後の追認という性格がある職員会議と主幹教諭を除けば，学校評議員程度であろう。当該政策が推進されるには理由がある（規範）にもかかわらず普及しない，ないしは差が大きい（実態）ということは，少なくとも教育委員会レヴェルまで分権された結果，「制度ができても利用しない」という「自律の結末」がもたらされたということができる。

　現段階で言えることは，理念的には通底していながら，分権改革期の改革は戦後改革ほどまでの「自律」を実現させなかったということである。戦後改革期について中留（1983）が，分権改革期について木岡（2018）が，「上から与えられた」ことを理由に「自律」に値するかを問題視している[43]。さらに木岡は，外部者に公的な参加・発言を認めることを，「むしろ自律性基盤を揺るがされている」[44]と評価している。同様に，教員の専門性を基礎として「学校運営の民主化」を実現しようとした戦後改革期の「学校の自律」から見れば，「教育委員会の自律化」にとどまり，保護者や地域住民などを「自律の担い手」とする反面，教員を「自律の担い手」とは位置付けていない分権改革期の「学校の自律」は，むしろ「他律」とも捉えられる[45]。

　エピグラフに掲げた小島（1996）は，分権改革がまさに始まろうとしていた時期の「予言」であった。しかし本稿の検討からすれば，四半世紀にわたる改革を経て，「学校経営」が学校に引き戻されたかといえば，疑問なしとしない。本稿で行われた検討の結論は，「かつてあったものとは相当に異な」ったものなのかどうかの判断ができるほど，「学校の自律化」は進まなかったということになる。

[註]
(1)　小島（1996）19頁。
(2)　学説史的な検討を除き，『日本教育経営学会紀要』の特集論文における歴史研究は，管見の限りでは「教育経営と戦後50年」がテーマとなった第38号所収の小島（1996）及び北神（1996）まで遡るように思われる。
(3)　小島弘道は「56年体制」という用語を用いている（小島 1996：3頁，小島

1998：5頁等）が，本稿ではより一般的な「55年体制」を用いる。

⑷　小島（1996）（2000a）（2002）（2003），中留（1984）（2010）。

⑸　小島（2000b）でも同様の認識が示されている（106頁）。

⑹　小島（1996）5頁。

⑺　小島（2000a）20頁。

⑻　小島（2003）9-10頁。

⑼　戦後改革期の学校経営構想の全般については，中留（1983），北神（1996）等を参照。

⑽　国立教育政策研究所蔵「戦後教育資料」III-12。

⑾　日本側教育委員会の概要については，海後（1975）104-108頁を参照。

⑿　本稿において，原史料で旧字体が用いられている場合は，固有名詞を除き新字体で表記する。

⒀　文部省調査普及局（1952）9頁。

⒁　同上，10頁。

⒂　同上，29頁。

⒃　同上，36頁。

⒄　文部省「新教育指針」52-53頁（国立公文書館所蔵）。職員会議に関する研究は，その多くが当為論を志向した議論を行っているため，本稿は，職員会議については立ち入らない。

⒅　国立教育政策研究所蔵「戦後教育資料」V-52。西本（1981）は同通知を，「学校組織民主化の最初の体系的政策意思を示すもの」（68頁）と評価している。

⒆　新村（1979=2010），小島（1997），北神（1996）を参照。

⒇　佐藤（1974）211-212頁，西本（1981）68-71頁，中留（1984）16-17頁。

㉑　小島（2002）1頁。

㉒　小島（2000a）17-18頁，小島（2007）20-23頁。

㉓　文部事務次官通達「学校教育法施行規則の一部を改正する省令の施行について」（文初地第136号）昭和51年1月13日。

㉔　言うまでもなく，改革は一貫して進められてきたわけではないが，時期区分を行ってその時期ごとに検討を行うことは紙幅の都合から許されない。この間の教育経営・学校経営政策の展開については，大野（2017）による，1997年から2003年頃の「導入期」，2004年から2012年頃の「展開期」，2012年頃からの「転換期」という時期区分（12-19頁）が参考になる。

㉕　小島（2007）64-65頁，堀内（2018）4頁。

㉖　この間の経緯は小川（1998）を参照。

㉗　教員人事に関しては，2001（平成13）年の地教行法改正において，第38条（市町村委員会の内申）に第3項が追加され，市町村教育委員会の内申の際に「当該校長

の意見を付する」とされた。

⑵⁸　木岡（2018）75頁。

⑵⁹　小島（1996）19頁，市川（1998）6-7頁，熊谷（1999）53頁等。

⑶⁰　それを反映してか，「学校経営参加」に関する研究動向をレヴューした柳沢（2018）においても，主として取り上げられているのは保護者及び地域住民の「参加」である。

⑶¹　天笠（2000）288頁。

⑶²　浜田（2020）は「民間人校長」や学校運営協議会等と合わせ，これらの改革の性格を学校の組織と経営の「『脱教職』化」と呼ぶ（28頁）。

⑶³　小島（2000b）102頁。

⑶⁴　同上，104頁。

⑶⁵　佐古（2007）40頁，浜田（2020）28頁等。

⑶⁶　授業レヴェルに関しても，1988（昭和63）年に特別免許状と特別非常勤講師が新設されている。

⑶⁷　小島（2000b）113頁。

⑶⁸　両者の報告に関する討議は「討論　学校自治と子どもの権利」『日本教育法学会年報』第29号，2000年，114-123頁を参照。

⑶⁹　堀内（2018）7-8頁。

⑷⁰　公立学校に法人格はないが，ではなぜ法人格のない主体に教育活動の提供主体としての「自律性」を求めるようになったのか，あるいはそれが政策の基調となることが受け入れられるようになったのかについては今後の課題としたい。

⑷¹　市川（1986）30-31頁。

⑷²　同様の，「権限が学校までたどり着いていない」という認識として小島（2007）68頁。むろん，現状が学校の権限拡大の過渡期である可能性は否定できない。

⑷³　中留（1984）7-8頁，木岡（2018）73頁。

⑷⁴　木岡（2018）73頁。

⑷⁵　保護者・地域住民を「学校」の内部者と捉えれば，「学校の自律」が実現しつつあるということもできる。「学校の自律性」と「保護者及び地域住民の参加」の関係に関して岩永（2000）は，閉鎖的になりがちな学校組織に日常的な「ゆらぎ」を与えるという点で有効性を持ちうる可能性があるとしている（244頁）。

［文献一覧］

・天笠茂「学校経営の自律性と校長の権限」日本教育経営学会編『公教育の変容と教育経営システムの再構築（シリーズ教育の経営1）』玉川大学出版部，2000年，276-291頁。

・浜田博文「学校ガバナンス改革の中の教職の『劣位化』」浜田博文編著『学校ガバ

ナンス改革と危機に立つ「教職の専門性」』学文社，2020年，28-37頁。

・林量俶「教育立法・行政の動向と生徒参加・学校自治」『日本教育法学会年報』第29号，2000年，90-100頁。

・堀内孜「教育行政の地方分権化と学校経営の自律性確立」日本教育経営学会編『現代の教育課題と教育経営（講座現代の教育経営2）』学文社，2018年，2-13頁。

・市川昭午「明るい未来があるとすれば」『学校事務』第37巻第1号，学事出版，1986年，24-41頁。

・市川昭午「教育行政のリストラに関する考察」『学校経営』第43巻第9号，第一法規，1998年，6-14頁。

・岩永定「父母・住民の経営参加と学校の自律性」日本教育経営学会編『自律的学校経営と教育経営（シリーズ教育の経営2）』玉川大学出版部，2000年，240-260頁。

・海後宗臣「教育改革の提言」海後編『教育改革（戦後日本の教育改革1）』東京大学出版会，1975年，85-141頁。

・木岡一明「学校の自律性確立を標榜する制度改革」日本教育経営学会編『現代教育改革と教育経営（講座現代の教育経営1）』学文社，2018年，73-84頁。

・北神正行「学校づくりと学校経営」『日本教育経営学会紀要』第38号，1996年，47-57頁。

・熊谷一乗「教育の地方分権と学校運営」『日本教育政策学会年報』第6号，八千代出版，1999年，52-69頁。

・文部省調査普及局『米国教育使節団報告書　全』1952年。

・中留武昭『戦後学校経営の軌跡と課題』教育開発研究所，1984年。

・中留武昭『自律的な学校経営の形成と展開（全3巻）』教育開発研究所，2010年。

・西本肇「戦後教育改革期における文部省の学校組織論の検討」『北海道大学教育学部紀要』第39号，1981年，39-83頁。

・大野裕己「現代の教育経営政策と法を読み解く」末松裕基編著『教育経営論』学文社，2017年，10-21頁。

・小川正人「地方教育行政改革推進の経緯と意義」小川編『地方教育行政の改革と学校管理職』教育開発研究所，1998年，2-5頁。

・小島弘道「戦後教育と教育経営」『日本教育経営学会紀要』第38号，1996年，2-20頁。

・小島弘道「戦後教育改革と学校と親・地域」小島編『学校と親・地域』（日本の教育課題第7巻）東京法令，1997年，229-245頁。

・小島弘道「学校の権限・裁量の拡大」『日本教育経営学会紀要』第40号，1998年，2-13頁。

・小島弘道「現代の学校経営改革の視野」日本教育経営学会編『自律的学校経営と教育経営（シリーズ教育の経営2）』玉川大学出版部，2000年a，12-38頁。

・小島弘道「教育における自治の理論的課題」『日本教育法学会年報』第29号，2000

　年 b，101-113頁。
・小島弘道『21世紀の学校経営をデザインする　上』教育開発研究所，2002年。
・小島弘道「学校経営の改革と研究の課題」中留武昭・論文編集委員会編『21世紀の
　学校改善』第一法規，2003年，3-15頁。
・小島弘道「日本の学校経営政策」小島編『時代の転換と学校経営改革』学文社，
　2007年，10-71頁。
・佐古秀一「民間的経営理念及び手法の導入・浸透と教育経営」『日本教育経営学会
　紀要』第49号，2007年，37-49頁。
・佐藤司「学校の自治」兼子仁・永井憲一・平原春好編『教育行政と教育法の理論』
　東京大学出版会，1974年，196-232頁。
・新村洋史「戦後教育改革と『学校委員会』構想」新村洋史『学校づくりの思想と実
　践』青木書店，1979=2010年，47-69頁。
・柳澤良明「学校経営参加にかかる研究動向と今後の方向性」日本教育経営学会編
　『教育経営学の研究動向（講座現代の教育経営 3 ）』学文社，2018年，95-106頁。

［付記］
　　本稿は，JSPS 科学研究費補助金（課題番号：21K02177）の成果の一部である。本
稿の執筆にあたり，編集委員会常任編集委員及び匿名の査読者にコメントをいただく
恩恵に浴した。記して感謝申し上げる。ただし，残された問題は総て筆者の責任に帰
されるものである。

A Historical Reexamination of the "School Autonomy" Policy in Post-war Japan

Takashi UETAKE (Kyoei University)

This study attempts to clarify the characteristics of the "school autonomy" policy that accompanied "decentralization" since the mid-1990s, from a historical point of view.

Various policies during the occupated period generally respected the "independence and autonomy of schools" as the original idea and policy (concept). Moreover, not only the principal but also the teachers were assumed to be the bearers of each school. And in the 1955 regime, regardless of the level of initiatives, there was almost no awareness of "autonomy of schools"as a policy level.

By comparing it with the "school autonomy"policy during the post-war reform period and the 1955 regime period, I examined how the "school autonomy" policy during the decentralization reform period can be understood from a historical perspective. First, when comparing the reforms in the post-war reform period and the decentralization reform period, the biggest difference lies in the "autonomy bearers". Second, regarding the relationship between the 1955 regime period and the decentralization reform period, it is possible to point out continuity in the development of school organizational systems.

Comparing the "school autonomy" policy between the post-war reform period and the decentralization reform period, we can point out the "continuation of the ideological level"and the "disruption of the policy level". Few of the various reforms are addressed to schools or principals. It can be said that the various reforms during the decentralization reform period, unlike the original idea, were limited to the "autonomy of the boards of education" rather than the "autonomy of the schools".

The conclusion of this paper is that the reforms during the decentralization reform period did not achieve as much "autonomy"as the post-war reforms.

学校経営の自律性と学校運営協議会
─20年の展開をどう捉えるか─

法政大学　仲 田 康 一

1　はじめに

　学校運営協議会など，学校運営への保護者・地域住民の参加を拡大する政策は，特集のテーマでもある学校の自律性概念と不可分の関係にある。例えば堀内は，学校経営を他律化してきた教育委員会の権限を学校に委譲することや，学校内部組織の再構築や経営管理層の育成による「経営機能を担う職制の整備確立」（堀内 2009：6頁）が学校の自律化の要件であるとしつつ，自律的な学校運営について説明責任を果たし，正統化を図るため，保護者・地域住民の学校参加が求められるとしている（堀内 2009：6-7頁）。

　所管学校において学校運営協議会を発足させ，地域住民や保護者等がその運営に参加するようにすること──コミュニティ・スクール化──が，いまや地方教育委員会にとっての努力義務となり，その普及の速度は著しい。本稿は，学校運営協議会の法制化から20年を迎えようとするこのタイミングも踏まえ，学校運営協議会の機能実態を特に「先進」自治体における事例研究を通じて論じ，今後の学校運営協議会の在り方についての課題の一端を明らかにしようとするものである。

2　学校運営協議会が直面する学校経営の基調

①　学校経営の限定的自律性

　さて，学校運営協議会の在り方を論ずる前提として，この間の学校経営の基調について筆者なりの整理をしておきたい。

　学校の自律性確立の画期を1998年の中央教育審議会答申とする立論があるよ

うに（中留 2010），学校の自律性確立についての議論は1990年代後半以降の数年においてピークを見ていたと考えられ，後の時間経過の中で学校の自律性は所与とされてきた感もある。しかし，木岡が本学会の60周年講座に「学校の自律性確立を標榜する制度改革」と題する論稿（木岡 2018）を寄せているように，表向きの「標榜」とは別に，学校が自律性を確立したと言えるのかを問うことは必要であろう。その際，学校の「自立」と「自律」を区別する浜田（2007）の視点が参考になる。これに従えば，前者，すなわち学校が独立した経営体であるとの認識や，それを保証する権限委譲等は，世紀転換点頃から進んだ諸改革により一定の発展を見たと言えるかもしれない。だが，分権については停滞していると見ることもできる。OECD 指標によれば，前期中等教育における意思決定において「学校」レベルでなされるものの割合は2003年で23％であったところ，2011年，2017年いずれも21％と，十分なものとは言えないことも示唆される（OECD, *Education at a Glance* 各年）。むしろ，「2000年代半ば以降の教育行政環境」を「資源面の学校裁量拡大の停滞状況における教育の水準保障の文脈追加等」とする大野（2019：41頁）の指摘が示すように，学校に求められる責任や役割の増加に見合った資源配分という点では分権が後退していると言えなくもない。

　では，浜田が言う「自律」すなわち，外的作用に依存せず組織内部において自身の活動を方向づけるというオートノミーというモメントにおいてはどうだろうか。学校運営協議会が導入・普及してきた2000年代以降を振り返ってみると，それは，NPM 型（新公共経営）の教育統治様式が広がっていった時代であった。「新しい時代の義務教育を創造する」と銘打った中央教育審議会答申（2005年）は，国が目標を設定し，地方・学校が実施過程に責任を持つとともに，評価を通して質を保証するという体制を提言した。これが典型だが，本人―代理人関係（石井 2022）を前提に教育統治を行おうとするのが NPM 体制である。そのもとにおいては，たしかに表面的には単位組織の自律性が強調されるものの，個々の経営単位は，所与の目標とパラメータを踏まえ，システム総体に適合的な形で自らを経営することが求められる。このとき，システムが求める大目標は不動の位置に置かれるため，上位目標から演繹されて設定される地方・学校の目標も限定性を免れず，その実態は「限られた範囲内での自律的裁量権が与えられる」（石井 2022：112頁）に過ぎないとされるのである。

② 硬直化に傾斜する学校経営

限定的自律性を与えられた学校で進行していると考えられるのが，計画の台頭である。地方・学校では，求められる事項の増加に伴い，様々な計画を立て，指標による進行管理が求められている。これは，端的に言えば，NPM に深く関わる PDCA サイクルという経営技法に関わるものと言える。

PDCA サイクルについてはすでに様々な研究があるが，そこで明らかになっていることは，それが，中立な概念との外見に反して，特定の様式での社会的実践を促す，一定の傾きを持ったマイクロマネジメント技術であるということである。その傾きの第 1 は，上位目標の優越である。仲田（2020）によれば，初等中等教育においては，教育振興基本計画の定める指標や，学習指導要領に基づく全国学力・学習状況調査の結果を通じて自己点検を行うことが Check の基本とされている。つまり，Plan 自体を学校が自由に決定したり，あったかもしれない Plan の多様なオルタナティブを開いたりするというよりは，上位から与えられる目的から演繹した指標の達成度を Check するという「上位目標の優先」が学校経営の基本となる。その傾きの第 2 は，当初計画の緻密化・徹底である。本来，子どもとの集団活動として教育活動が行われることにより，失敗を含む計画ハズレが起こりうる。だが，Plan の達成度の Check が PDCA サイクルの主眼とされる傾向が強いことから，PDCA サイクルを徹底しようとするほど「あらゆる偶然性を排除することによって限りなく〔計画遂行や目標達成の〕必然性を追求するシステム」（古川 2017：19頁，強調原著）が目指され，「計画段階（目的・手段）の緻密化」（大野 2020：88頁）が発生するのである。

繰り返される「学習指導要領の着実な実施」[1]という表現が象徴するように，所与の事柄を「着実」に「実施」する――それは，H・ガンターが英国の学校教育の在り方を「配送」という言葉で呼んだことと接続する（Gunter 訳書 2020）。「配送」の原語である deliver は，"約束されたものを実現する" や "責任を確実に果たす" といった意味を持つが，所与の目的や学習成果を確実に実施することが教育の編成原理となっているという観察は，日本でも成り立ちうることが示唆されている（末松ら 2020）。校長の職務遂行を補助するための機関としての職員会議の位置づけ，校長中心のカリキュラム・マネジメントなど，校長を結節点としたマネジメント体制が作られるとともに，規格外・計画外を統御する「スタンダード」が導入され（仲田 2018），より確実に当初計画が

「配送」される構造が作られつつあるのである。

　以上をまとめれば，資源配分を含む分権の不十分なまま，優越的な上位目標を前提に，学校は限定的自律性を行使しているということ。その中で，当初計画の緻密化・徹底による管理が進行しているということが近年の学校経営の環境ではないか，ということになる。このことは，NPM体制下で生まれた学校経営の硬直化と呼ぶべきものかもしれない。酒井は，大学改革の例をもとに，PDCAサイクルについては，それを「回す」ために発生するペーパーワークの増大も含め，反官僚主義的レトリックとは裏腹に，官僚主義的手続きの全面化につながると指摘している（酒井 2021：153頁）。PDCAサイクルをいたるところで稼働させることが求められる初等中等教育においても，分権的な外形とは裏腹に，「学校と教師の自律性の衰退」並びに「教育行政と学校経営の官僚主義化と硬直化」（日本学術会議 2010：16頁）が進んでいるとされるのである。

　2000年代初頭，学校の自律性と父母・住民の参加の意義を論じた岩永（2001）の問題意識を振り返れば，一つ目に，一元的能力主義体制のもとで「競争の構造」が生じ，保護者・教師・子どもがそこに巻き込まれていること，二つ目に，学習保障のために自己改善を遂げるべき学校が，文部科学省―地方教育行政―学校という「縦の関係」のもとで自律性を弱体化させていること。三つ目に，家庭・地域の教育力の低下のもとで，学校依存と学校離脱が進んでいること――というものであった。このような問題意識のもと，岩永が指摘したのは，学校経営の「自己改善」が学校に閉じ，同調性や組織防衛という組織文化の中で〈擬制的安定〉の確保が最優先されかねないという問題だった。

　それから20年あまりが経過し，学校運営協議会が目の前にしているのは，資源配分を含む分権の不十分なまま，優越的な上位目標は前提に，その確実な実施のため当初計画の緻密化・徹底による硬直化が進行しているという，新たな〈擬制的安定〉の姿であると言えよう。

　では，上記のような学校経営の基調が，学校運営協議会とどのような関係性にあるのだろうか。学校運営協議会は，子ども・保護者・地域の実態や実感を持ち寄った討議を行い，権限を行使することで，上位目標や当初計画，あるいはそれらを基軸とした経営に対して問い直しを行っているというのが一つの仮説である。逆に，前述したような学校経営の基調は極めて全面的であり，学校運営協議会がそれに飲み込まれているという可能性もあろう。このような理論

的仮説を念頭に置きつつ，以下では，まず学校運営協議会について行われてきた研究を簡単に振り返り（第3節），「先進」自治体における学校運営協議会の運用についての事例研究（第4節）を行うことで，理解を深めることとする。

3　学校運営協議会の展開：実証研究の確認

　学校運営協議会をめぐる研究は，コミュニティ・スクールの増加に伴い，様々な論点に照準し，方法的にも，問題設定的にも多様に展開している。あえてそれを分類すれば，次の二つの研究関心があったと言える。

　第1のカテゴリは，学校運営協議会の3権限の行使実態への問いに基づく研究群である。これは，制度が所期の目的をどの程度実現しているのかを確かめるという趣旨の問題設定と言えよう。

　これについて，研究が明らかにしていることは，権限行使の空洞化（仲田2015）と言うべき状況であった。例えば，3権限の中で最も重要（文部科学省2012）とされる承認機能について，「学校の方針に修正意見が出なかった」が84.5%（文部科学省 2012），「校長の方針に対し不承認も修正意見もなかった」が90.4%（文部科学省 2015）だった。仲田（2015）の研究でも，学校運営協議会委員の多くが学校行事や地域人材の活用等に対して意見を反映していると自己認識している一方で，学校の予算や人事など，硬質な論点に対しての意見反映は低調になりがちであることが分かっている。

　このように，権限行使が空洞化していることの背景について，研究では，参加者の準備性が十分でないということが指摘されている。実際に，学校運営に関与するときには，「素人統制」という文言が与える印象以上に，話題に対する一定の習熟が必要とされることも事実である。学校支援の過程で「各主体が学校教育を少しでも理解し，教職員の職務や苦労を理解し，教育に関する情報に触れる中で自分なりの考えを確立していくというエンパワーメントの機能」（岩永 2011：51頁）が重視されるゆえんである。また，仲田（2015）が指摘するように，学校運営協議会に集う人々の間の社会的背景が，不均衡な権力分布につながり，それが対等な議論の活発化を阻んでいる可能性もある[2]。

　学校運営協議会の委員をめぐる研究も，第1のカテゴリの一部に属すると考えることができる。権限を持って学校運営に参加できる仕組みであればこそ，参加の代表性や，社会的属性の実際が問われることになるからである。英国の学校理事会の研究でも，人種や階級の観点での理事構成などが問われてきた

（Deem, *et al.* 1995）が，日本では，地域住民という選出区分の多さ，男性で，比較的年配の層が多いことなどが明らかにされ（仲田 2015），また，これは制度設計にも関わる部分だが，教員代表が法に明記されていないことや，生徒参加が位置づけられていないことの問題が指摘されている（例えば岩永 2012）。実質的には，学校に関与する何らかの地域活動を行っていた人物から委員選定が行われる例の多いことが，明らかになっている。

　これに対し，第2のカテゴリは，権限外の派生的活動の動向を捉えることに重点を置くものである。大林（2011）は，学校運営協議会を土台に，教師のイニシアティブで行う地域・保護者を巻き込んだ学習活動を通して，地域住民・保護者と教師のネットワーク形成が進展し，学校教育の改善につながったことを，事例をもとに明らかにした研究である。佐藤らが受託した文部科学省の委託調査にも，学校運営協議会の「成果」を尋ねた設問があるが，これを見ても，「学校に対する保護者や地域の理解が深まる」「地域と連携した取組が組織的に行えるようになる」「保護者・地域による学校支援活動が活発になる」といったものについて，8割を超えるコミュニティ・スクールの校長が成果ありと認識している（文部科学省 2015）。ここからは，意思決定への参加の実質化はともかく，日常的な交流が活発になり，地域社会の実態を踏まえた教育活動が組織的に行われるようになりつつあることが見て取れる。大林（2014）が「ソーシャル・キャピタル蓄積型」としてその作動メカニズムを説明するように，地域社会における人間関係の量と質を活性化させる方向性は，地域社会の存続や地方創生という近年の政策課題とも接続していくものである。

　以上を総じて見ると，権限外活動を束ねるという部分で学校運営協議会が活用され，それに適した委員選定がなされ，学校支援型という機能に意義が見出されていることが分かるのである。「活発だが消極的」[3]──権限外活動については活発で積極的でありつつ，権限によって学校経営に関与するという観点では消極的な学校運営協議会の姿が見えてくると言えよう。

4　「先進」自治体から見る学校運営協議会の課題

　前節を踏まえれば，学校運営協議会の全国状況は，硬直化した学校経営から良くも悪くも切り離されているように見える。学校支援などの権限外活動に局限されるとはいえ，それなりに活発な運営がなされているからである。だが，その観察は，以下の事例を見ることで若干異なるものになってくる。

　本節で取り上げるのは，東京大都市圏に位置する，ある自治体（X市とする）の学校運営協議会である。X市は，2007年度から所管学校に学校運営協議会を設置しはじめ，現在では全校がコミュニティ・スクールとなった先行例であり，論文や著書等にも取り上げられている。小中一貫教育にも積極的で，学校運営協議会も小中まとめて運営されている。その運用は，「学校支援型」（岩永　2011）という特徴を持ち，様々な部会が教育課程内外の学校支援や，地域行事運営を行っている。しかし，もう一方で，議事において権限事項を確実に扱うよう教育委員会が指導しており，会議も月1回程度と，頻繁である。

　調査の実施は2021年1月〜8月であり，学校運営協議会に中心的に関わっている委員6名に，各々約1時間の半構造化インタビューを行った。この6名が関わっている中学校区はそれぞれ別である。一部の聞き取りについては，他の委員等が同席した。インタビュー時には，匿名化することを約するとともに，使用目的について許可を得て録音し，テープ起こしをした[4]。また，関連する情報（会議資料，学校評価シート，要覧，教育委員会作成の指導資料等）も可能な限り提供を求め，参照した。

　なお，この聞き取りが行われたのは，新型コロナウイルス感染症（以降COVID-19）パンデミックの最中であり，第一義的にはCOVID-19対応を調査事項としていた[5]。しかし，その中で，パンデミック以前から形成されていた学校運営協議会の特定の運営様式が浮かび上がってきたため，以下①②ではそこに焦点を当てて述べる。また，次表にまとめた6名のうち2名は，地域学校協働活動支援員としても活動しており，20年近く学校・地域活動の経験を持つ人物（A，B氏）であることから，他より重みを持って取り上げる。

表　調査概要

実施日	対象者	形式等
2021年1月8日	A氏（学校運営協議会委員・地域学校協働活動推進員）	オンライン・2022年9月に再度情報収集
2021年1月20日	B氏（元学校運営協議会委員・地域学校協働活動推進員）	対面・2022年6月に再度情報収集
2021年1月29日	C氏（学校運営協議会会長）	オンライン・前学校運営協議会会長同席
2021年8月20日	D氏（学校運営協議会会長）	対面・校長同席
2021年8月27日	E氏（学校運営協議会会長）	対面
2021年11月19日	F氏（学校運営協議会会長）	オンライン

① 計画通りの議事進行と「役員会」

さて，X市では10年以上，地域と学校との連携を進め，学校運営協議会も一定程度成熟している「先進」地であると認識されていることは先述した通りである。それが「先進」であることは，単に地域連携の歴史が長いということにとどまらず，学校支援に関わる諸活動のみならず，権限事項も含めて扱うことを教育委員会が指導することにも見出せる。だが，そこでの議論には，ある一定の特徴があった。まず，以下のB氏の語りを引用する。

> 会議を開いて，例えば2時間どういう話をするかが目的になってしまっていて，中身がもう決まっているんですよね。まず校長先生が学校は今こういうことやっていますという説明があり，地域でこういうことやりますという宣伝みたいな報告があり，それで2時間終わっちゃうんですよ。

「しまっていて」「終わっちゃう」という語尾から分かるように，この発言には，予定された議題のみによる会議進行を課題とする認識が示されている。それは，いわば，議事が形式化しているということである。

なぜ，このように形式的になるのか。インタビューから分かるのは，学校運営協議会の議事内容そのものが，学校管理職や学校運営協議会の役職者を交えて構成される「役員会」で大筋決定され，そこから外れることがない状況があるということだった。「役員会」は，対象6名のうち4名が当然のものとして特段の説明なく言及していたもので，それだけX市において一般的な運営方式の一部となっていると推察される。これについてある学校の資料を確認したところ，学校運営協議会の約1週間前に，「役員会」と「管理職会」が連続して設けられていた。「管理職会」では，小中一貫教育を行っているため，関係する小学校・中学校の管理職が集まって情報交換をしており，そこでは学校運営協議会への議事次第や資料の確認がなされる。さらに，「役員会」では，改めて議事次第や資料の確認を行うことになっている。インタビューを行っている場に立ち寄った校長に確認したところ，職員会議に対する企画委員会や運営委員会のようなものだとの言及があった。その校長は同じパイプファイルに管理職会・役員会・学校運営協議会の資料を綴っており，許可を得て閲覧（議案書のみコピーも）したところ，それら3種の会議の間で，資料や議題が一貫していることを見て取ることができた。このように，あらかじめ資料内容や議題が確認された上で提案されていること，そこに管理職が綿密に関与していることが見て取れる。

役員会が設定されている効果について，A氏は「*学校運営協議会の会議そのものはすごいスムーズにはいく*」という。特に，小中合同で実施するため複数校から議題が出てくる点では，事前調整による効率化が求められるのは理解できるだろう。しかし，もう一方でA氏は「*役員会からはみ出すことを許さない空気*」があるとも述べる。その一例として，役員会で出ていなかった話題が本会議で提議された際に「*聞いてないって言われ*」，「*じゃあ次回役員会に持ち越します*」となった経験を語っている。COVID-19下における地域活動をめぐってフリーのグループ討議が設けられた時も，「*もう最初から役員会でテーマが設定されていて。これって誰が決めているの？って聞いたら，どうもやっぱり校長先生方らしいんです。私たちこんなこと話したいよねっていうふうな意見がでたときに，それを提案する場が，残念ながらなくて*」と述べていた。会議運営がスムーズである反面，「*多くの学校運営協議会の委員さんの意見はどこで反映されるの？*」との疑問にもつながるとの発言があった。

② 確定した年間計画の貫徹

では，管理職会・役員会によって確実な議事運営をする背景には何があるのだろうか。

第1に，長年の積み重ねの中で，どの月に，どの行事を行う，という年間計画が学校運営協議会の中で確固として成立しており，それらの頭出し・起案・報告という一連のプロセスが既定路線化しているということがあった。これを「形骸化」と呼ぶB氏は，

> *ルーティンで何月に何やる，何月に何やると。コミュニティ・スクールは結構承認事項もあったりするので，あと評価もやんなきゃいけない，あれをやらなきゃいけないというのがあるので，どうしてもやらなきゃいけないことに目を奪われがちなんですよね。*

と述べている。

管理職会・役員会による確実な議事運営への志向性の背景として第2に挙げられるのは，いつ・何を議事として取り上げるかが教育委員会によって指導されており，それを貫徹しなければならないということがある。D氏への聞き取り時に提供された資料の一つに，「学校運営協議会での協議事項等」と題された文書がある。手書きで「（市教委より）」とある同文書には以下の記載がある。

```
4月  説明→承認（経営計画【様式Ａ・Ｃ】の作成）
5月  説明→承認（５月末までに教育委員会に【様式Ａ〜Ｃ】提
     出）
9月までに  自己評価の説明・学校関係者評価の実施　意見集約→
     承認（教育委員会に【様式Ａ〜Ｄ】提出）
1月までに  自己評価の説明・学校関係者評価の実施　意見集約→
     承認（教育委員会に【様式Ａ〜Ｇ】提出）
2月までに  評価報告書　説明→承認　（【 様式Ｇ】により説明）
3月までに  基礎データ　説明→承認（３月末までに提出）
```

　ここで言及されている各【様式】については，Ｆ氏から Microsoft Excel®
のデータ形式で提供を受けたが，各々のシートタブには，それぞれの様式の名
称とともに，それを使用する月も記載されていた。

　本来，いつの学校運営協議会でどの議題を扱うかは，学校ごとに異なりうる。
しかし，かかる指導が複数の様式とともに教育委員会から示されることの意味
は大きい。すなわち，これらの議事を確実にこなし，承認を取り付けることが，
校長にとってのタスクとなっていると考えられるのである。それは，学校運営
協議会会長（Ｄ氏）と校長との次のやり取りから見て取れる。

　（Ｄ氏）教育計画，教育課程。

　（校長）予算とか人事とか。

　*（Ｄ氏）予算，人事。あと年間のスケジュールとか一応そのときに出して，
　組織全て決めて，これで行きますっていうことを承認しないといけないん
　です。〔中略〕*

　*（校長）学校運営協議会ハンドブックとかに基づいて，何月までにこれは
　承認しなきゃいけませんよとかあるもんですから。僕らもそれに基づいて，
　今度やるのは，関係者評価の第１回を９月中に上げなきゃいけませんと
　かっていうのがあって。ポツポツとあり，承認というものが。*

　このような教育委員会の指導は，標準性を持って学校運営協議会を運営する
とともに，法的権限を実質化しようとする意図であるかもしれないが，ある種，
議事がタスクの消化のようになりかねない危うさを持っている。というのも，
同じ校長は以下のように述べ，重要な承認事項について事後承認になっている
と示唆しているからである。

*正直言って承認って，実際には，ここでは今年度の予算ですねって承認を
してくださるんですが，意見は頂戴するけども，変わるのは次年度になっ
ちゃうんですね。教育課程についても，届出の前に少しもちろんお話をし
て来年度はこの形で行きますよとお話はするんですが，結果的には出した
ものを承認されましたっていうような形での承認になってしまう。*

この発言は，いつどの議題を扱うかの判断が教育委員会の指導文書依存に
なっていることの現れとも言える。ただ，これについて，そのような運用を
行っている学校を批判することは本稿の意図ではない。X市では，小・中一貫
教育も志向されており，学校運営協議会も中学校区単位で行われていることか
ら，複数の小学校と中学校が日程や議案を調整しなければならない。また，議
案も膨大で，管理職会・役員会・学校運営協議会の資料を綴じているパイプ
ファイル（先述）は，１年度分だけで厚さ10cm程度のものとなっている。それ
だけの書類・様式を駆使しながら "学校運営協議会を活用した運営" が求めら
れる管理職業務の困難さをここから推察することも不可能ではないからである。

③ 「計画通り」が崩壊した COVID-19パンデミックの中で

このような「計画」に依拠した学校運営協議会の運営は，COVID-19パンデ
ミックのもと，一定の限界を見た。

まずB氏の経験を取り上げる。彼女は，長らく学校に関わり，何かあれば助
言・助力を求められてもきた「プライド」から，一斉休校になった時点で「ア
ドレナリンが出た」と言う。しかし，しばらくの間，学校から助力・助言を求
められることはなかった。「*3か月ぐらい何もできない自分がいることにショッ
クだった*」と述べている。

A氏も，2022年度の状況について，様々な意思決定において教育行政―校長
の系における決定が優先されると述べている。例えば学校行事について，計画
変更を含めたその在り方は学校運営協議会にほとんど決定した事項として降り
てくるという。そして，それに関して「*意見ていうか感想みたいなふうには言
えるんですけど，その決定に影響できるような意見は言えないかな*」と述べる。
もちろん，校長や教育委員会が学校管理権を有している以上，学校運営協議会
が学校行事に関する決定をするものではないが，学校行事は教育課程内という
学校運営協議会の権限に係る事項であるとともに，保護者や児童生徒の被る影
響も大きい問題である。学校運営協議会は，少なくとも名目上，保護者の「代
表」を含む組織であるにもかかわらず，そのことについて意見聴取される位置

にはないのである。

　先の例は学校が主管する学校行事であったが，学校運営協議会が主催する地域行事等も，学校行事と連動して是非が決せられていることが以下から分かる。

　　とにかくずっと1年間いろんな行事が中止になる中で，最後にこの行事だけは開こうと。子どもの距離も取れる計画をしてたんですけども。最後の最後に，修学旅行が中止になっちゃったんですよ，直前になって。学校運営協議会だけイベントやっちゃ駄目みたいになって。行政から降りてくるルールで学校行事が動くと，やっぱりそれに連動しちゃう。

　ここでA氏が指摘しているのは，イベントそのものの趣旨・性質や，感染予防上のリスクといった事柄を議論した上での不開催決定ではなく，教育行政—校長の系による意思が，特に断りなく学校運営協議会の意思決定に横滑りしていることの問題である。

　COVID-19パンデミック下にあって，学校支援活動が櫛の歯が欠けるように"引き算"されることはやむを得ないとしても，そこで改めて各支援事業の意味を問い直したり，あるいは学校の教育課程（学校行事を含む）の変更について討議を行ったりするなど，学校運営協議会の活躍場面はあり得たはずである。それは，次のB氏の指摘からも示唆されよう。

　　そもそも何でこれをやらなきゃいけないのか，ここの時期にやらなきゃいけない理由は何なんだというところを議論するというか調査して，そうかだからこの時期にやっていたんだ，この時期にやることはこういう意味があるんだと。だったら，できないからこうしようとかいうふうにならないと。

　こうした意見が出てくることは，積み重ねられてきた年間計画がある意味で自己目的的に運営され，COVID-19パンデミック下にあっても問い直しがなされていないということの裏返しであると言える。同氏は，「今こんなことが課題だよねとか，学校運営協議会の肝みたいなところは話されていないんですね。私はすごいやばいと思っていて，これでは何のための学校運営協議会なのか分からない。学校評議員と何も変わらないです。」と端的に表現している。

　だが，このような運用となった背景は，平時から準備されていた。それは，本節①②で述べた通り"学校運営協議会を活用した運営"が管理職の遂行するべき上位目標となり，その安定的・計画的な運営が優先された結果，管理職の統御できる範囲内に学校運営協議会の議論が局限されていたということである。

　なお，こうした運用は，学校運営協議会の制度設計の範囲であることも確認したい。学校運営協議会は，たしかに権限が法律に規定されている。しかし，同制度に対しては，「教育官僚制の維持を旨としたその枠内での微調整」（高野2010：36頁）との評価もある。実際，尊重義務が規定されているのは任意の任用意見のみである一方，必須の承認対象である教育課程その他の事項に関する学校運営の基本的な方針については，いったん承認を受けさえすれば，校長は「具体的な権限の行使の在り方や内容について，学校運営協議会の指示や承認を受けるものではない」（木田 2015：379頁）とされている。つまり，一定の手続き的な関与は必須であるものの，その権限の実質については，教育委員会と校長による学校管理体制の中に吸収されうる余地を当初から大きく残すものだった。その意味で，これまで述べた状況は制度の範囲内なのである。

　だが，そうであったとしても，COVID-19パンデミック下で学校運営協議会を含めた諸会議の「意思決定の共同性」「意思形成・決定過程の質」（水本2021：130頁）が問われたはずであり，その点で，当該運営が一定の脆弱性を持っていたことが当事者において認識されていたこと，そして，それがいわゆる「先進」自治体で観察されたことの意味は，たとえ一事例であったとしても，小さくないと言えよう。

5　まとめにかえて

　本稿で論じたことを確認すると次の通りである。まず，「自立」「自律」の観点いずれにおいても学校の自律性が限定的であること，資源配分を含む分権の不十分なまま，優越的な上位目標を前提に，その確実な実施のため当初計画の緻密化・徹底による硬直化傾向が見られることを前提として確認した。次に，実証研究から学校運営協議会の様相を「活発だが消極的」とまとめ，学校運営の基調を問い直すまでの状況を見出しにくいことを指摘した。さらに，「先進」自治体の事例研究からは，役員会等を通じた計画通りの議事進行が志向されていること，その背景には，確定した年間計画を貫徹させる必要のある管理職の状況があることも推論した。

　以上の分析はいかなる含意を持つだろうか。確認しておきたいのは，本稿（特に第4節）は，シカゴ学校改革を例に，参加の法的な権限を精緻化することが官僚主義を招くと論じた黒崎（1994）の論や，「『学校ガバナンス』機能を発揮させることに固執する必要はない」と述べる大林（2011：80-81頁）らの

論を例証したものではないということである。というのも，第4節で確認されたのは，権限行使そのものの問題というより，権限行使がなされているという擬制を取り付けるための手続きに客体的に位置づけられている学校運営協議会の姿であったというべきだからである。

　また，本稿が学校支援の活発さ（第3節）や，権限行使に関わる硬直化（第4節）を指摘したことをもって，権限外の学校支援活動をできる限り行えばよいという含意を読み取ることも，必ずしも適当とは言い切れない。そもそも，学校支援活動を活発化し組織化するのみならば，学校運営協議会でなくてもよく，その必然性がないのに努力義務にするというのは，学校運営の形式を画一化する行為でしかないことに加え，何より，パンデミック下において制度のポテンシャルが発揮しきれなかった（と地域関係者から認識されている）という第4節の分析からは，権限外活動だけを活性化させるという方向性の限界も明らかである。むしろ，「対等の関係で意見交換をし，合意形成をしていく参加・共同決定型コミュニティ・スクールに進んでいく必要がある」（岩永2011：51頁）との主張に今こそ着目すべきということが，本稿から読み取れる含意であろう。本稿が明らかにしたことを踏まえれば，学校支援活動のみに自らの役割を局限しがちな参加者の準備性の低さや，学校運営に参加する人々の社会関係というこれまで指摘されてきたような要因のみならず，当初計画の緻密化・徹底による硬直化が進行しているという，学校経営の〈擬制的安定〉ともいうべき学校経営の基調が学校運営協議会を飲み込みつつある現状を認識することが必要だろう。こうした基調の緩和と参加・共同決定型コミュニティ・スクールを同時追求するための実践や理路や実践的示唆は究明できなかった。今後の課題としたい。

[注]
(1)　例えば2020年の中央教育審議会答申「『令和の日本型学校教育』の構築を目指して」など。
(2)　付箋などを使ったワークショップ形式の「熟議」が各地で行われ，議論を活性化させようとしているのは，こうした問題に対する改善策であると言えよう。文部科学省（2010）も参照。
(3)　Young（2017）の論文タイトルを踏まえた記述である。同論文は，イングランドの学校理事会について，学校の戦略的方針や説明責任に関わる意思決定を忙しくこなしつつ，国の政策や，校長が提示する選択肢に対し受動的な同意をしていること

をこの表現で示している。
⑷　学校運営協議会やその事業等に独自の名称を用いていたりする場合もあるが，文中では断りなくそれらを一般的な用語に変えてある。
⑸　パンデミックの開始時点においては，会議を書面開催に変更したこと，2020年6月頃からオンライン会議システムを用い，対面と併用する学校が増えていったこと，行事のWeb配信など，柔軟な対応が試みられたことが語られている（D氏，A氏，C氏，B氏，E氏）。また，2020年度の学校関係者評価を，学校運営協議会委員の提案で前期中は見合わせたことも語られた（E氏）。

［引用文献一覧］

・石井拓児『学校づくりの概念・思想・戦略—教育における直接責任性原理の探究』春風社，2022年。
・岩永定「父母・住民の経営参加と学校の自律性」日本教育経営学会編『自律的学校経営と教育経営』玉川大学出版部，2000年，240-260頁。
・岩永定「分権改革下におけるコミュニティ・スクールの特徴の変容」『日本教育行政学会年報』第37巻，2011年，38-54頁。
・岩永定「学校と家庭・地域の連携における子どもの位置」『日本教育経営学会紀要』第54号，2012年，13-22頁。
・大野裕己「教育課程経営論からカリキュラムマネジメント論への展開の特質と論点」『日本教育経営学会紀要』第61号，2019年，34-46頁。
・大野裕己「子どもの安全と学校・教職員の専門性」『日本教育行政学会年報』第48巻，2022年，82-99頁。
・大林正史「学校運営協議会の導入による学校教育の改善過程：地域運営学校の小学校を事例として」『日本教育行政学会年報』第37巻，2011年，66-82頁。
・大林正史「学校と地域の関係を問い直す—学校運営協議会に関する研究の検討を中心に—」『日本学習社会学会年報』第10巻，2014年，42-45頁。
・木岡一明「学校の自律性確立を標榜する制度改革」『現代教育改革と教育経営（講座現代の教育経営1）』学文社，2018年，85-97頁。
・木田宏編『逐条解説地方教育行政の組織及び運営に関する法律〈第四次新訂〉』第一法規，2015年。
・酒井隆史『ブルシット・ジョブの謎—クソどうでもいい仕事はなぜ増えるか』講談社，2021年。
・高野良一「コミュニティ・スクールとチャータースクール」三上和夫・湯田拓史編著『地域教育の構想』同時代社，2010年。
・仲田康一『コミュニティ・スクールのポリティクス—学校運営協議会における保護者の位置』勁草書房，2015年。

・仲田康一「『スタンダード化』時代における教育統制レジーム—テンプレートによる統治・データによる統治—」『日本教育行政学会年報』第44巻，2018年，9-26頁。
・仲田康一「教育に PDCA サイクルは馴染むのか—初等中等教育政策における PDCA サイクル概念の意味と機能」『人間と教育』第106号，2020年，44-51頁。
・中留武昭『自律的な学校経営の形成と展開（全3巻）』教育開発研究所，2010年。
・日本学術会議「『質』と『平等』を保障する教育の総合的研究」2010年。
・浜田博文『「学校の自律性」と校長の新たな役割—アメリカの学校経営改革に学ぶ』一藝社，2007年。
・古川雄嗣「PDCA サイクルは『合理的』であるか」藤本夕衣・古川雄嗣・渡邉浩一編著『反「大学改革」論—若手からの問題提起』ナカニシヤ出版，2017年，3-22頁。
・堀内孜「学校経営の自律性確立課題と公教育経営学」『日本教育経営学会紀要』第51号，2009年，2-12頁。
・水本徳明「教育経営の実践と研究は何を問われているのか」『日本教育経営学会紀要』第63号，2021年，129-131頁。
・文部科学省「リアル熟議実践パッケージ『熟議　虎の巻』」2010年。
・文部科学省『コミュニティ・スクールの推進に関する教育委員会及び学校における取組の成果検証に係る調査研究（日本大学文理学部）』2012年。
・文部科学省『コミュニティ・スクール指定の促進要因と阻害要因に関する調査研究報告書（日本大学文理学部）』2015年。
・Deem, R. *et al.* (1995) *Active Citizenship and the Governing of Schools*, Open University Press.
・Gunter, H. (2014) *Educational Leadership and Hannah Arendt*, New York: Routledge〔末松裕基・生澤繁樹・橋本憲幸訳『教育のリーダーシップとハンナ・アーレント』春風社，2020年〕
・OECD（2003, 2011, 2017），*Education at Glance*.
・Young, H.（2017）Busy yet passive: (non-) decision-making in school governing bodies, *British Journal of Sociology of Education*, 38（6）pp. 812-826.

［謝辞］
　本研究は JSPS 科研費21K18517，21K02248の助成を受けたものである。

How should we understand the 20 years of development of school autonomy and school management committees?

Koichi NAKATA (Hosei University)

Almost 20 years have passed since school management committee (gakkou un-ei kyogikai) were legally institutionalised to enable local residents, parents and others to participate in school management. Since 2017, local school boards have been required to utilise school management committees to promote school-community partnerships, entailing the sharp increase of the number of schools using school management committees.

Against this background, this paper addresses following three issues.

Firstly, by conducting a policy analysis, this paper asserts that the autonomy of schools is limited in terms of both 'independence' and 'autonomy'. The paper further points out that in such a situation, school management is required to ensure the implementation of targets predetermined by the government with insufficient resource allocation, resulting in a lack of resilience of school management, where only how well the initial targets are achieved was excessively questioned.

Second, by reviewing empirical previous research, the paper summarises the aspect of school management committees as 'active but passive', where involvement in decision-making is weak and support activities for schools are disproportionately active.

Third, this paper presents a case study, based mainly on interviews and the collection of school documentation materials, in a municipality that is considered to be a 'model' local authority in the sense that the school management committee system was introduced relatively early. Based on the analysis of the collected data, the paper finds that there is a practice of deciding the agendas at pre-meetings in order to control unexpected discussions at the actual meeting. The paper also found that the practice followed suggestions from the school authority, did not always align with the actual process of school management, and had the effect of preventing substantive discussion during the coronavirus pandemic.

地域学校協働活動の持続可能性を
めぐる論点
—社会教育体制としての位置づけと展開から—

千葉大学　丹　間　康　仁

1　問題設定

　近年，教育政策において地域と学校の協働体制の構築や両者の協働に基づく活動の展開が推進されている。しかし，現代の地域社会は，学校組織が手を取り合っていくに足るような基盤と資源を持ち合わせているのだろうか。住民同士の疎遠化や自治組織への加入率の低下，地域団体の縮小・解散をはじめ，地域コミュニティの崩壊が指摘されるなかで，学校にはそれでも「地域とともにある」こと，あるいはそれだからこそ「地域づくり」の「核」という役を買って出ることが期待されている。

　ここでは，「教育や福祉等の公共サービスを提供してきた行政が，1990年代後半以降，地域社会への依存度を高めているにもかかわらず，その稼働条件である地域社会の形成についての配慮が，ほとんどなされていないこと」（荻野2022：51頁）が問題として指摘される。それゆえ，地域と学校の協働において，「大人自身が学び，さらなる変容を通して成熟する」プロセスを子どもの成長と歯車のようにかみ合わせてデザインする構想（熊谷 2021：116頁）が示されている。しかし，協働の各主体として地域住民や教職員の形成と変容のプロセスを構想するならば，「こうしたエンパワーメントのプロセスを個人的な努力に帰してはいけない」（仲田 2018：94頁）という指摘が重要になる。「協働」を理念として掲げるなかで，地域の置かれた実情が看過されたり，住民の活動が学校の求める範囲に限られたり，「動員」に陥ったりすることのないよう，地域と学校の関係の内実，さらにその変容の過程を追究していくことが求められる。

　かつて日本各地の地域社会では，青年団や婦人会，自治会活動や公民館活動
をはじめ，社会教育に関連する団体と活動が住民同士の間に日常的なつながり
を醸成してきた（手打・上田 2017）。しかし，住民の高齢化や後継者不足によ
り，社会教育関係団体が軒並み解散している地域も少なくない。厳しい状況下
にある地域と手を取り合って関係を深めていくことは，学校教育にとって得策
となりうるのであろうか。さらに，地方分権改革以降，公民館や図書館等の社
会教育施設の運営に指定管理者制度の導入が進んだほか，首長部局に施設を移
管する例もみられ，自治体レベルで社会教育体制の再編が進んできた。社会教
育行政の基盤が揺らぐなか，学校教育に関しては地域の少子化動向を受けて統
廃合が進んでいる。それぞれの地域に学び続けられる教育環境を維持していく
うえで，学校教育と社会教育の各体制を共倒れさせず，共生させていく道筋は
いかにして描きうるのか。

　地域と学校の関係をめぐっては，2008年度から文部科学省が「学校支援地域
本部」を事業化し，各地に取り組みが広がった。その後，中央教育審議会が
2015年12月に取りまとめたいわゆる「地域学校協働答申」を受けて，2017年3
月に社会教育法が改正され，各地では「地域学校協働本部」への改組や改称が
行われてきた。文部科学省の集計によれば，2022年度で地域学校協働本部は全
国の公立小・中学校と義務教育学校の69.2%（19,256校）をカバーした（文部
科学省 2022）。学校支援地域本部の展開が2010年度の段階で小学校5,939校，
中学校2,620校であった状況からすれば，着々と全国的な普及を進めてきている。
しかし，市町村によっては同じ学校種でも地域学校協働本部の設置が一部に留
まる例もあり，なかには全校とも設置していない例もある。現況では，地域学
校協働本部の設置については自治体間や地域間での温度差や進捗差が生じてい
るといえる。そのなかで，地域学校協働活動の具体的な内容は多岐にわたり，
教育課程の内外と専門性の高低で整理されるが（仲田 2022：39頁），登下校の
見守り活動や放課後子ども教室にしても，教育課程外とはいえ学校生活に深く
関わる。しかし，たとえば交通量の多い同じ幹線道路で，ある学校の通学路の
横断歩道では住民による見守りがあり，別の学校の通学路の横断歩道ではそれ
がないというように，地域ごとの社会的な資源や住民の力量・熱意の差が，児
童・生徒の日常の学校生活に関わる条件整備や環境醸成における差を再生産す
ることにならないよう，各学校と地域の関係構築に対する自治体や国による支
援が重要となる。

地域と学校の協働をめぐる政策では，地域から学校への片方向での支援ではなく，双方向での連携・協働を目指し，学校と関わる多様な活動の総合化・ネットワーク化が掲げられてきた。それは「地域に開かれた学校」から「地域とともにある学校」への深化であり，各地で脆弱化しつつある地域社会のつながりを，学校という場を拠点に再生していこうとする政策でもある。しかし，従来の学校支援地域本部を地域学校協働本部に改称したからといって，両者が直ちに双方向で動き出し，Win-Win の関係が生まれるわけではない。取り組みの呼称を「協働」にリニューアルしたことは，地域社会に対して活動展開のメリットを説明・訴求し，担い手となる地域住民に活動のふり返りや意味づけを促進していくことにはなりえても，地域と学校の関係の内実が実際に双方向性のある創発的なものに高められているかどうかは，呼称にとらわれず丹念に検証していく必要がある。さらに，子どもを軸として取り戻した地域社会のつながりが，学校と関わる場面や期間のものに限定されず，住民自身にとっての生活課題や地域課題の解決に生かしていけるのかも重要である。

　以上を踏まえて本稿は，地域と学校の関係において，近年，政策レベルでも地域レベルでも推進されている地域学校協働活動に焦点を当てて，その成立要件に問題意識を持ちながら，それぞれの地域と学校での活動を持続可能なものとして展開していくために考究すべき論点を明らかにすることを目的とする。その際にまず，地域学校協働活動が教育法体系でどのように位置づけられているかを整理する。次に，地域と学校の協働をめぐって地方教育行政がどのように変化しているかをとらえたい。そのうえで，社会変動下での地域学校協働活動の状況を把握するため，新型コロナウイルス感染症（COVID-19）によるパンデミック下での地域学校協働活動の様相として，放課後子ども教室の運営団体への調査結果を紹介する。以上を通して最後に論点を提起する。問題の基底に社会教育体制の変化を置くことによって，地域学校協働活動を整備していくうえでの教育体制の課題について究明する。

2　教育法体系における地域学校協働活動の位置

　地域学校協働活動と地域学校協働本部，地域学校協働活動推進員については，2017年3月に社会教育法を改正し，新たな条と項を追加することで法整備が図られた（第5条第2項，第6条第2項，第9条の7）。この改正は，同月末に学校運営協議会の設置を努力義務化するなどとした地方教育行政の組織及び運

営に関する法律（以下，地教行法とする）の改正に伴うものである。社会教育法に基づき教育委員会が地域学校協働活動推進員を委嘱できるようにするとともに，地教行法の側では教育委員会の任命する学校運営協議会の委員として同推進員と同活動を行う者を追加した（第47条の5第2項）。地教行法が学校運営協議会を，社会教育法が地域学校協働活動をそれぞれ規定して，推進員等のコーディネーターや活動の担い手が両法を架橋するという構造である。

　法制化にあたり，地域学校協働本部の命名には，紆余曲折があったという。中央教育審議会の生涯学習分科会は当初，「学校協働地域本部」という仮称で議論を始め，「学校地域協働本部」の案を経て，「地域学校協働本部」に落ち着いたとされる（佐藤 2018：126頁）。分解すればいずれの候補も学校，地域，協働，本部の4語の組み合わせであるが，従前の「学校支援地域本部」を構成する4語から差し替えられたのが「支援」であった。命名の語順からは，地域における本部というよりも，支援のための本部を協働のための本部に移行する意図と，地域と学校の双方を主体として位置づけようとするニュアンスが読み取れる。

　教育経営学において地域学校協働活動等をめぐる研究は，学校運営協議会に関する研究や学校支援地域本部を取り上げた研究に比べて十分進んできたとはいえない（諏訪 2018：118頁）。学校支援ボランティア活動や地域学校協働活動が社会教育法制のなかで位置づけられたこともあり，「生涯学習社会の実現と地域学校協働」（日本生涯教育学会編 2022）という特集をはじめ，生涯学習・社会教育学において議論が進んでいる。以下では，社会教育法における学校支援と協働規定についてそれぞれ検討を深める。

　第一に，社会教育法と学校支援についてである。日本社会教育学会は，プロジェクト研究の成果として2010年に『教育法体系の改編と社会教育・生涯学習』，2011年に『学校・家庭・地域の連携と社会教育』の各年報を編纂した。2006年の教育基本法改正と2008年の社会教育法改正を背景とした当時の議論では，「社会教育が学校支援を奨励することにどのような意味があるのか，教員の多忙化解消・緩和を何故地域住民が担うのか，社会教育が学校に対して従属的な立場に固定化されるのではないか，社会教育は学校支援の名の下に学校教育行政の中に包摂されてしまうのではないか」等々の「疑念」があったとされる（廣瀬 2011：1-2頁）。つまり，社会教育と学校教育を二項対立的にとらえて，社会教育の学校教育化が懸念されていたといえる。ここでは，「学校支援

を踏み台とした社会教育の範囲の拡大と内容の充実という〈拡充〉につながるのか否か」（田中 2011：23頁）が問いとして立てられ，社会教育に対する学校支援の可能性や方向性が検討されていた。

2008年の社会教育法改正では，第5条の市町村教育委員会の事務に，新たな号が付け加えられた（なお，第6条の都道府県教育委員会の事務において第5条の規定を準用する）。学校支援に関しては13号として，「主として学齢児童及び学齢生徒（それぞれ学校教育法第18条に規定する学齢児童及び学齢生徒をいう。）に対し，学校の授業の終了後又は休業日において学校，社会教育施設その他適切な施設を利用して行う学習その他の活動の機会を提供する事業の実施並びにその奨励に関すること」を新たに示した。

第5条の規定について1949年の社会教育法制定時に遡ると，戦後の文部省初代・社会教育課長であった寺中作雄は，その意図を「市町村における社会教育に関する事務を例示的に列挙したもの」で，その他を規定する最後の号が例示以外の事務を救済していると解説している（寺中 1949［1995：67頁］）。法制定時，第5条が列挙した号の総数は14であった。その後，青年教育に関する項目が設けられ（1953〜1999年），2001年の改正で青少年の体験活動と家庭教育に関する項目が追加，2008年の改正で先に掲げた学校支援関連のほか，情報化への対応関連と学習成果の活用関連の項目がさらに追加された（社会教育推進全国協議会編 2017：60-64頁）。かくして市町村教育委員会の事務について規定する第5条の号の総数は，今日では19にまで膨らんだ。

2008年の社会教育法改正に対しては，社会教育が学校教育支援や家庭教育支援にシフトしてその法概念を変質させたとして，「戦後社会教育法制がめざした社会教育の自由と自治の原理が後退」（長澤 2010：65頁）との批判がなされた。戦後の社会教育法の制定にあたっては，社会教育が「法制では規制しきれない教育活動の分野であって，下手にこれを法制のわく内に閉じこめることは，自由を生命とする社会教育を却って圧殺する結果となることを恐れるのである」（寺中 1949［1995：13頁］）という懸念と，「自由を阻む方面に拘束を加えて，自由なる部分の発展と奨励とを策することも法制化の一の使命である」（同）という意図が葛藤していた。この原点に立ち返れば，第5条が個別具体的な規定を行い，全体として肥大化していくことは，市民の自由で主体的な社会教育活動に対して，政策が推進しようとする内容の拡充であるともいえるが，国家による市民の活動内容への枠づけであるともいえるだろう。

　第二に，社会教育法と協働規定についてである。これまで教育経営学では，組織内の関係や学校組織のあり方を論じるなかで協働に関する研究が進められてきた（水本　2018：6-7頁）。日本において「協働」は，1990年代後半から2000年代頃にかけて，自治体行政のなかで盛んに用いられはじめたが，そのあと教育政策において「協働」が頻出するようになったのは2010年代以降のことである。

　こうしたなか，2017年に改正された社会教育法が新たな条文に「協働」という語を用いたことは，革新的であったといえる（なお，学校教育法には義務教育として行われる普通教育の条文に「協同の精神」という語があるが，ここでは立ち入らない）。社会教育法第5条は「地域学校協働活動」を新たに規定するにあたって，「地域住民その他の関係者が学校と協働して行うもの」という表現を用いた。第5条の13号から15号まで，すなわち2000年代に入ってからの法改正で増設されたうちの3項目（学校支援関連，青少年の体験学習関連，学習成果の活用関連）を，地域と学校の協働という枠組みで括り上げる構図になっている。

　日本では2023年1月末日現在，14の法律において「協働」の語が条文に出現する（ただし，附則のみに「協働」が出現する法律を除く。「e-Gov 法令検索」による）。スポーツ基本法や生物多様性基本法等の法律が，いずれも関係主体間の「連携・協働」を理念に掲げた条文を持つ。その他，環境教育等による環境保全の取組の促進に関する法律では「協働取組」が定義され，実体のある具体的な活動のことを条文で説明している。同法が「協働取組」を「それぞれ適切に役割を分担しつつ対等の立場において相互に協力して行う」（第2条第4項）と説明するのに対して，社会教育法では「地域学校協働活動」を「協働して行うもの」（第5条第2項）と述べるに留まる（なお，「地域学校協働活動」という名称については，地教行法の条文にも出現する）。

　もとより，社会教育法の上位法である教育基本法は，学校と地域等で目指す関係を「協働」ではなく「協力」と規定している。2006年の教育基本法の改正では，「生涯学習の理念」（第3条）のほか，「学校，家庭及び地域住民等の相互の連携協力」（第13条）が新設された。その後，2015年4月の文部科学大臣による中央教育審議会への諮問は「新しい時代の教育や地方創生の実現に向けた学校と地域の連携・協働の在り方について」という標題であった。このように教育政策上では，「連携・協力」よりも「連携・協働」という表現が中心を

占めるようになってきた。そのうえで2017年に改正された社会教育法は，協働の定義や説明を何ら付すことなく，地域学校協働活動とは「協働して行うもの」というトートロジーな定義に陥っている。法案の国会審議や法令の解説書（解説教育六法編修委員会 2020：446頁）でも，「協働」の語意を取り上げた具体的な説明はない。「協働」という語は自明のものとして扱われ，法規上，協働の意味するところははっきりと示されていない。

　今後，学校と地域住民等の関係を教育法体系として構想していくうえでは，連携，協力，協働のそれぞれの意味や相互の連関，さらには協働をめぐる教育基本法と社会教育法の関係構造について明らかにしていくことが求められるといえる。

3　地域学校協働活動の経営と地方教育行政の再編

　地方自治体では，2000年代頃から行政機構に「協働」と称する部署が設置されるようになった。市民協働課やまちづくり協働課など，NPO等の市民活動団体の広がりや地域課題の自治的な解決を求めるなかで，住民自治や地域振興，市民活動等を所管する部署の組織化が図られた（丹間 2015：53-54頁）。その後，教育委員会においても「協働」と称する部署を設置する新たな動きが，2020年頃から一部の自治体においてみられはじめている。

　学校運営協議会と地域学校協働活動を所管する部署は，自治体によって多様な状況にある。従来であれば，学校運営協議会を学校教育部局（教育総務課，学校教育課等），地域学校協働活動を社会教育部局（生涯学習課，社会教育課等）において所掌する例が多くみられた。しかし最近の注目される動きとして，市区町村の教育委員会事務局の機構を改組する際，地域と学校の連携や協働を名称に掲げる課を新設する例がみられる。たとえば，首都圏の市区町村教育委員会のなかでは，地域学校支援課（東京都渋谷区），生涯学習・学校地域連携課（北区），学校支援・地域連携課（神奈川県横浜市），学校地域連携推進課（千葉県市川市）等の設置が挙げられる。

　ここでは兵庫県西宮市において，2020年4月より教育委員会に地域学校協働課が設置された動きについてみていきたい（西宮市教育委員会 2020，2021）。2015年の中央教育審議会の答申とその後の政策のキーワードである「地域学校協働」をそのまま掲げているという点で先鋭的な名称の課である。

　西宮市教育委員会では，2020年4月当初，社会教育部に地域学校協働課が設

置され，学校運営協議会と地域学校協働本部に関する事務を取り扱った。西宮市立学校における学校運営協議会の設置については，2020年度から順次設置を開始し，2023年度までに幼稚園を除いた全校への導入を目指している。すなわち，2020年度から教育委員会に地域学校協働課を新たに置くことで，学校運営協議会の整備計画を全市的に推進していく改革である。従前の教育連携協議会を法定の学校運営協議会へ改組し，既存の教育連携事業を地域学校協働活動と位置づけて，両者の連携を図っていく体制を構想している。

　地域と学校の協働を推進する新たな課が設置された一方，2021年4月には，公民館等の社会教育施設を含めた社会教育部がすべて首長部局に移管された。さらに学事・学校改革部を廃止して，教育委員会にはこれまでの学校教育部に加えて新たに学校支援部が設けられ，そのもとに地域学校協働課が配置されることになった。すなわち，社会教育に関する事務のうち，地域学校協働に関するもの以外を首長部局へ移管し，教育委員会に残された社会教育に関する事務は，学校と関連のある事項に限られるという体制に改組されたといえる。

　法体系に則れば，学校教育としての学校運営協議会，社会教育としての地域学校協働活動という整理をすることで，地方教育行政の組織においては学校教育部局と社会教育部局がそれぞれ自律的に各事務を所管したうえで両者の連携を図ることが基本系といえる。しかし近年，学校運営協議会と地域学校協働本部の連携が政策として求められるなか，双方を総合的に所管する方式を採る例がみられはじめているものと考えられる。

　このような動きは，2018年10月の文部科学省の組織再編において総合教育政策局が設けられ，同局に置かれた地域学習推進課が学校運営協議会と地域学校協働本部の双方を管轄している体制に通じている。学社連携や学社融合の先にある「学社総合」（丹間 2018）化ともいえる政策は，一面では学校教育と社会教育の縦割りを克服していく改革に映る。しかし他方で，地方教育行政における最近の動向から示唆されるように，地域を軸とした学校教育と社会教育の総合的な管理体制への移行は，学校とは直接関連しない社会教育の仕組みや取り組みを教育行政の枠組みから融解させていく動きをともなった教育改革になりうることが指摘されよう。地域学校協働活動を持続させるには，参加する地域の人材を育てて生み出す機能が必要である。活動自体がその機能をあわせ持つとはいえ，少子化社会のなかで子どもや学校に関心のない住民にもアプローチを広げるうえでは，自治体における社会教育体制の充実と連携が重要になる。

4　社会変動下における地域学校協働活動の諸相
—X市放課後子ども教室のパンデミック対応—

　地域と学校の関係をめぐっては，「政府が『先進的』として取り上げている学校と違い，貧困・過疎・文化的多様性などの本当に困っている地域において連携をどのように構築していくかという論点」（岩永 2014：40頁）がある。こうしたなか，2020年初頭から日本国内にまん延した新型コロナウイルス感染症（COVID-19）は，あらゆる地域における人間の社会活動に大きな影響と制約をもたらした。学校教育も例外ではなく，2020年2月末から学校の全国一斉休業が行われ，その後も感染状況を踏まえて遠隔授業や分散登校が実施されたほか，学校行事の中止や縮小が判断されるなど，3年以上にわたって学校教育活動に支障が生じてきた。パンデミック下で通常の学校教育活動の実施が厳しい状況に置かれるなかで，地域学校協働活動はどのように取り組まれていたのであろうか。そこで以下では，コロナ禍における地域学校協働活動の様相を検討したい。具体的には，首都圏の中核市の一つであるX市における放課後子ども教室を事例として，コロナ禍における取り組み等の状況について運営団体への質問紙調査を実施した結果（丹間 2023）について分析する。

　X市は，都心の郊外に位置する人口50万超の中核市で，鉄道駅や街道の旧宿場を中心に市街地が発展し，周辺部にはニュータウンや中山間地域が広がるなど，地域特性に富んだ自治体である。市立小学校約70校，市立中学校約40校を抱える。おおむね標準規模の学校が中心であるが，1学年1学級の小規模校から，小学校は標準規模を超える大規模校もあって，学校規模は多様な状況にある。法定の学校運営協議会は，2007年度から毎年度数校ずつ導入を進め，2020年度までに市内すべての小・中学校への設置を完了した。

　放課後子ども教室については，各小学校を単位に運営されている。地域の状況に応じて運営体制や運営団体は多様である。週5日開催している教室が多数であるが，週1日や週2日の開催という教室もある。運営団体は，地域有志，保護者，おやじの会，PTA，元PTA，地域スポーツクラブをはじめ，教室ごとに多様である。そのなかで，学童保育所の指定管理者が教室の運営を担っている例が2割ほどある。X市では，市内すべての小学校で放課後の子どもの居場所づくりを実施するため，地域の団体や住民等により放課後子ども教室の運営を担いきれないところでは，学童保育所の指定管理者が地域の一員としてそ

の運営を担っている状況である。

　コロナ禍においてX市では，学校の一斉休業時に放課後子ども教室も実施を中止した。その後，市教育委員会によるガイドラインの制定や改訂を経て，徐々に活動を再開した。そのなかで教育委員会担当課と運営団体の協力を得て質問紙調査を実施した。調査の概要は次のとおりである。

実施対象　　　X市放課後子ども教室運営団体

実施日時　　　2021年11月25日〜12月10日（郵送法）

回答状況　　　配布57団体・回収44団体（回収率77.2%）

　　　　　　　（配布68教室・回収55教室※）

　　　　　　　※複数の教室を運営する団体があるため，設問に応じて教室
　　　　　　　　ごとでの回答を依頼した。

　以下では，調査結果のうち，学校休業時における居場所づくりの協議と取り組み，コロナ禍で浮き彫りになった学校の課題，コロナ禍における関係機関等との連携の3点に絞って分析を加える。

　第一に，学校の全国一斉休業時，X市ではすべての市立学校に臨時休業の措置を講じた。その時期に，放課後子ども教室の中止や再開の方針を協議したかどうか，さらに学校の臨時休業中に居場所づくりの活動を実施したかどうかを尋ねた。結果として，44団体中35団体が中止・再開の方針を「協議した」，8団体が「協議しなかった」，1団体が「わからない」と回答した。協議した団体の場合，具体的な状況として，放課後子ども教室の推進委員会ではLINEやZoomを用いて意見交換し，教育委員会に連絡しながら，小学校の校長と運営団体の会長の間で協議が行われていた（自由記述：筆者抜粋・要約）。また，「利用したい児童は多少いると思うがどのようにしたらよいのか，学校側，推進委員会，安全管理員と」協議したという例もみられ（同），教室の実施が困難な状況に直面しながら，学校の方針に合わせる形で中止の判断をしていた状況がとらえられた。

　一方で，学校の臨時休業中に放課後子ども教室の実施ができないなか，別の方法で子どもの居場所を確保しようとした団体もみられた。44団体中13団体が学校の臨時休業中に居場所づくりの活動を「実施した」，30団体が「実施しなかった」，1団体が「わからない」と回答した。実施した場合，具体的には「仕事をしている保護者が安心して働けるために，子どもが友達と会えるチャンスを作る」ことを目的に「町内会館で実施。町内会の許可により無料で」と

いう団体，また，「子どもたちが楽しく家で過ごせるように」することを目的に「学校ホームページにお知らせや遊び（折り紙など）の情報発信」をしていたという団体があった（同）。

　第二に，運営団体に対して，コロナ禍で浮き彫りになった学校の課題があったかを尋ねた。43団体中「あった」が17団体，「なかった」が6団体，「わからない」が20団体であった。放課後子ども教室の運営団体からみて，学校の課題がとらえにくかった例は少なくないが，浮き彫りになった課題が「あった」という団体としては，「先生たちの時間がないこと」，「職員の仕事量の多さ」，「先生方の負担が大きすぎて，新しい課題（今日はコロナ）への対応がむずかしい」（自由記述：筆者抜粋）など，教職員の職務の実態に関して理解を深めた回答がみられた。また，「外部との接触制限により，地域と保護者との関係が希薄となり，コミュニケーションができない点」，「消毒やマスク着用，密を避けることが，やはり完全にはできない。何を一番優先するか？」，「責任を負う覚悟をともなう判断が多すぎて，身動きが取れなくなる毎日ではなかったか？」（同）など，コロナ禍における学校組織の運営やコミュニケーションの困難さについて問題意識を共有するような回答がみられた。

　第三に，コロナ禍における関係機関等との連携については，図のとおり，学校，家庭，学童保育所，教育委員会という四つの機関等について，コロナ禍以前と比べて連携の状況にどのような変化が生じたかを教室ごとに尋ねた。

　全体としては，コロナ禍前と比べて，四つの機関等とも連携に「変化はな

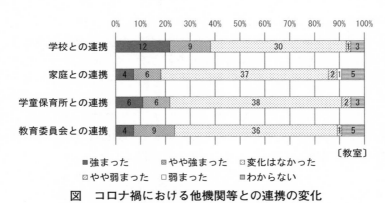

図　コロナ禍における他機関等との連携の変化

（出典：丹間　2023：46頁）

かった」という回答が多くを占めた。一方で，「強まった」方向の教室もあれば「弱まった」方向の教室もあって，教室によって二極化の動向を呈している。四つの連携相手となる機関等で比較すると，学校との連携について，コロナ禍前より連携が「強まった」，「やや強まった」という団体が多くみられた。

学校との連携に関する具体的な変化としては，「すべての事を相談するようになった」，「以前も連携できていたがより細かい情報共有ができるようになった」，「感染対策についての相談等を行う回数が増えた」，「学校の活動内容，感染対策に合わせたり，希望を聞いたりと毎月確認をとりながら活動していきました」（同）などの回答がみられた。教職員も運営団体のメンバーも，誰もが経験したことのない事態を前に，相互の連絡と確認や情報共有を進めていた例もあったことがとらえられた。

他方，家庭との連携に関しては，「コロナ禍であることにより，子どもの参加を控えたり，保護者のボランティア参加がほぼなかった」，「学校・家庭ともに交流しなくなり，離れ孤島にいる気分だった」（同）というように，保護者との連絡や参加の受け入れが困難となっていた教室もあれば，「各保護者からは開催の要望が強くあった」，「再開を望む声を多く聞き，家庭や子どもたちの期待を感じ，連携しやすく感じモチベーションアップした」（同）というように，保護者の意思が運営団体に届いて，関係を密にした教室もあった。

教育委員会との連携についての具体的な変化としては，「未経験の状況なので，間違いのないよう連絡をとるようにした」，「コロナ禍の活動をどのようにすればよいか，相談にのってもらった」，「適宜行政の方針連絡があり，市の方針の考え方がわかり，少し距離が縮まった気がする」（同）というように，感染状況を踏まえた対応について連絡を取り合っていたことが挙げられた。さらに，「開催について地区の状況を重視してくれた」や「各団体の事情に合わせていいということであったが，他団体の状況がわかるメール配信があったこと」（同）というように，教育委員会がそれぞれの地域の実情に応じて活動の再開や実施の方法に配慮していた状況がとらえられた。

以上の結果から，コロナ禍においてX市の放課後子ども教室では，学校の臨時休業という事態から活動の中止を余儀なくされながらも，多くのケースの学校と運営団体の間で，その状況や対応に関する連絡や情報共有が図られていた。加えて，地域ごとの状況に教育委員会が配慮しながら再開の手立てを探っていた。あわせて，学校の実情に対して運営団体が平時よりも理解を深める動きが

とらえられた。何かを実施するための連携ではなく，課題への向き合い方や解決方策をともに探っていくための連携がみられたといえる。

5　論点とまとめ

　以上を踏まえて最後に，地域学校協働活動の持続可能性に関わって三つの論点を掲げて本稿のまとめに代える。

　第一に，地域学校協働活動の法体系をめぐっては，活動に携わる地域住民の形成と変容が論点として残された。2017年の社会教育法改正により，教育委員会の事務に地域学校協働活動の基盤整備が規定されたが，実際の活動を持続可能なものとするうえでは，担い手の存在が欠かせない。学校との取り組みのなかで担い手を直接育てていく方策のみならず，学校とは一見関係のなさそうな他の社会教育活動を入り口にして担い手が育っていく道筋を構想することも重要である。地域学校協働活動が社会教育法に位置づけられたからこそ，地域での社会教育施設の運営や多様な社会教育活動の条件整備との関連づけを図り，地域全体に活動の担い手が育っていく土壌を耕していくことが求められよう。

　第二に，地域と学校の協働をめぐる国の教育政策が，地方教育行政の組織と運営にいかなるインパクトを与えているかという論点である。本稿でその一端をみたとおり，学校運営協議会と地域学校協働本部の事務管理体制は，自治体によって多様化しつつある。学校教育と社会教育の間での縦割りを避けながらも，地域協働を軸にして総合化を図っていく動きがみられつつあり，学校教育行政と社会教育行政の自律的な経営は課題といえよう。現在における地域学校協働活動の実現のみを考えれば総合化のメリットは大きいが，未来の活動の担い手を育成するという視点を加えれば，総合化にともなう社会教育体制の縮小や融解はデメリットといえる。学校とは直接関係のないところでも市民の活動や地域のつながりを醸成することが，いざ地域が学校と関係を結んだときに，学校単独でも地域単独でも成しえない創発的な取り組みを生み出していく土台を固めると考えられる。それゆえ，地域と学校の協働を掲げて両者の総合化を図った自治体での地域学校協働活動の人材の確保と育成についてのケーススタディの集積が求められる。

　第三に，コロナ・パンデミックを経るなかで，社会変動があっても崩壊せず，回復可能な地域と学校の関係を構想していくことが重要である。コロナ禍という，学校にとっても地域にとっても厳しい条件下で，両者の関係が断絶せず，

困難な状況だからこそ互いに手を取り合って課題に向き合えたかどうかが問われる。有事の時に無効化する関係ではなく，レジリエントな関係を構築していくためにはどのような要件があるかについて，実践的な分析を深めていくことが課題である。

　以上のとおり，地域学校協働活動の持続可能性を社会教育体制のなかで考察したとき，「地域とともにある学校づくり」の先にあるのは「学校を核とした地域づくり」に限られない。もちろん学校が中心的な核となることで地域での学校の存在意義も高まるが，社会教育施設や市民活動の拠点も地域づくりの重要な核である。とりわけ少子高齢化が深刻化し，分権化や統廃合が進むなかで地域学校協働活動を長期的に維持していくには，地域づくりの核を学校のみに集約せず，多核体としての地域づくり，いうなれば「学校のみを核としない地域づくり」の視点をあわせ持ち，緩やかなネットワークとして子どもも大人も育てていく包容的な仕組みを築くことが重要となるだろう。

［引用文献一覧］

・廣瀬隆人「まえがき」日本社会教育学会編『学校・家庭・地域の連携と社会教育』（『日本の社会教育』第55集）東洋館出版社，2011年，1-3頁。
・岩永定「地域の教育資源を活かした学校教育の展望」『日本学習社会学会年報』第10号，2014年，39-40頁。
・解説教育六法編修委員会編『解説教育六法2020〈令和2年版〉』三省堂，2020年。
・熊谷愼之輔「大人と子どもの学びあい・育ちあいをめざして」熊谷愼之輔・志々田まなみ・佐々木保孝・天野かおり『地域学校協働のデザインとマネジメント―コミュニティ・スクールと地域学校協働本部による学びあい・育ちあい―』学文社，2021年，115-120頁。
・水本徳明「協働」日本教育経営学会編『教育経営ハンドブック（講座現代の教育経営5）』学文社，2018年，6-7頁。
・文部科学省「令和4年度コミュニティ・スクール及び地域学校協働活動実施状況」2022年。
・長澤成次「社会教育法制改編の動向と課題―2008年社会教育法改正をめぐって―」日本社会教育学会編『教育法体系の改編と社会教育・生涯学習』（『日本の社会教育』第54集）東洋館出版社，2010年，52-69頁。
・仲田康一「学校・家庭・地域の関係構造改革」日本教育経営学会編『現代教育改革と教育経営（講座現代の教育経営1）』学文社，2018年，85-97頁。
・仲田康一「コミュニティ・スクールと地域学校協働活動の制度と実際」荻野亮吾・

丹間康仁編『地域教育経営論―学び続けられる地域社会のデザイン―』大学教育出版，2022年，36-50頁。
・日本生涯教育学会編『生涯学習社会の実現と地域学校協働』（『日本生涯教育学会年報』第43号）2022年。
・西宮市教育委員会『令和2年度　教育要覧』2020年。
・西宮市教育委員会『令和3年度　教育要覧』2021年。
・荻野亮吾『地域社会のつくり方―社会関係資本の醸成に向けた教育学からのアプローチ―』勁草書房，2022年。
・佐藤晴雄「コミュニティ・スクール構想と地域学校協働本部の教育経営」日本教育経営学会編『現代の教育課題と教育経営（講座現代の教育経営2）』学文社，2018年，124-134頁。
・社会教育推進全国協議会編『社会教育・生涯学習ハンドブック〈第9版〉』エイデル研究所，2017年。
・諏訪英広「学校支援地域本部・地域学校協働本部」日本教育経営学会編『教育経営ハンドブック（講座現代の教育経営5）』学文社，2018年，118-119頁。
・丹間康仁『学習と協働―学校統廃合をめぐる住民・行政関係の過程―』東洋館出版社，2015年。
・丹間康仁「社会教育と学校教育―『学社総合』化への流れをめぐって」『月刊社会教育』2018年4月号，21-24頁。
・丹間康仁「〈集計結果〉コロナ禍における放課後子ども教室の運営に関する研究」丹間康仁・山本秀樹『あなたもOHANAになれる場所―放課後につながりのたねをまこう―（コロナ禍に向き合う社会教育Ⅳ）』大学地域連携成果集，2023年，40-50頁。
・田中雅文「学校支援が社会教育に及ぼす影響」日本社会教育学会編『学校・家庭・地域の連携と社会教育』（『日本の社会教育』第55集）東洋館出版社，2011年，23-34頁。
・寺中作雄『社会教育法解説』社会教育図書，1949年（寺中作雄『社会教育法解説・公民館の建設（現代教育101選55）』国土社，1995年に現代かなづかいで復刻所収）。
・手打明敏・上田孝典編『〈つながり〉の社会教育・生涯学習―持続可能な社会を支える学び―』東洋館出版社，2017年。
・X市教育委員会『令和4年度　Xの教育統計―教育委員会の概要・統計資料集―』2022年。

※本稿はJSPS科研費（22K02252）による成果の一部である。

Issues Concerning the Sustainability of School-Community Collaborations: Their Role and Development as Social Education Systems

Yasuhito TAMMA (Chiba University)

This paper elucidates the issues concerning collaborations between schools and local communities, and considers how to develop collaborations as sustainable activities. First, we clarify how such collaborations are regarded in education law. Second, we illustrate how local education administrations have been changing. Finally, the result of a survey of an organization running after-school activities during the COVID-19 pandemic is discussed. We point out three issues based on the premise changing in the social education system.

The first issue concerns the composition and changes of community residents involved in collaborative activities regarding the legal system for school-community collaborations. Linking these activities to the management of social education facilities is necessary for the improvement of conditions for social education activities because school-community collaborations are recognized in the Social Education Act.

Second is understanding how the national education policy for school-community collaborations affects the organization and management of local education authorities. There is an advantage in integrating them into the national system if their implementation is to be the only focus of the collaboration. However, we may consider the curtailment or disbandment of social education systems caused by integration as a negative impact if we include the viewpoint of nurturing residents to become active participants in future collaborations.

Third is that envisaging a relationship between communities and schools that would not collapse or can recover from the social changes is essential, especially after experiencing the pandemic. Other issues include conducting a practical, in-depth analysis of the requirements to build a resilient school-community relationship.

To maintain long-term collaboration when the declining birthrate and aging population have become a serious problem and reorganization through decentralization and school consolidation gathers pace, it is important not to concentrate solely on schools for community development. It is necessary to establish inclusive systems that nurture children and adults as a flexible community-based network.

学校経営の分権化・自律化における校長のリーダーシップ発揮の実態とその支援条件

─校長の課題認識の差異に着目して─

筑波大学　　　　　朝　倉　雅　史

川崎医療福祉大学　諏　訪　英　広

茨城大学　　　　　髙　野　貴　大

筑波大学　　　　　浜　田　博　文

1　問題の所在と研究の目的

　本稿の目的は，1990年代末以降に進行した学校経営の分権化・自律化のもとで校長のリーダーシップ発揮はどのような実態にあるかを明らかにし，今後の支援条件の在り方を考察することである。そのために，全国の公立学校長を対象に実施した質問紙調査の結果を，現任校における校長の課題認識の差異に着目して分析する。本稿における「学校経営の分権化」とは，国から地方へ，地方から学校へと学校経営に関連する裁量権限が委譲された制度改革を指す。そして「学校経営の自律化」には二つの要素がある。一つは分権化による個別学校の裁量権限拡大で，学校が従来にはなかった権限を行使可能になったという制度的側面である。いま一つはその権限行使の基礎をなすべき，学校内部の自律的な性質や作用を高めるという組織的側面である。この組織的側面での自律化において校長のリーダーシップの重要性が高まっているというのが本稿の立場である。ただし，現実には，制度的側面の改革とは裏腹に，校長のリーダーシップ発揮は阻害されている現実がありはしないか。本稿はこの疑問を解き明かし，リーダーシップ発揮を促す方策を考究する。

　1990年代末以降，地域住民等の学校経営参加の制度化や学校評価等による透明性の拡大により，校長は自身の学校経営の正統性を対外的に示さなければならなくなった。また，効率的・機動的な運営を意図した職員会議の法制化や主

幹教諭等の「新たな職」の設置等は，校内組織の縦構造の強化を通じて校内教職員の一体性を高めようとしてきた。これらに並行して，中央政府は校長のリーダーシップ発揮を強調し続けている[1]。

　学界でも校長のリーダーシップは関心を集め，小島編（2004）は質問紙調査によって校長自身が必要と意識する力量の内容と構造を明らかにし，大学院での校長養成を提言した。校長がリーダーシップを発揮するための専門性とその育成方法にも高い研究関心が向けられ，日本教育経営学会は求められる校長像と専門的力量の構成要素を「校長の専門職基準」として示すとともに，校長の専門性向上方策について議論を進めた（日本教育経営学会 2009 牛渡他 2016）。このように，学校経営の分権化・自律化の趨勢のもとで，校長のリーダーシップに関する研究は数多くなされてきた。

　だが，議論の大勢は校長個人の力量の育成に資する制度構築に傾斜してきた。2016年教育公務員特例法改正により策定された校長の育成指標作成と研修計画の施策は，その典型例である。むろん，個々の校長がその職務に必要な専門的力量の習得に努めることは当然である。しかし，公教育の質保障に関わる重大な責任が校長の個人的な力量や努力へと回収される趨勢は，個人に過大な負荷をかける。組織的側面での学校経営の自律化が必要だとすれば，そのためのリーダーシップの発揮を担う「職」として校長職を捉え，その支援条件を追究すべきである。

　校長職を取り巻く環境条件に関心を向けた先行研究として，校長会の機能と役割（鈴木他 2018など），教育委員会および教職大学院による支援・影響（千々布 2017など），校長の公式・非公式な情報交換と相談のネットワーク（川上 2005）に関する研究がある。いずれも学校外部の条件に着目しているが，学校経営の分権化・自律化の中で，個別学校が置かれた状況や条件に目を向け，校長のリーダーシップ発揮の実態を検討した研究はない。

　こうした問題意識に基づき，筆者らは個別学校の状況を踏まえて校長を支える諸条件にアプローチする視座から，全国規模の質問紙調査を実施し分析を重ねてきた（浜田他 2020，朝倉他 2021）。その結果，校長はリーダーシップ発揮への規範意識を強固に形成しているものの，自身としては思うように発揮できているとは考えてはおらず，校長個人の率先的行動に基づくリーダーシップ実践[2]に比べて，教職員の主体的な行動を通じて成し遂げられる実践について特にその傾向が強かった（浜田他 2020）。反面，教頭やミドルリーダー教員は，

校長のリーダーシップをより肯定的に評価していた。これらの実態から，制度的側面の学校経営の自律化政策のもとで，学校内部組織の縦構造と上意下達的な一体感が強化されていることが示唆される。それは，子どもの実態を踏まえて特色ある教育実践を創造するために必要な学校内部の自律的な性質や作用とは相容れない状況である。つまり，組織的側面における学校経営の自律化に向けて「教育活動の組織化をリードする」（日本教育経営学会 2009）校長のリーダーシップ発揮は，むしろ阻害されていると考えられる。

他方で，筆者らの分析によると，校長のリーダーシップ発揮は，個人の学校経営経験（経験年数や学校数）や客観的な学校特性によって規定されているわけではないことが明らかになっている[3]。これを踏まえて筆者らは，現任校の状況（児童生徒の学習・学力状況や教職員組織の在り方，学校に対する地域住民の協力意識など）や課題に対する校長自身の把握のありようが，リーダーシップの発揮状況に関係しているのではないかと推論した。もしそうだとすれば，現任校の課題に対する校長の認識の違いに着目してリーダーシップ発揮の実態を分析することにより，その支援条件の考察が可能になるだろう。

以上により，本稿では，現任校の課題に対する校長の認識に着目して，校長のリーダーシップ発揮の実態とそれを支え促す条件との関係を考察する。

2　調査および分析のデザイン

(1)　調査の手続き

各都道府県の学校種別構成比をもとに，都道府県ごとに対象校数を決定して2,400校（小学校，中学校，特別支援学校，高等学校いずれも600校ずつ）を無作為抽出した。2019年1月25日〜2月8日の期間で，校長に調査票を発送し，無記名回答・厳封にて返送を依頼した[4]。全体の回収数（率）は1,029件（42.9％）であった。本稿はこのうち「校長のリーダーシップ実践」の項目（後述）への回答に不備がない729件を分析対象とした。内訳は，小学校160件（21.9％），中学校178件（24.4％），特別支援学校176件（24.1％），高等学校215件（29.5％）であった。

(2)　分析データと変数

以上の調査によって得たデータを用いて，既に朝倉他（2019）が階層構造や因子構造の妥当性を検証した三つの変数[5]に，校長の課題認識に関わる変数を

加えて分析を行う。すなわち１）校長のリーダーシップ実践，それらを支える２）学校の「内的条件」と３）学校の「外的条件」，そして４）個別学校における「校長の課題認識」と関連要因である。各変数に関する回答データの収集と本稿の分析におけるデータ処理の詳細は以下の通りである。

１）　校長のリーダーシップ実践

『校長の専門職基準』（日本教育経営学会 2009）を基に校長および学校経営に関する研究実績を有する共同研究者11名の協議によって校長のリーダーシップ実践を構成する７基準27項目を開発した[6]（**表１**）。そして現任校の校長として実践できているリーダーシップ実践《実際》と実践したいと考える《意思》を捉えた。前者は「１：実行したいと思わない」から「４：とても実行したい

表１　校長のリーダーシップ実践（７基準27項目）

基準1 学校の共有ビジョンの形成と具現化
1. 児童生徒に関する様々な情報に基づいて，目指す学校像を描く [3.50(.53) / 2.85(.53)]
2. 自分自身の経験や教育理念に基づいて，目指す学校像を描く [3.40(.58) / 2.76(.61)]
3. 教職員の意見を聞きながら，目指す学校像を描く [3.33(.55) / 2.73(.57)]
4. 保護者，地域住民の意見を聞きながら，目指す学校像を描く [3.15(.58) / 2.47(.64)]
基準2 教育活動の質を高めるための協力体制と風土づくり
5. 児童生徒の実態，特徴を踏まえた教育課程編成を行う [3.49(.52) / 2.70(.66)]
6. 児童生徒の課題について教職員が意見交換をする時間を作る [3.51(.52) / 2.70(.66)]
7. 教職員の職能開発を支える協力体制と風土づくり [3.39(.58) / 2.49(.65)]
8. 各学級の児童生徒の様子を絶えず把握し，必要に応じて担任教師を支援する [3.38(.58) / 2.70(.62)]
基準3 教職員の職能開発を支える協力体制と風土づくり
9. 学校の教育課題を踏まえて，校内研修体制を整備する [3.39(.52) / 2.66(.62)]
10. 教職員一人ひとりの力量や成長課題を把握し，必要に応じて指導・助言する [3.40(.51) / 2.64(.58)]
11. 教職員がお互いに授業を見せ合うことを奨励する [3.48(.51) / 2.67(.70)]
12. 教職員一人ひとりの心身の状況や私的な事情に配慮して必要な支援を行う [3.26(.54) / 2.77(.56)]
基準4 諸資源の効果的な活用と危機管理
13. 目指す学校像を実現するために，外部の人材や情報などを活用する [3.34(.55) / 2.70(.66)]
14. 目指す学校像を実現するために，予算獲得や施設・設備の改善について教育委員会や外部機関などに働きかける [3.34(.54) / 2.55(.70)]
15. 教職員や児童生徒が安心して教育・学習活動に取り組める物的環境を整える [3.48(.51) / 2.54(.64)]
16. 学校の安全確保について教職員を意識づける働きかけを日常的に行う [3.41(.50) / 2.88(.52)]
基準5 家庭・地域社会との協働・連携
17. 校長自ら率先して保護者・地域住民との関係構築に取り組む [3.36(.55) / 2.91(.64)]
18. 教職員が保護者・地域住民と連携しやすくするための支援や工夫を行う [3.21(.53) / 2.53(.61)]
19. 保護者・地域社会の多様な関係者に対して敬意をもって誠実に関わる [3.43(.51) / 3.09(.53)]
基準6 倫理規範とリーダーシップ
20. 教職員の模範として，自身の言動やふるまいに問題がないか多様な視点から振り返る [3.40(.52) / 2.87(.55)]
21. 教育の使命や倫理に背くような教職員の行為に対して，毅然として対応する [3.49(.52) / 3.12(.52)]
22. 法令遵守の研修やチェック体制などを学校全体で機能させる [3.38(.54) / 2.94(.57)]
23. 多様な立場や価値観を尊重するような雰囲気を校内に作る [3.37(.53) / 2.80(.56)]
基準7 学校をとりまく社会的・文化的要因の理解
24. 最新の教育関係法規を理解し，その精神と意図を汲み取る [3.18(.54) / 2.47(.61)]
25. 社会の関心を集める教育問題の情報や動向をつかみ，深く理解する [3.28(.51) / 2.61(.60)]
26. 教育に近接する他領域（医療・福祉・文化等）の情報や動向をつかみ，理解する [3.18(.53) / 2.47(.61)]
27. 自校が所在する地方自治体の教育課題や教育施策の動向について深く理解する [3.23(.53) / 2.68(.60)]

注：[　]内は《意思》/《実際》の平均値（標準偏差）を表記している。

と思う」，後者は「１：実行できていない」から「４：とても実行できている」の４件法で回答を収集し，以下の方法で合成得点を算出した。

　①リーダーシップ実践《意思》：回答分布の偏りを踏まえて変数のクラスター分析を行い[7]，『校長の専門職基準』とほぼ対応する５クラスターを解釈し「学校の共有ビジョンづくり」「教育活動の質的向上」「学校内外の協力体制構築」「環境整備と資源活用」「倫理規範の遵守と状況理解」と命名した。さらにクラスターごとに主成分分析を行い，第１主成分得点を算出した。

　②リーダーシップ実践《実際》：因子分析によって『校長の専門職基準』とほぼ対応する６因子を抽出し「学校の共有ビジョンづくり」「教育の質的向上に向けた協力体制構築」「環境整備と資源活用」「地域との協働と連携」「倫理規範の遵守」「社会状況の理解」と命名して合成得点を算出した[8]。

２）校長のリーダーシップ実践を支える学校の内的条件

　リーダーシップ実践を支える学校の内的条件として，学校の組織風土・組織文化に関する実証研究（岡東他編 2000など）を参考に12項目を作成し「１：全くそう思わない」から「４：とてもそう思う」の４件法で回答を得た。その後の因子分析によって，教職員間の成長や挑戦を認め合う雰囲気としての「成長・挑戦」，教職員の相互支援関係を認め合う「相互支援」，校長と教職員との良好な関係を表す「校長との良好関係」という３因子を抽出した。

３）校長のリーダーシップ実践を支える学校の外的条件

　リーダーシップ実践を支える学校の外的条件として，公式・非公式なネットワークから得られる知識や情報について15項目を作成し，「支えになっている要因」《現状》と「支えになってほしいと期待する要因」《期待》の観点から回答を求めた。支え《現状》は「１：支えになっていない」から「４：とても支えになっている」，支え《期待》は「１：期待していない」から「４：とても期待している」の４件法で回答を収集した。回答に対する因子分析によって，校長会をはじめとする同業者的関係内の情報・意見交流を中心とする「専門職的交流」，学校外の専門家・大学院等での知的交流を表す「学問的交流」，国や自治体が発出する通知・方針などの「教育行政指針」，インターネットや図書等から得られる情報である「情報メディア」という４因子を抽出した。

４）校長の課題認識と関連要因

　現任校に対する校長自身の課題認識を問うため，児童生徒・保護者・地域・現任校の組織体制に関する15項目を作成し，現任校の校長として認識している

課題の多寡を尋ねた。その際，認識する課題が量的に多いほどそれらに対応するためのリーダーシップ実践が促されるだろうと想定して，現任校の課題状況について考えを尋ねる質問を示した上で，「1：課題は多い」から「4：課題は少ない」の4件法で回答を求めた。回答に対する探索的因子分析（最尤法，promax 回転）から想定した四つの因子を抽出し平均値を算出した[9]。また，現任校の課題認識に関連する基本的な要因として，学校規模[10]と個人特性（性別，学歴，指導主事経験，教職経験年数，校長経験年数，校長経験学校数，現任校在勤年数）について回答を収集した。

(3) 分析方法

　まず基礎的分析として課題認識の差異によるリーダーシップ実践の違いと課題認識を左右する関連要因を検討した。具体的には課題認識15項目の加算平均値（$M = 43.2$, $SD = 6.38$）を基準に，認識している課題数が多い「課題認識：多群」と認識している課題数が少ない「課題認識：少群」に分け，リーダーシップ実践の《意思》と《実際》との相関を確認した。その後，現任校に対する校長の課題認識を従属変数，関連要因を独立変数として平均値の差を分析した。

　その上で課題認識の差異によってリーダーシップ発揮を促す支援条件が異なるかを検討するために，二つの詳細分析を行った。第一に，リーダーシップ実践《実際》を従属変数，学校の内的条件および外的条件（支え《現状》）を独立変数とする重回帰分析を行った[11]。その際，四つの課題認識別に平均値を基準として「課題認識：多群」と「課題認識：少群」に分け，後者を抽出して分析した。なぜなら，課題認識：少群ではリーダーシップ実践の《意思》と《実際》が相関していることから（次節で詳述），校長が意図するリーダーシップ実践の支援要因を検討するためである。第二に，四つの課題ごとに課題認識：多群および少群に分け，リーダーシップ実践《意思》を従属変数，支え《期待》を独立変数とする重回帰分析を行い，校長が実践したいと考えるリーダーシップと期待する支援条件の関係が，課題認識によっていかに異なるかを分析した。なお統計的有意水準（危険率）は .05（5％）とした。

3　結　果

(1)　課題認識別にみたリーダーシップ実践における《意思》と《実際》の関係

　まず課題認識の平均値を基準に課題認識：多群と少群に分け，リーダーシップ実践の《意思》と《実際》との相関分析を行った（表2）。課題認識：多群では，リーダーシップ実践《実際》の「地域との協働・連携」と「倫理規範の遵守」のみリーダーシップ実践《意思》との正の相関がみられる。一方，課題認識：少群では，リーダーシップ実践《実際》の「環境整備と資源活用」を除き，対応関係にある因子を中心に相関関係が確認できる。故に課題認識：少群では比較的，実践したいリーダーシップが実現できる傾向にある。

(2)　校長の課題認識に関連する要因

　学校規模と課題認識の分散分析の結果，大規模校の校長ほど地域，保護者，組織体制の課題を多く認識し，小規模校の校長ほど児童生徒の課題を多く認識していた[12]。個人特性については有意な差が3点確認でき，第一に経験学校数が多い校長のほうが（3校目以上：$M=2.70$，2校目：$M=2.83$，1校目：$M=2.87$），児童生徒について認識している課題が多かった（$F(2,714)=4.256$，$p=.015$）。第二に指導主事経験のある校長（$M=2.99$）のほうが，未経験の校長（$M=3.08$）に比べ，地域について認識している課題が多かった（$t(708)=2.211$，$p=.027$）。第三に大学院を修了した校長（$M=2.65$）のほうが短大・大学卒の校長（$M=2.53$）に比べ，組織体制について認識している課題が

表2　課題認識別リーダーシップ実践の意思と実際の相関

意思 / 実際	課題認識：多群					課題認識：少群				
	共有ビジョン	教育の質的向上	協力体制構築	環境整備資源活用	倫理規範状況理解	共有ビジョン	教育の質的向上	協力体制構築	環境整備資源管理	倫理規範状況理解
共有ビジョン						.311	.236	.331	.291	.270
質的向上と体制構築							.219	.269	.203	.260
環境整備資源活用										
地域との連携・協働	.214		.325		.252			.394	.247	.286
倫理規範		.238	.300	.241	.324	.311	.249	.363	.347	.416
状況理解						.244	.210	.268	.272	.346

注：5％水準で相関が見られる（$r \geqq .200$）係数のみ表記している。なお変数名は略記している。

少なかった（$t\,(715)=2.101,\ p=.036$）。

　学校規模の大きさと課題認識の関連は，課題として認識する対象によって異なり，指導主事経験，校長としての在職校数の多さは，認識する課題の多さと関連していた。一方，大学院修了経験のみが課題認識の少なさと関連していた。行政・経営の実践経験の量的多さは現任校についての課題認識の多さと関連しているものの，大学院修了経験はむしろ課題認識の多さと関連しないという結果をいかに解釈すべきかという疑問を抱きながら分析を続けた。

（3）　リーダーシップ実践《実際》を規定する要因の検討

　次に，実践したいリーダーシップが実現できる傾向にある課題認識：少群の校長を抽出し，四つの課題ごとにリーダーシップ実践《実際》を従属変数，学校の内的条件および外的条件を独立変数とする重回帰分析を行った（表3）。有意な係数をみると，学校の内的条件がリーダーシップ実践を規定しており，

表3　課題認識別のリーダーシップ実践《実際》と
支援要因の重回帰分析結果（課題認識：少群）

地域						支援要因	保護者					
共有ビジョン	体制構築	環境整備	地域連携	倫理規範	状況理解		共有ビジョン	体制構築	環境整備	地域連携	倫理規範	状況理解
			.198	.219	.227	専門職的交流					.111	
						学問的交流	.093			.121		.107
						教育行政指針						.111
						情報メディア			.103			.141
.299	.588	.256	.250	.252	.250	成長・挑戦	.234	.489		.185	.198	.149
			.269	.209		相互支援	.159		.196	.244	.239	.126
						校長との良好関係						
.184 (.159)	.447 (.429)	.165 (.139)	.266 (.243)	.313 (.292)	.230 (.205)	$R^2\,(\mathrm{Adj}.R^2)$	.184 (.170)	.333 (.322)	.106 (.091)	.185 (.185)	.235 (.222)	.144 (.129)

組織体制						支援要因	児童生徒					
共有ビジョン	体制構築	環境整備	地域連携	倫理規範	状況理解		共有ビジョン	体制構築	環境整備	地域連携	倫理規範	状況理解
				.130		専門職的交流						
			.129	.100	.154	学問的交流				.144	.125	.126
	.110	.132				教育行政指針						
.113	.104			.160	.160	情報メディア	.106		.118			.141
.206	.373					成長・挑戦	.193	.462	.130		.182	.165
.208	.142	.148	.299	.258	.127	相互支援	.220	.120	.186	.250	.239	.135
						校長との良好関係						
.175 (.159)	.323 (.310)	.125 (.108)	.192 (.177)	.229 (.214)	.145 (.129)	$R^2\,(\mathrm{Adj}.R^2)$	.204 (.187)	.368 (.355)	.145 (.127)	.180 (.162)	.224 (.207)	.183 (.165)

注：5％水準で有意な標準化偏回帰係数（β）を表記している．

「成長・挑戦」と「相互支援」が課題認識の内容にかかわらず高い値を示した。一方，外的条件にあたるリーダーシップ実践の支え《現状》については，「学問的交流」が「地域との協働・連携」「倫理規範の遵守」「社会的状況の理解」を規定している。さらに児童生徒，保護者，組織体制の課題認識：少群においては「情報メディア」が「学校の共有ビジョンづくり」や「社会的状況の理解」に対して有意な影響力を持っている。対して「専門職的交流」や「教育行政指針」がリーダーシップ実践《実際》に与える影響は限定的であった。

(4)　課題認識別にみたリーダーシップ実践《意思》と支え《期待》との関係

最後に課題認識：多群と少群に分けて，リーダーシップ実践《意思》を従属変数，リーダーシップ実践の支え《期待》を独立変数とする重回帰分析を行った（**表4**）。全体的に，課題認識：多群では「専門職的交流」と「教育行政指

表4　課題認識別のリーダーシップ実践《意思》と支え《期待》の重回帰分析結果（上段　課題認識：多群／下段　課題認識：少群）

地域課題					支援要因	保護者課題				
共有ビジョン	教育活動の質向上	協力体制構築	環境整備資源管理	倫理規範状況理解		共有ビジョン	教育活動の質向上	協力体制構築	環境整備資源管理	倫理規範状況理解
	.144		.180	.161	専門職的交流		.173	.143	.178	.167
					学問的交流					
.125		.134		.152	教育行政指針	.154				.204
.155			.167	.137	情報メディア				.155	
.115(.105)	.112(.103)	.148(.138)	.141(.131)	.171(.162)	R^2(Adj.R^2)	.107(.090)	.119(.102)	.154(.137)	.145(.128)	.190(.174)
	.187	.310	.266	.338	専門職的交流					
				.152	学問的交流	.143	.153	.227	.190	.206
					教育行政指針					.137
					情報メディア	.128			.147	
.099(.080)	.078(.059)	.159(.141)	.154(.136)	.192(.175)	R^2(Adj.R^2)	.100(.089)	.089(.078)	.154(.145)	.144(.134)	.160(.150)

組織体制課題					支援要因	児童生徒課題				
共有ビジョン	教育活動の質向上	協力体制構築	環境整備資源管理	倫理規範状況理解		共有ビジョン	教育活動の質向上	協力体制構築	環境整備資源管理	倫理規範状況理解
.114	.205	.177		.233	専門職的交流		.187	.139	.253	.190
					学問的交流					
.146		.133	.143	.201	教育行政指針	.168	.142	.155		.190
				.121	情報メディア					
.117(.102)	.155(.141)	.181(.167)	.152(.138)	.235(.222)	R^2(Adj.R^2)	.086(.072)	.133(.120)	.153(.141)	.184(.172)	.213(.201)
.205	.204	.247	.222	.224	専門職的交流	.156	.162	.258	.148	.181
				.123	学問的交流					.142
					教育行政指針					
.121			.168		情報メディア	.216		.123	.234	.128
.117(.106)	.085(.073)	.150(.139)	.158(.148)	.146(.135)	R^2(Adj.R^2)	.148(.136)	.083(.069)	.161(.149)	.136(.123)	.144(.131)

注：5％水準で有意な標準化偏回帰係数（β）を表記している。

針」が有意な係数を示した一方，課題認識：少群では「学問的交流」が有意かつ比較的高い係数を示す対照的な結果が得られた。なお「教育行政指針」が課題認識：少群において有意な係数を示したのは，「倫理規範の遵守と状況理解」のみであった。また「情報メディア」は，課題認識の対象により異なる傾向がみられる。さらに，校長のリーダーシップ実践《意思》に着目すると，その支援条件に顕著な違いがみられる。例えば「学校の共有ビジョンづくり」を支える条件として，組織体制についての課題認識：多群の校長は「専門職的交流」と「教育行政指針」に期待しているのに対して，課題認識：少群の校長は「学問的交流」と「情報メディア」に期待している。「学校の共有ビジョンづくり」については，他の課題内容でも同様の傾向がある。以上から，校長の課題認識の違いによって，実行したいリーダーシップ実践を支援しうる条件は異なると考えられる。

4　考　察

(1)　校長の認識における問題把握と課題形成の次元

　課題認識：多群と少群に分けて，リーダーシップ実践の《意思》と《実際》の相関を分析した結果，認識する課題数が少ない校長において比較的明確な相関関係がみられ，実践したいリーダーシップが実現できている傾向にあった。当初の想定では，現任校について課題を多く認識することでリーダーシップ発揮に正の作用を及ぼすと考えたのだが，本稿の分析結果は逆の傾向を示した。

　その後，校長の課題認識との関連要因を分析したところ，実践したいリーダーシップを実践できている課題認識：少群と関連するのは大学院修了経験のみであった。この結果を解釈するには，「課題認識」を異なる二つの次元から成るものと捉える必要があると考える。すなわち，学校が直面する多様な困難状況を把握する「問題把握」と，種々の問題を整理して学校経営上の課題として認識する「課題形成」ともいうべき次元である。校長の認知に着目した研究によれば，初任期の校長は多くの問題に気を取られるが，熟達した校長は直面する様々な問題に枠組みを与え，状況を的確に解釈する（Leithwood and Steinbach 1995）。佐古（2010）の学校組織開発過程でも，初期の実態認識に基づく「問題」（不足部分の気づき）が教育期待に基づく「課題」（到達目標）として形成されていく過程が含意されている。つまり，認識する課題数が少ない校長が実践したいリーダーシップが実現できていると考えているのは，校長

が自身の意味付与（sense making）や枠づけ（framing）を通じて，種々の問題状況を学校経営上の課題として整理した結果（Coburn 2006）だと考えられる。

　指導主事経験や校長としての経験の多さが校長の力量向上に重要であることは，これまでにも指摘されてきた（元兼 2003，小島編 2004）。しかし，行政・経営の実践経験はどのような能力の獲得につながり，学校にどのような影響を及ぼすかは明らかにされていない（川上 2013，川上・細畠 2016）。本稿の結果からは，それらの経験と大学院経験に質的な違いがある可能性が見いだされた。その違いをどう考えればよいだろうか。

　大学院修了経験と課題認識：少群の関連は，大学院における学びの特徴と関係することが推察される[13]。大学院での経験は，独自のデータ収集，既存情報の相対化，論理的思考といった研究活動を基盤とする。ここには前掲の二つの次元が含まれると考えられる。それに対して行政・経営の実践経験は，現任校の問題事象に気づいたり，地域という視野まで広げてそれらを把握したりすることを促すものの，種々の問題を学校経営上の「課題」として整理する認識枠組みの獲得には必ずしも結びつかない可能性がある。学校に関わる問題状況が複雑性・多様性を増すなかで校長がリーダーシップを発揮するには，問題状況を的確に整理して学校経営上の課題を形成することが不可欠である。以前から有効と考えられてきた行政・経営の実践経験だけでは十分とは言えず，実践の現場を離れて越境する機会が重要な意味をもつのではないだろうか。ただし本稿の結果からは，課題認識形成の過程と要因までを明らかにすることはできない。

⑵　校長のリーダーシップ発揮の実態と支援条件

　続いて，意図するリーダーシップが実現できる傾向にある課題認識：少群の校長を抽出してリーダーシップ実践《実際》の支援条件を分析した結果，学校外部の支え《現状》よりも，「成長・挑戦」や「相互支援」を促す組織風土・文化と地域関係組織がリーダーシップ実践を規定する傾向がみられた。露口・佐古（2004）によれば，校長のリーダーシップは教師のエンパワーメントを高めている状況で強く発揮される。また，校長の属性要因や学校組織の外部要因が校長のリーダーシップを規定するわけではないことを実証した複数の知見をもとに，学校の内部要因に着目する意義が指摘されてきた（露口 2008）。本稿

でも，学校内部要因の重要性が改めて実証されたことになる。

　しかし学校外部の支え《現状》が機能していなかったわけではない。特に「学問的交流」と「情報メディア」は，「地域との協働・連携」「倫理規範の遵守」「社会的状況の理解」に対して，学校の内的条件と同等の影響を示していた。本稿が依拠した校長の専門職基準は，校長を「教育活動を組織化するリーダー」（日本教育経営学会 2009）と捉え，学校内外の組織化をリードする校長像を基盤に開発された。特に「地域との協働・連携」「倫理規範の遵守」「社会的状況の理解」は，分権・規制改革の中で生じた多様なアクターとの関係構築と協働を象徴する実践である。このことを敷衍すれば，学校経営の分権化・自律化における校長のリーダーシップ発揮の支援条件として，学校外部の「学問的交流」や「情報メディア」の重要性に注目する必要がある。

　一方で「専門職的交流」と「教育行政指針」の影響は限定的であった。前者の中核である校長会は，日常的な情報交換や施策対応等の合意形成の場として機能しており（川上 2005），管理職育成や力量形成も期待されている（日高 2016）。教育行政指針も学校経営に関する意思決定の拠り所とされており，両者は強く相関している（朝倉他 2021）。校長にとって，これらは所与性が高い。対して「学問的交流」と「情報メディア」は，校長自らアクセスして知識や情報を収集する必要がある点で性質が異なると考えられる。

⑶　支援条件への期待からみた二つのネットワークと交流回路

　さらに，課題認識別に校長が実践したいリーダーシップ実践《意思》と支え《期待》との関係を分析した結果，認識する課題が多い校長は「専門職的交流」と「教育行政指針」に期待しているのに対して，課題が少ない校長は「学問的交流」と「情報メディア」に期待していた。朝倉他（2021）では，「専門職的交流」と「教育行政指針」，「学問的交流」と「情報メディア」は各々が強く相関していることが明らかになっている。それを踏まえると，この四つの支援条件は性質の異なる二つのネットワークに大別して捉え直すことができる。「専門職的交流」と「教育行政指針」は日常的な情報交換や上意下達の通達等を通じて，全ての校長が必要と考える知識や情報を交流するもので，同質性と所与性が高い。対して「学問的交流」と「情報メディア」は，教育・行政の現場や実務経験から距離を置き，それらを相対化しうる知識や情報を主体的に交流するもので，異質性が高く所与性が低い。

　1990年代の研究では，校長自身の主体性や自律性の脆弱さが行政に対する学校の自律性を阻むと問題視された（小島他 1991）。その後，大学院におけるスクールリーダー教育の構築を志向する研究では，学問的・専門的知識に対する校長のニーズは低いことが明らかにされた（小島編 2004：182頁）。校長が認識する自らの力量形成の機会も「学校の実務経験」「先輩からの指導や影響」「教育行政経験」「行政研修」に限られていた（小島編 2004：187頁）。本稿の分析結果からも，多くの校長の認識はこれらと共通性が高い。制度的な分権化・自律化が進行したにもかかわらず，多くの校長のニーズは同質的で所与性の高いネットワークへの期待という形で従来の枠組みを脱していないのである。制度的な分権化・自律化の下で，日常的に直面する種々の問題への対応にあたって，身近なネットワークに安心感を求めているのかもしれない。

　ただし，本稿の分析結果で注目すべきは，「問題把握」に留まらず「課題形成」をしてリーダーシップを発揮しようとする校長は異質的で所与性の低いネットワークに高い期待を抱いていることである。「学問的交流」は研究の視点や枠組みに基づいて問題を捉え直すことを促し，「情報メディア」は自身の経験範囲に留まらない知識・情報の入手可能性を高める。いずれも，現場で日常的に接する知識・情報とは異質な知識・情報の交流を導く。折しも分権化・自律化の展開と並行して，学界では研究者と実践者の関係が鋭く問われ，両者の相互交流と知の非階層性に基づく関係構築が目指されてきた（佐古 1997）。大学院経験と関連していた，問題の把握から学校経営の課題を形成する校長の「学問的交流」への期待は，旧態にとらわれた同質的なネットワークに対置される異質性の高いネットワークの中でこそ，研究知と実践知の相互交流が生じ得ることを示唆する。なかでも教職大学院におけるスクールリーダー養成では，研究知と実践知の還流による「課題」の析出が重視され，その意義が確認されてきた（髙谷・山本 2021）。組織的側面での学校経営の自律化を志向するなら，教職大学院を含む大学院は，異質的で所与性の低いネットワークの構築まで視野に入れることが必要だといえよう。

　以上より，校長のリーダーシップ発揮とその支援条件の要点は，異質的で非所与的なネットワークの構築にあり，自身の経験範囲を越境しうる「開かれた交流回路」へのアクセス可能性の拡大に焦点化される。

5　まとめにかえて─校長職を支える組織的・制度的条件への着目

　学校経営の分権化と制度的側面の自律化が進行するなかで，組織的側面での自律化とそれを導く校長のリーダーシップが問われている。しかし，校長のリーダーシップ発揮は従来以上に限定的・抑制的な実態にある。多くの校長は教育行政指針とそれに強く結びついた同業者間ネットワークへの期待を抱き，横並びの「校長のリーダーシップ」が規範化しているとも受けとめられる。

　子ども・保護者・住民など，学校経営のステークホルダーの多様性は増大し，学校が直面する課題は複雑さを増している。そのなかで校長がリーダーシップを発揮するには，「問題把握」と「課題形成」という異なる次元の行為が必要である。前者は学校や行政の現場経験によって保障しうるとしても，後者の保障はそれだけでは難しい。そこで重要になるのが，異質的で所与性の低いネットワークで獲得できる知識・情報だと考えられる。現状では，多くの校長が同質的で所与性の高いネットワークに期待を寄せているが（浜田他 2021），意図するリーダーシップが実践できている校長は，異質的で所与性の低いネットワークを求めている。学校経営の自律化を実現する校長のリーダーシップは，教育行政指針を安心材料にするよりも，現代社会の普遍的価値（社会正義，平等，公正，幸福など）に依拠しつつ各学校固有の課題に対応することが不可欠である。学問的交流や学校外部の社会に開かれた情報メディアは，今後の校長職を支える条件として重要性を増すと考えられる。

　最後に今後の研究課題を挙げる。大学院修学や異質性の高いネットワークへのアクセスは，多くの校長候補者・現職校長に開かれていない現状がある。本稿で考察した知識や情報の交流，主体的なネットワーク形成を促進するためには，人的・物的・財政的支援の観点からも支援条件を検討する必要がある。また分析方法に関わって，リーダーシップ実践が支援条件に影響を受けるだけでなく，支援条件の在り方が校長自身のリーダーシップ実践に影響を受けることも考えられるため，両者の相互関係を加味する必要がある。さらに本稿で分析したのは小・中・高等学校・特別支援学校の総合データで，校種別の分析はできていない。多様性が大きい高等学校の場合は，さらに類型間比較も必要である。

[注]

(1) 例えば，中教審「チームとしての学校の在り方と今後の改善方策について（答申）」（2015年）や中教審「『令和の日本型学校教育』の構築を目指して（答申）」（2021年）など。

(2) 本稿は，「リーダーシップ発揮」を校長個人の特性や行動だけでなく校長自身の認識を含み，教職員や学校が置かれた状況との相互作用からなる現象として捉えている。ただし，校長の認識や行為を捉えるための変数や尺度に言及する場合には主に「校長のリーダーシップ実践」という語を用いる。

(3) 具体的には，リーダーシップ発揮の様態（実行したいという意思／発揮できているという実際）と校長の個人特性および現任校の学校特性が直接関連していないこと（浜田他 2020），実際に発揮できているリーダーシップと支援要因（校長会における交流，学問的交流，教育行政指針，情報メディア）との関連が限定的である一方，発揮したいリーダーシップと支えになってほしいと期待する要因には，一定程度の関連があることを明らかにした（朝倉他 2021）。

(4) 本調査は筑波大学研究倫理委員会の承認を得ている（No：筑30-178号）。

(5) 本稿では朝倉他（2021）で得られた分析結果から，合成得点を算出して新たに分析を行うものである。ただし読者の理解を促す観点から，変数クラスター名および因子名を新たに命名している。

(6) 2018年10月～11月，本項目をはじめとする調査項目の開発を受けて，項目の妥当性の確認を主目的として，現・元校長34名に対する予備調査を実施した。詳細は，（朝倉他 2021）を参照されたい。

(7) リーダーシップ実践《意思》については，規範的な質問項目であることから肯定的回答に大きな偏りが生じたため，2値変換して変数のクラスター分析を行った（朝倉他 2021）。その後，主成分分析によって合成得点（標準得点）を算出している。

(8) 以下，因子分析を行った尺度は，探索的因子分析の後，確認的因子分析で適合度を確認し，各因子に .400以上の負荷量を示した項目の加算平均値を算出した。

(9) 分析結果を**資料1**に示す。

(10) 校種別に児童生徒数，教員数，学級数の主成分分析により算出した第1主成分得点の±0.5SD を基準に小・中・大規模校に3分割した。

(11) 強制投入法を適用し全独立変数は VIF 値≦2で多重共線性の発生はないと推定した。

(12) 分析結果を**資料2**に示す。

(13) 本稿では大学院の専攻を尋ねていないため大学院修了者は教育系大学院以外の修了者も含まれる。

資料1　現任校の課題認識の因子分析結果

	負荷量	共通性
因子1 地域（$\alpha=.842$）		
学校に対する地域（学区）の住民の協力意識 [3.11 (.65)]	.946	.775
学校の実態や実情に対する地域（学区）の住民の理解 [3.01 (.66)]	.764	.613
教職員に対する地域（学区）の住民の信頼感 [3.12 (.57)]	.672	.591
地域（学区）の住民どうしで助け合い，協力し合う関係 [2.92 (.63)]	.594	.399
因子2 保護者（$\alpha=.838$）		
学校に対する保護者の協力意識 [3.06 (.69)]	.860	.679
学校の実態や実情に対する保護者の理解 [3.03 (.64)]	.780	.651
教職員に対する保護者の信頼感 [3.02 (.59)]	.698	.530
保護者どうしで助け合い，協力し合う関係 [2.75 (.73)]	.527	.514
因子3 児童生徒（$\alpha=.734$）		
児童生徒 の学習意欲 [2.54 (.87)]	.746	.534
児童生徒の基本的な生活習慣 [2.75 (.88)]	.722	.521
児童生徒どうしで助け合い，協力し合う関係 [3.02 (.66)]	.464	.426
因子4 組織体制（$\alpha=.673$）		
教職員の危機管理体制 [2.68 (.63)]	.787	.594
新学習指導要領への対応 [2.44 (.68)]	.629	.432
個別的な対応が必要な児童生徒に対する支援体制 [2.54 (.81)]	.494	.328

因子負荷平方和　3.96　4.36　3.11　2.75

注：固有値1以上，因子負荷量.400以上を表記，[　] 内は平均
　　値（標準偏差）を表す。
　　因子間相関は，1-2 [.657] /2-3 [.615] /2-4 [.484] /3-4
　　[.468] /1-4 [.423] /1-3 [.389] である。

資料2　学校規模と課題認識の関連

	地域			保護者			組織体制			児童生徒		
	N	M	SD	N	M	SD	N	M	SD	N	M	SD
小規模校	249	3.1	.51	253	3.05	.54	251	2.68	.52	253	2.79	.64
中規模校	240	3.01	.52	244	2.91	.54	244	2.44	.56	239	2.69	.65
大規模校	197	2.99	.51	198	2.95	.54	200	2.52	.56	202	2.85	.67
F値	4.869[*]			4.272[*]			12.426[*]			3.176[*]		

＊ $p<.05$

［引用文献一覧］

・朝倉雅史・諏訪英広・高野貴大・安藤知子・織田泰幸・加藤崇英・川上泰彦・北神
　正行・佐古秀一・高谷哲也・木下豪・浜田博文「校長のリーダーシップ発揮を促進
　する制度的・組織的条件の解明と日本の改革デザイン(2)校長のリーダーシップ実
　践とその関連要因に関する基礎的分析」『筑波大学教育学系論集』第46巻1号，
　2021年，17-34頁。

・牛渡淳・元兼正浩編『専門職としての校長の力量形成』花書院，2016年。
・岡東壽隆・福本昌之編著『学校の組織文化とリーダーシップ』多賀出版，2000年。
・小島弘道・浜田博文・片桐隆嗣「現代教育改革における学校の自己革新と校長のリーダーシップに関する基礎的研究（その3）校長・教員の意識に見る学校運営と校長の経営行動」『筑波大学教育学系論集』第16巻1号，1991年，17-46頁。
・小島弘道編著『校長の資格・養成と大学院の役割』東信堂，2004年。
・川上泰彦「学校管理職による情報交換と相談－校長・教頭のネットワークに着目して―」『日本教育経営学会紀要』第47号，2005年，80-95頁。
・川上泰彦『公立学校の教員人事システム』学術出版会，2013年。
・川上泰彦・細畠昌大「校長昇進管理と人事計画」牛渡淳・元兼正浩編『専門職としての校長の力量形成』花書院，2016年，157-174頁。
・佐古秀一「教育経営研究における実践性に関する基礎的考察」『日本教育経営学会紀要』第39号，1997年，28-39頁。
・佐古秀一「学校の内発的改善力を支援する学校組織開発の基本モデルと方法論―学校組織の特性をふまえた組織開発の理論と実践」『鳴門教育大学研究紀要』第25巻，2010年，130-140頁。
・鈴木久米男・多田英史・小岩和彦・髙橋和夫・東信之「自主組織としてのA県及び全国校長会の機能とその役割－小学校，中学校，高等学校，特別支援学校長会の比較・検討」『岩手大学大学院教育学研究科研究年報』第2巻，2018年，19-33頁。
・髙谷哲也・山本遼「教職大学院におけるスクールリーダー教育の意義と課題」『日本教育経営学会紀要』第63号，2021年，184-187頁。
・千々布敏弥「教育委員会指導主事の学校訪問体制と学校組織文化の関係」『教師学研究』第20巻第2号，2017年，37-46頁。
・露口健司・佐古秀一「校長のリーダーシップと自律的学校経営」河野和清編著『地方分権下における自律的学校経営の構築に関する総合的研究』多賀出版，2004年，175-203頁。
・露口健司『学校組織のリーダーシップ』大学教育出版，2008年。
・日本教育経営学会『校長の専門職基準』2009年。
・浜田博文・諏訪英広・朝倉雅史・髙野貴大・安藤知子・織田泰幸・加藤崇英・川上泰彦・北神正行・佐古秀一・髙谷哲也「校長のリーダーシップ発揮を促進する制度的・組織的条件の解明と日本の改革デザイン(1)スクールリーダーの職務環境・職務状況に関する基礎的分析」『筑波大学教育学系論集』第45巻1号，2020年，43-68頁。
・日髙和美「校長会に期待される力量形成」牛渡淳・元兼正浩編『専門職としての校長の力量形成』花書院，2016年，139-154頁。
・元兼正浩「自治体における学校管理職の資質力量向上施策の限界と可能性－『校長

人事経済学』の視点からの提案」『日本教育行政学会年報』第29巻，2003年，51-67頁。

・Coburn, C. E. "Framing the Problem of Reading Instruction: Using Frame Analysis to Uncover the Microprocesses of Policy Implementation."*American Educational Research Journal*, Vol. 43 Issue 3, 2006, pp.343-349.
・Leithwood, K., & Steinbach, R. *Expert problem solving: evidence from school and district leaders.*, SUNY Press, 1995.

[付記]
　調査にご協力いただいた皆様に深くお礼申し上げます。本研究はJSPS科研費JP18H03654の助成を受けた研究成果の一部である。

The Actual Situation of Principals' Leadership under Decentralization and Autonomy of School Management and its Support Condition: Focusing on Differences in Principals' Perceptions of School Issues

Masashi ASAKURA (University of Tsukuba)

Hidehiro SUWA (Kawasaki University of Medical Welfare)

Takahiro TAKANO (Ibaraki University)

Hirofumi HAMADA (University of Tsukuba)

In the context of decentralization and autonomy of school management, there has been continuous emphasis on the leadership of principals; however, measures and research for this purpose have been biased toward the competence of individuals. There have been few studies of the actual situation of principals' leadership and the conditions that support it. This study clarifies the actual situation of principals' leadership by focusing on their own perceptions of the issues in the schools, and examines the conditions needed to support them in the future. The questionnaire survey to public school principals was conducted nationwide. Data were collected from a sample of 2,400 school principals, and 729 respondents were included in the analysis. The findings show that the correlation between willingness to perform leadership and actual behavior, categorized by the amounts of perceived issues, showed a clear correlation in the group of principals with fewer perceived issues. The results indicated that both the "problem-identification" phase, in which principals recognize many issues, as well as the "issue-formation" phase, in which they recognize fewer issues, are important.

Furthermore, the "problem-identification" were significantly associated with actual work experience and administrative experience, while the "issue-formation" were significantly associated with graduate school completion experience. The support conditions for principals in the "problem-identification" phase were "peer professional exchange" and "educational administrative guidelines," while the support conditions for principals in the "issue-formation" phase were "academic exchange" and "information media". Therefore, it is necessary to build a heterogeneous network without being limited by given conditions to support principals 'leadership development. Further, is important to expand access to opportunities that allow principals to cross the boundaries of their daily sphere of experience.

研 究 論 文

《研究論文》

言説的制度論からみる学習指導要領改訂における権力の質
—教育課程審議会答申と中央教育審議会答申における「必要」の分析—

同志社女子大学　水　本　徳　明

1　研究の背景と目的

⑴　研究の目的と問題意識

　本研究は，現代日本の公教育経営[1]における権力の質を問う観点から，学習指導要領改訂を提言した審議会答申（以下，改訂答申）において「必要」という言葉がどのように使用されているかを分析することを目的としている。

　近年の教育政策において，学習指導要領による「主体的・対話的で深い学び」の推進ばかりでなく，「心を法で縛る」（市川 2009：73頁）という指摘にみられるように，人間の内面とりわけ「主体性」や「自律性」への国家介入が積極化している。私事としての教育が国家によって積極的に発展させられる体制として近代公教育を把握した持田（1979）を継承する広瀬（2021：202-203頁）は，このような現代的動向を，個人や自治体という主体の自律性が機能不全を起こす事態に際して，「機能不全に陥った自律性を国家介入によって修復する構図」とし，「問題なのは，国家が介入することの暴力性の部分ではなく，服従が求められる調整的合意内容の当否にある」と言う。教育への国家の関わりの問題はその内容の当否で捉えられるべきであるとするのである。

　しかし，教育への国家の関わりは政策内容ばかりでなく権力の質，すなわち広瀬（2021）の言う「暴力性」の質においても問われなければならない。分権化や規制緩和によって組織や成員の自律性を高める方策が採られるときに，単純に公権力の影響力が後退するのではなく，「公権力による影響力行使のメカニズムが変更される」との指摘もある（水本 2017：400頁）。教育政策の内容の重心が人間の「主体性」や「自律性」に移ったときに，公教育経営における

権力の質はどう変化したのか。それが本論文の根底にある問題意識である。

　学習指導要領改訂に着目する理由は，学習指導要領が学校の教育課程を大きく規定しているというだけではない。改訂のたびに教育委員会，学校，教職員は新学習指導要領を理解し，それを教育実践で実現するよう求められてきた。学習指導要領の改訂はおよそ10年に１度公権力が教育委員会，学校，教職員に影響を及ぼす強力な手段であると言える。

　近年では「主体的・対話的で深い学び」に象徴されるように，人間の主体性への関与を強化する方向での改訂がなされている。しかもその基となった改訂答申の内容は，「教職員や国民一般に期待するものとなっており，『教育課程の基準等の在り方について』文科大臣の参考に供するという性格のものではない」と言われる（市川 2021：136頁）[(2)]。実際，改訂答申は教職員研修や啓蒙書などで頻繁に参照される。水原（1992：716頁）は，戦後日本の教育課程改革を通史的に検討した結果として「異質の教育課程が同時的に競合して存在することがなかった」こと及び「一つの原理に基づく教育課程を二〇～三〇年以上の長期にわたって研究するということができなかった」という意味で，「多種多様な実践と研究のない」ことを指摘し，「それは学習指導要領の法的拘束力と学校の保守性の問題に帰着する」と述べている。本稿は，学習指導要領の学校への影響力には法的拘束力だけでなく，改訂答申の影響力も含まれているのではないかと考えるものである[(3)]。

(2)　先行研究の検討

　金子（1985）は，1977年（小，中学校）と1978年（高等学校）に改訂された学習指導要領の「定着過程」について，教育委員会の行政的対応と各学校の組織的対応を調査している。金子（1995）は，1989年学習指導要領改訂に際しての，教育委員会の指導行政と学校の教育課程編成について，各組織の対応と相互関係を分析し，類型的な機能的連関性を検証している。中留（2005：12頁）は，1998年改訂を受けて「都道府県教育委員会→市町村教育委員会→各学校（小・中学校）の機能連関」に着目した分析を行っている。さらに，天笠（2018, 2019）は，学習指導要領の普及，定着，受容のメカニズムの解明を「教育経営学」の課題として指摘している。これらは，教育委員会や学校の自律性を含みながらも，機能主義的な観点から学習指導要領の「定着」に迫ろうとする研究である。そこでは学習指導要領の改訂自体はいわば与件とされ，教育委員会や

学校がそれにどう対応するか（どう定着させるか）が問われている[4]。

　一方，植田（2009：34-35頁）は，学習指導要領改訂期には，「教育課程の基準」とされる「学習指導要領」と，「学校で新たにつくられることになるはずの『教育課程』との関係性や相違が踏まえられずにほぼ同義のものとして捉えられている」状況を指摘し，「それは，単なる理解の不十分さだけに留まらず，その根底には学校現場も含めて『教育課程』と呼び慣わされているものの内実が，相当程度に形骸化・空洞化していることと表裏の関係にある」としている。植田・首藤（2019：20頁）は，教育課程に対する「そもそも国家的統制がどの程度必要なのか」と問題提起している。また，栗原（2017：43-44頁）は，学習指導要領改訂期において「矮小化や画一化等の改訂の趣旨の適正な定着を阻む傾向がなぜ生まれるのであろうか」と問うている。さらに末松（2019：56頁）は，「カリキュラム・マネジメント」と関わって「権力，政治作用を（中略）含み込んだ理論生成が重要になる」とする。これらで指摘されている研究課題は，学習指導要領改訂に関わる権力への着目を要請しているが，実際に権力の質が分析されているわけではない。

2　研究の方法

(1)　方法論

　学習指導要領改訂時には，文部（科学）大臣の諮問に対して中央教育審議会（かつては教育課程審議会）で検討が行われ，その答申に基づいて新しい学習指導要領が告示され，文部科学省の「新教育課程説明会」等によって教育委員会や学校に伝達される。この一連の過程は文書または口頭での言説によって担われる。そのため，言説的制度論の観点からの分析に適した対象である。言説的制度論はコミュニケーションを説明論理とすることで動学的に制度を捉える（Schmidt 2008，水本 2021）。政治領域における言説は「調整的言説（coordinative discourse）」と「伝達的言説（communicative discourse）」に分けられるが（Schmidt 2008：310頁），改訂答申は政策形成過程における調整的言説の成果であると同時に，政策実施過程で頻繁に参照される伝達的言説でもある[5]。

　「必要」という言葉の使われ方を分析する理由は次の通りである。改訂答申は，市川（2021）の指摘にあったように，単に文部科学大臣にのみにではなく，広く学校教育関係者に教育課程の国家的基準を更新する必要性を訴える言説で

ある。審議会の側からすると，いかに効果的に必要性を訴えるかが改訂答申の効果を左右することになる。他方，教職員などの受け手は必要性を受容するよう求められている。そして必要性を受容すれば，それに従って行動することになる。少なくとも，それに従って行動する責任を追及される論理的可能性が生じる。ある学力の必要性を認めたら，それを形成する授業を行う責任があると判断されるようになるからである。必要性の受容に伴って行為の理由が構成されるのである。Searle（2009：p.148）は，「行為の理由を構成する」ことを通じて働く権力を「義務論的な権力（deontic power）」と呼んでいる。

改訂答申は，新学習指導要領に示される「学力」や「教育課程」を実現するために，それが「必要」であるという記述をする。「誰それに何々が必要である」という言説には，信念と願望の両方が含まれる。例えば，ある病気の患者に対して医師が「あなたには食事制限が必要である」と言う場合を考えてみる。そこには「食事制限をしなければ病状が悪化する」という信念と，「私（医師）はあなたの病状を悪化させたくない」という願望が含まれている。しかし，このような「診断」は往々にして後者を表面化させず，あたかも専門家によって表明された客観的な真理であるかのように語られ，当事者（患者）の願望（ウォンツ）を抑圧する。麦倉（2016：162頁）は，「『ニーズ』という言葉は，当事者の意見を封じ込める『専門家支配』を呼び込むマジックワードとして機能してしまう」と述べる。審議会はいわば教育課程に関する「専門家集団」として，学校教育における「ニーズ」を宣言している。本稿で「必要」に着目するのは，そのようにして生じる権力の様相を捉えるためである[6]。

(2) 分析の対象

対象とする答申は，1987年と1998年の教育課程審議会答申及び2008年と2016年の中央教育審議会答申である。各答申のうち，教育課程の枠組み，授業時数，各教科領域に関する記述を除いた部分を対象とした（**表1**）。この4答申を対象とするのは紙幅の制約による便宜上の理由もあるが，積極的にはこの間の公教育経営に関する次のような認識による。

第一に，この時期が公教育経営において分権改革と学校の自律的経営に関する政策，また新自由主義的な規制緩和が推進された時期である。とりわけ前半はそうであり，1987年答申は臨時教育審議会と並行して審議が進められた。1998年答申は同年に中央教育審議会答申「今後の地方教育行政の在り方につい

表1　分析対象とした答申と分析対象部分

答申日	1987年12月29日	1998年7月29日	2008年1月17日	2016年12月21日
審議会名	教育課程審議会	教育課程審議会	中央教育審議会	中央教育審議会
答申名	教育課程の基準の改善について	幼稚園、小学校、中学校、高等学校、盲学校、聾学校及び養護学校の教育課程の基準の改善について	幼稚園、小学校、中学校、高等学校及び特別支援学校の学習指導要領等の改善について	幼稚園、小学校、中学校、高等学校及び特別支援学校の学習指導要領等の改善及び必要な方策等について
全体構成（下線：分析対象部分）	前文 I. 教育課程の基準の改善の方針 1. 教育課程の基準の改善のねらい 2. 教育課程の編成 3. 授業時数等 4. 各教科・科目の内容 5. 6年制中等学校及び単位制高等学校 6. 定時制・通信制教育 II. 教育課程の基準の改善の関連事項 1. 教科書及び補助教材 2. 学校運営と学習指導 3. 学習の評価 4. 上級学校の入学者選抜制度 5. 教員の養成と現職研修 6. 家庭教育及び地域社会と学校教育との連携	前文 1. 教育課程の基準の改善の方針 1. 教育課程の基準の改善の基本的な考え方 2. 各学校段階等を通じる教育課程の編成の枠組み 授業時数等 3. 各学校段階ごとの教育課程の編成及び授業時数等 実践教育 4. 各教科・科目等の内容 5. 教育課程の基準の改善の関連事項 1. 教科書及び補助教材 2. 指導方法 3. 学習の評価 4. 大学、高等学校等と上級学校の入学者選抜 5. 教師 6. 学校運営 7. 家庭及び地域社会における教育との連携	これまでの経緯 1. 教育の目的やこれまでの学習指導要領改訂 2. 現行学習指導要領の理念 3. 子どもたちの現状と課題 4. 課題の背景・原因 5. 学習指導要領改訂の基本的な考え方 6. 教育内容に関する主な改善事項 7. 各教科・科目等の内容 8. 教師が子どもと向き合う時間の確保などの教育条件の整備等 9. 家庭や地域との連携・協力の推進 10. 企業や大学等に求めるもの	はじめに 第1部 学習指導要領等改訂の基本的な方向性 第1章 これまでの学習指導要領改訂の経緯と子供たちの現状 第2章 2030年の社会と子供たちの未来 第3章 「生きる力」の理念の具体化と教育課程の課題 第4章 学習指導要領等の枠組みの改善と「社会に開かれた教育課程」 第5章 何ができるようになるか―育成を目指す資質・能力― 第6章 何を学ぶか―教科等を学ぶ意義と、教科等間・学校段階間のつながりを踏まえた教育課程の編成― 第7章 どのように学ぶか―各教科等の指導計画の作成と実施、学習・指導の改善・充実― 第8章 子供一人一人の発達をどのように支援するか―子供の発達を踏まえた指導― 第9章 何が必要か―学習評価の充実― 第10章 実施するために何が必要か―学習指導要領等の理念を実現するために必要な方策― 第2部 各学校段階、各教科等における改訂の具体的な方向性 第1章 各学校段階の教育課程の基本的な枠組みと、学校段階間の接続 第2章 各教科・科目等の内容の見直し

日本教育経営学会紀要第65号・2023年

て」が出され，「教育課程基準の大綱化・弾力化と学校の自主性・自律性とがワンセットになったもの」（中留 2005：2頁）であると言われる。第二にこの時期は公教育経営における新保守主義や集権化の傾向もみられ，とりわけ後半は，2005年の中央教育審議会答申「新しい時代の義務教育を創造する」，2006年の教育基本法改正，2008年度からの全国学力・学習状況調査などによってその傾向が顕著になった。そして第三に，この時期の改訂答申がいずれも「主体性」を重視し，最近の2016年答申の「主体的・対話的で深い学び」に象徴されるように，教育課程政策が人間の主体性により強く関与するようになっていることである。このように，地方や学校，児童生徒の自主性や主体性，自律性を強調しつつ，それゆえにこそ国が教育課程への関与を強める中で，公教育経営に何が起きているのかを把握したいのである[7]。

(3) 分析の視点

　分析の視点は，①「必要」が使用される文数とその頻度及び1文中での「必要」の使用回数，②「学力」が「必要」とされる理由，③「学力」が「必要」とされる対象規定，④「必要」と判断した主体の記述の有無，の4点である。この4点は分析に先立って設定したというよりも，「必要」が使用されている文をコード化する中で浮かび上がったものである。ただ，「まとめと考察」で述べるように，これらの視点は「必要」の規範性と演繹性（①と②の視点），脱文脈性（③の視点），偶有性（④の視点）を分析するものとなっている[8]。

3　分析結果

(1) 「必要」文数と頻度及び1文中の「必要」使用回数

　表2は，各答申における「必要」が使用された文の数，そのうち1文に「必要」が複数回使用されている文数及び「必要」が使用された文数に対するその割合，分析範囲対象文字数，「必要」が使用された文の頻度を示している。

　近年になるほど対象範囲の文字数は増加し，「必要」文が登場する頻度は低下してきているが，「必要」文数自体は増加している。しかも，1文中に複数の「必要」が使用される割合は，2016年答申で他に比べて高い。1文中に「必要」が3回登場するのは2016年答申のみである。その一つの例を示す。

　　「質の高い深い学びを目指す中で，教員には，指導方法を工夫して<u>必要</u>な知識・技能を教授しながら，それに加えて，子供たちの思考を深めるた

めに発言を促したり，気付いていない視点を提示したりするなど，学びに<u>必要</u>な指導の在り方を追究し，<u>必要</u>な学習環境を積極的に設定していくことが求められる。」（2016年答申，下線引用者）

ここには，ある「学力」の「必要」を受容したら，その実現に「必要」な指導や学習環境が導かれ，その実行が「求められる」という演繹的な言説構造がみられる。

表2　各答申の「必要」文数等（（　）内は各答申の「必要」文数に対する%）

	1987年答申	1998年答申	2008年答申	2016年答申	計
「必要」文数	38	72	83	153	346
内：1文中に2回	1(2.6)	3(4.2)	2(2.4)	18(11.8)	24(6.9)
内：1文中に3回	0	0	0	3(2.0)	3(0.9)
対象範囲文字数（注1）	5,450	21,608	43,953	88,954	159,965
「必要」文頻度（注2）	143.4	300.1	529.6	581.4	462.3

（注1）対象範囲文字数は，章や節の題目や脚注も含めて，ワープロソフトの文字計算機能を用いて算出した。
（注2）対象範囲文字数÷「必要」文数で算出した。

(2)　「学力」が「必要」とされる理由

表3は，「学力」がなぜ「必要」とされるのかという理由についての記述を整理したものである。この分析では，あくまでも「～のために必要（な力）」という形式の文を対象としている。例えば1987年答申では，「今回の教育課程の基準の改善においては，前回の教育課程の基準の改善における自ら考え主体的に判断し行動する力を育てる教育への質的転換を図るという基本的な観点を踏まえつつ，21世紀に向かって，国際社会に生きる日本人を育成するという観点に立ち，国民として必要とされる基礎的・基本的な内容を重視し，個性を生かす教育の充実を図るとともに，自ら学ぶ意欲をもち社会の変化に主体的に対応できる，豊かな心をもちたくましく生きる人間の育成を図ることが特に重要であると考えた。」という文があり，社会変化への対応を重視している内容であるとわかるが，「必要」という言葉の使用が直接それと関わっていないのでここでのカテゴライズの対象とはしていない。

全体として「社会変化への対応」とカテゴライズした文が最も多い。その内容をみると，1987年答申の1件は「科学技術の進歩や情報化の進展に対応する

表3 「学力」が「必要」とされる理由（文数）

	1987年答申	1998年答申	2008年答申	2016年答申	計
社会変化への対応	1	0	1	7	9
課題解決・問題発見解決	0	0	3	2	5
社会で生きていく／社会を生きる	0	0	0	5	5
新しい時代／未来を切り拓く	0	0	0	4	4
自立的に生きる、社会的・職業的自立	0	0	1	2	3
社会生活（を営む）	0	2	0	1	3
人間形成	1	1	0	0	2
進路選択・職業従事	0	0	0	2	2
情報を理解・活用する	0	0	0	2	2
安心で安全な社会づくり	0	0	0	2	2
健全な生活を営む	0	1	0	1	2
あらたな価値を生み出していく	0	0	0	1	1
学習の基盤を支える	0	0	0	1	1
その後の学習や生活	0	1	0	0	1
思考や探究	0	0	0	1	1
自己実現	0	0	0	1	1
自分自身を高める	0	1	0	0	1
障害の困難を改善・克服する（盲・聾・養護学校）	0	1	0	0	1
自分の考えを形成する	0	0	0	1	1
計	2	7	5	33	47

ために必要」，2008年答申の1件は「異なる文化・文明との共存や国際協力の必要性」である。いずれも，科学技術の進展やグローバル化など社会変化の内容を示した上での「必要」を述べている。それに対して，2016年答申の7件のうち社会変化の内容を示しているのは「グローバルな視野で活躍するために必要」の1件であり，他は「変化の激しい社会を生きるために必要」が3件，「これからの時代を生きていくために必要」「これからの時代に必要」「現代的な諸課題に対応できるようになるために必要」が各1件である。また，2016年答申では「社会で生きていく」あるいは「社会を生きる」ために「必要」が5件，「新しい時代」あるいは「新しい未来」を切り拓くために「必要」が4件みられる。**表3**からは2016年答申では「必要」とされる理由が多様化していることも読み取れる。2016年答申では学力の「必要」性がより普遍的かつ積極的に述べられるようになっていると言える。

「課題解決・問題発見解決」のために「必要」とする記述が2008年答申では3件，2016年答申では2件ある。そのうち，2008年答申の3件すべてと2016年答申の1件は，学校教育法第30条第2項のいわゆる学力の3要素を参照する形

での記述である。教育基本法の改正とそれに連なる学校教育法の改正を受けて，「必要」の述べられ方が，法との関連性を強化したと言える。1987年答申と1998年答申では，それぞれ1文ずつ「人間形成」のために「必要」との記述がある。そのいずれもが「個人として，また国家・社会の一員として望ましい人間形成を図る上で必要な基礎的・基本的な内容」という記述であり，「国家」や「社会」とのつながりが明示された上での「人間形成」である。

(3) 学力が必要とされる対象規定

表4は，「必要」とされる学力が誰にとってあるいはどのような者として「必要」とされているのかを整理したものである。1987年答申と1998年答申では，「国家・社会の一員」「国家・社会の形成者」「国民」として「必要」とされるという文が多い。「個人」として「必要」とされる場合も4件あるが，すべて「個人として，また国家・社会の一員として」という記述である。それに対して，2008年答申と2016年答申では「国家・社会の一員」「国家・社会の形成者」「国民」として「必要」という記述はみられなくなり，「子ども（たち）」に「必要」という記述が多くなっている。審議会が求める「学力」が「国家」や「社会」の「必要」という言い方ではなく，「子ども（たち）」という人間そのものにとっての「必要」という言い方によって説かれるようになった。

表4　「学力」が「必要」とされる対象規定（文数）

	1987年答申	1998年答申	2008年答申	2016年答申	計
子ども（たち）に必要	0	0	7	5	12
国家・社会の一員／形成者として必要	1	3	0	0	4
個人として必要	1	3	0	0	4
国民として必要	3	0	0	0	3
日本人として必要	0	1	0	0	1
主権者として必要	0	0	0	1	1
計	5	7	7	6	25

(4) 「必要」と判断した主体の記述

表5は，各答申において「必要」と判断する主体を記述している文の数を示したものである。ここには次の4種類の記述が含まれている。

A：法律，他の審議会答申，「現行学習指導要領」，OECDなど他の組織や

表5　「必要」と判断した主体の記述（文数）

	1987年答申	1998年答申	2008年答申	2016年答申	計
A：法律、他の審議会答申、「現行学習指導要領」、OECDなど他の組織や文書で「必要」と判断されているという記述	0	3	5	0	8
B：「本答申」という主語を明示している記述	0	0	0	2	2
C：「我々」という主語を明示している記述	0	5	0	0	5
D：主語は明示されていないが、「〜と考えた」という表現によって主語が当該審議会（委員）であることが明確である記述	0	17	0	0	17
計	0	25	5	2	32

　　文書で「必要」と判断されているという記述

　B：「本答申」という主語を明示している記述

　C：「我々」という主語を明示している記述

　D：主語は明示されていないが，「〜と考えた」という表現によって主語が
　　当該審議会（委員）であることが明確である記述

　1987年答申ではA〜Dいずれも該当する記述はない。1998年答申は全体で25件と突出して多い。その中でAが3件あるが，その他はCとDである。1998年答申は，審議会（委員）自身が「必要」と判断したという主体として答申中に現れている。2008年答申の5件はすべてA，また2016年答申の2件はすべてBである。

　1998年答申では審議会自体が判断の主体として繰り返し明示されることが特徴であるが，2008年答申以降にそれが引き継がれることはなかった。

4　まとめと考察

　分析結果をまとめておこう。第一に「必要」文数と1文中の「必要」使用回数については，近年になるほど答申の文字数が増加し，頻度は低下するものの「必要」文数自体は多くなる。また，1文中で複数回「必要」を使用している文は2016年答申で多い。第二に，「必要」とされる理由については，2016年答申でそれがより多様な観点から，普遍的かつ積極的に述べられるようになった。また，2008年答申と2016年答申では「必要」の述べられ方において法との関連性が強化された。1987年答申と1998年答申では，「国家」「社会」とのつながりが明示された上で「人間形成」のための「必要」が述べられている。第三に，

「必要」とされる対象規定については，1987年答申と1998年答申に明示されていた「国家」「社会」との関連は，2008年答申と2016年答申ではみられなくなり，「子ども（たち）」に「必要」という言い方になった。第四に，「必要」と判断した主体については，1998年答申では審議会（委員）自身を主体として記述する文が多くみられたが，その他の答申ではそのような文はみられなかった。

　以上のことは，公教育経営における権力の質の問題としてどのような意味を持っているのだろうか。第一に，言説としての改訂答申の規範性が強化された。分析対象とした範囲の文字数が大幅に増加していること自体，改訂答申の言説としての圧力とでも言うべきものの増加を示している。「必要」文の頻度は低下しているものの文数自体は増加しており，読む側が多くの「必要」に接することになったことは事実である。一文中に複数の「必要」を使用することによって言説は演繹的になり，その意味でも規範性が高まった[9]。言説の受け手は，一つの「必要」を受容するとその他諸々の「必要」にも応えなければならなくなった。また，法との関連性を強化することによっても規範性は強化されている。さらに，「必要」とされる理由はより多様な観点から記述されるようになり，その意味でも規範性は高まった。

　第二に，「必要」とされる対象は「国民」や「国家あるいは社会の形成者」という限定を受けず，「子ども（たち）」という表現によって脱文脈的で無限定的になってきている。1998年答申までは公権力の関与する範囲が「国家及び社会の形成者」であり「国民の育成」である（教育基本法第1条）という自制が効いていたが，2008年答申以降ではその自制が外れた[10]。「国家」や「社会」にとっての「必要」ではなく，人間にとっての「必要」を公権力が宣言するようになった。

　第三に，1998年答申で「必要」と判断した主体を明示していたことは，「必要」という判断が特定の主体の判断であり，他でもあり得る（偶有的である）ことを示し，「必要」という判断の超越性を低下させるものであった。しかし，このような言説は2008年答申以降に引き継がれることはなく，教育課程経営における偶有性は低下した。

　さて，本稿が対象とした時代の前半（1987年答申と1998年答申）は，規制緩和と分権化が推進された時代であり，改訂答申にみる権力の規範性は比較的弱く，対象範囲は限定されていた。それに加えて1998年答申では「必要」という判断の偶有性も示されていたことは，規制緩和と分権化の一環としての「教育

課程基準の大綱化・弾力化」の表れと考えられる。それに対して後半（2008年答申と2016年答申）は，2006年の教育基本法改正を通じて「近代市民社会において本来，私的領域たる教育に対して，国家，公権力の関与を拡大することが全面展開された」（堀内 2018：10頁）時代であり，改訂答申にみる権力の規範性が強化された。しかし，改訂答申にみる限り，それは教育委員会や学校，教職員さらには児童生徒に何かを強制するのではなく，脱文脈的で無限定的な形である学力が「子ども（たち）」に「必要」であることを訴えることによってなされている。後半の時代を通じて，公教育経営における権力が単純に強化されたのではない。対象とした時代全体を通じて，臨時教育審議会の「個性重視」から始まり人間の「主体性」や「自律性」への国家関与は強まってきた。本稿の分析結果からは，人間の「主体性」や「自律性」への国家関与が強化されればされるほど，権力は強制的なものではなく，「必要」を受容した上での「主体的」で「自律的」な対応を促すものになることが示唆される。

　本稿で問うてきたのは，ある「学力」の「必要」を述べることで教育課程の国家基準を更新する（さらにその先において教育課程自体を更新する）理由を構成する権力の質である。最初に述べたように，改訂答申は何らかの「学力」の「必要」を宣言しているのであり，宣言は信念と願望の両方を表明しているのであった。ある学力の「必要」を言う場合，何らかの文脈にある誰かが，やはり何らかの文脈にある誰かに対して，何らかの「学力」を身に着けてほしいという願望を表明することにほかならない。改訂答申における「必要」の使われ方は，「国家」や「社会」という文脈と無関係に，ある「学力」の形成を願望している主体を明示することなく，あたかもこれからの「子ども（たち）」がそれ自体としてある学力を「必要」としているかのような言説となってきている。この言説を受容する場合には，学習指導要領で提示される「学力」は，文脈に関係なくこれからの人間に「必要」とされる，偶有性を排除された，すなわち超越的なものとして語られる，必然的な事態と理解されることになる。言説としての「必要」を受容したら，それを実現する理由が生じ，実現する行動を他者から求められることになる（義務論的な権力）。その場合，教育委員会，学校，教職員は身動きしがたい，すなわち自律的に行動しがたい状況に追い込まれてしまう。本稿で検討してきた改訂答申の言説の変化は，公教育経営の一環としての教育課程経営において義務論的権力が強化されている様相を示していると言えよう。

本研究は改訂答申の伝達的言説としての側面を分析した。調整的言説（審議会における議論）の側面及び伝達的言説の受け止められ方（教職員等がどのように読み，解釈し，対応したか）については検討していない。実際に改訂答申がどのように受け止められているかは今後の検討がとくに必要である。その際，改訂答申を読む側の主体性に注目することが重要であると考えている。

[注]

(1) 本論文では堀内（2011）に依拠しつつ，「教育経営」ではなく「公教育経営」の語を用いる。その理由は，公権力に関わる問題を捉えるためである。学校教育が公教育として営まれているからこそ，そこに公私の関係をめぐる問題や公私のはざまでの教師の専門職的自律性の問題が生じる。そうした問題群を捉えることが重要であるとの観点から，「公教育経営」の語を用いる。「公教育経営」概念は「教育経営」概念とその外延を同じくするかもしれない。しかし，「研究の到達点」として把握される概念規定（猪木 2021：14頁）は，上記の問題意識からして異なったものになると考える。

(2) 続けて市川（2021：136頁）は，「広く各方面の理解を求めたいという答申関係者の気持ちもわかるが，間接的にそうなるのであればともかく直接呼びかけるのは筋違いであろう。各学校における教育課程の編成に当たって教職員がまず読むべきなのは学習指導要領であって答申ではない。」と述べる。

(3) 本稿で改訂答申に着目するのは，それが改訂のいわば出発点として，改訂の必要性を主張する位置にあるからである。学校への媒体としては，学習指導要領自体とともに，総則編のほか各教科等について作成される学習指導要領解説の影響力も大きいと考える。これらの言説は膨大であり，言説的制度論の視点からその内容と扱われ方を分析することは今後の課題とせざるを得ない。

(4) 中留（2005）の中で，日高・元兼（2005：77頁）は，「先進自治体においてでさえ『地方分権』や『学校の自主性・自律性』がトップダウンで『与え』られているにすぎず，きわめて集権的に進められているというパラドクス」を明らかにしているが，その原因を学習指導要領改訂に遡って検討する発想はみられない。

(5) 言説的制度論に依拠した先行研究として，本図（2017）は，歴史的制度論と言説的制度論に依拠して教員制度の政策過程を分析している。また，本図（2020）は，言説的制度論に依拠して OECD が描く教師像を「Well-being という『アイディア』」に着目して分析している。水本（2021）は，言説的制度論と言語行為論に依拠して教科書の記述を分析している。

(6) 言語行為論的に言えば，改訂答申はある「学力」や「教育課程」の「必要」を宣言している。「宣言」は，「言うことがそれをそうさせる」（会議の閉会を宣言する

ことで会議が閉会する）タイプの言語行為である。「会議の閉会を偽りではなく本気で宣言する人は，会議の閉会を望み，また宣言によって会議が閉会することを信じていなければならない」ので，「宣言」は「信念と願望のどちらをも表明している」（Searle 1983=1997：p.238）。この理路はやや込み入っている。改訂答申が「学力」の「必要」を宣言することが「願望」の表現であることは理解しやすい（そのような「学力」を身に着けてほしいと願っているから）。しかし，それはどのような意味で「信念」なのか。サールが挙げている閉会宣言の例に倣うと，例えば，答申が学力として「生きる力」の「必要」を宣言することで（最終的には学習指導要領に記載されたり，法に規定されたりして），公式に「学力」とは「生きる力」であるということになる。そうすることで，「学力」とは「生きる力」であるという「信念」が成り立つ。そのようにして宣言が事実を遂行的に生み出すことを，宣言は「信念」を表明していると言うのである。

(7)　その意味では，「ゆとりと人間性」を標榜し基準の「弾力化」を図った1976年答申から対象とすべきかもしれないが，今回は臨時教育審議会以後を対象とした。また，教育課程審議会答申はその前に出された中央教育審議会答申や審議経過報告等とセットになっていると考えられるが，本稿では直接に学習指導要領改訂につながった答申のみを分析の対象とした。

(8)　言説的制度論によれば，「規範は間主観的であり，言説によって構築される」（Schmidt 2008：p.321）。また，言説的制度論では政策アイディアの権力性が注目されるが，それは「何を考え，何を行うかについて，他のアクターが自分たちの見解を受け入れるよう説得する能力」として把握される（Carstensen and Schmidt 2016：p.323）。改訂答申で提起される「学力」は政策アイディアである。「必要」という言説自体は，文字通りその「学力」が必要であると説得する言説である。説得のためには，それが実現されるべきものであり（規範性），論理的必然性を持ち（演繹性），特定の文脈に限定されず（脱文脈性），普遍的である（偶有性の否定）ことを主張することになるというのが，本稿の分析の枠組みである。

(9)　苅谷（2019）が日本の教育政策の特徴として指摘する「エセ演繹型の政策思考」が，改訂答申の言説においてもみられるようになってきたと言えよう。

(10)　苅谷（2020：51-59頁）は，教育基本法改正以後の教育政策について，権力者に向けられる「法の支配」ではなく，「法を道具とした統治」すなわち「法治主義」が進行していることを指摘している。本稿の分析結果は，改訂答申にもそれが現れていることを確認するものである。

［引用文献一覧］

・天笠茂「教育課程と学力にかかわる教育経営」日本教育経営学会編『現代の教育課題と教育経営（講座現代の教育経営２）』学文社，2018年，56-67頁。

・天笠茂「カリキュラムの教育経営学の構築とその課題」『日本教育経営学会紀要』第61号，2019年，2-12頁。
・Carstensen, M. B. and Schmidt, V. A. Power through, over and in ideas: conceptualizing ideational power in discursive institutionalism, *Journal of European Public Policy* 23 (3), 2016, pp.318-337.
・日高和美・元兼正浩「学校の自主性・自律性に対する認識」中留武昭編著『カリキュラムマネジメントの定着過程―教育課程行政の裁量とかかわって』教育開発研究所，2005年，70-77頁。
・広瀬裕子「グローバル化が照射した国内の困窮問題―自立しない主体の自律性修復に関する理論問題」広瀬裕子編『カリキュラム・学校・統治の理論―ポストグローバル化時代の教育の枠組み』世織書房，2021年，167-205頁。
・本図愛実「変容する教員制度―その政策過程」『日本教育行政学会年報』第43巻，2017年，7-23頁。
・本図愛実「OECD が描く教師像― Well-being という『アイディア』の中で―」『宮城教育大学教職大学院紀要』1号，2020年，39-49頁。
・堀内孜「公教育経営の機能と構造」堀内孜編著『公教育経営の展開』東京書籍，2011年，8-54頁。
・堀内孜「教育行政の地方分権化と学校経営の自律性確立―1998年中教審答申から2013年中教審答申へ―」日本教育経営学会編『現代の教育課題と教育経営（講座現代の教育経営２）』学文社，2018年，2-13頁。
・市川昭午『教育基本法改正論争史―改正で教育はどうなる』教育開発研究所，2009年。
・市川昭午『教育改革の終焉』教育開発研究所，2021年。
・猪木武徳『経済社会の学び方―健全な懐疑の目を養う』中央公論新社，2021年。
・金子照基（研究代表）『学習指導要領の定着過程についての総合的研究（昭和57・58・59年度文部省科学研究費補助金総合研究（A）成果報告書　課題番号57310039)』1985年。
・金子照基編著『学習指導要領の定着過程―指導行政と学校経営の連関分析』風間書房，1995年。
・苅谷剛彦『追いついた近代消えた近代―戦後日本の自己像と教育』岩波書店，2019年。
・苅谷剛彦『コロナ後の教育へ―オックスフォードからの提唱』中央公論新社，2020年。
・栗原正幸「学習指導要領改訂に対峙するカリキュラムマネジメント―『漠然とした不安』の払拭を目指す学校経営システムの構築」『学校経営研究』第42巻，2017年，39-47頁。

・水原克敏『現代日本の教育課程改革―学習指導要領と国民の資質形成』風間書房，1992年。
・水本徳明「学習観の転換と経営管理主義の行方―公教育経営における権力様式に関する言語行為論的検討―」『教育学研究』84巻4号，2017年，398-409頁。
・水本徳明「教育経営における子どもの主体化の現代的様相―言説的制度としての教科書の言語行為論的分析を通じて―」『日本教育経営学会紀要』第63号，2021年，2-16頁。
・持田栄一『持田栄一著作集6（遺稿）教育行政学序説』明治図書，1979年。
・麦倉泰子「障害者権利条約からみた新たな意思決定支援」岡本智周・丹治恭子編著『共生の社会学―ナショナリズム，ケア，世代，社会意識』太郎次郎社エディタス，2016年，139-165頁。
・中留武昭編著『カリキュラムマネジメントの定着過程―教育課程行政の裁量とかかわって』教育開発研究所，2005年。
・Schmidt, V. A. Discursive Institutionalism: The Explanatory Power of Ideas and Discourse, *Annual Review of Political Science*, 11, 2008, pp. 303-26.
・Searle, J. R. *Intentionality: An essay in the philosophy of mind*, Cambridge University Press, 1983. ＝坂本百大監訳『志向性―心の哲学』誠信書房，1997年。
・Searle, J. R. *Making the Social World*, Oxford University Press, 2009.
・末松裕基「官僚制支配のための『カリキュラム・マネジメント』を脱し，教育の理想と現実の方へ―教育経営学がカリキュラムを論じる可能性はどこにあるか―」『日本教育経営学会紀要』第61号，2019年，47-60頁。
・植田健男「教育課程経営論の到達点と教育経営学の研究課題」『日本教育経営学会紀要』第51号，2009年，34-44頁。
・植田健男・首藤隆介「今次学習指導要領改訂の教育課程論的検討」『日本教育経営学会紀要』第61号，2019年，13-22頁。

The Quality of Power in the Revision of Course of Study from the Perspective of Discursive Institutionalism: An Analysis of "Hitsuyo" (need or necessary) in the Reports of the Curriculum Council and Central Education Council in Japan

Noriaki MIZUMOTO (Doshiha Women's College of Liberal Arts)

This study aimed to analyze the use of the term "Hitsuyo" (need or necessary) in the reports of the Curriculum Council in 1987 and 1998, as well as the reports of Central Education Council in 2008 and 2016 revising the Course of Study to investigate the quality of power in the public education administration and management in Japan from the perspective of discursive institutionalism.

The results of analysis are as follows. First, although in recent years the length of the reports has increased and frequency of the usage of "Hitsuyo" has decreased, the number of "Hitsuyo" sentences has risen. Second, the reason why "academic ability" is "Hitsuyo" (necessary) is described in the 2016 report from more diverse perspectives in a highly universal and positive manner. In the 2008 and 2016 reports, "Hitsuyo" are more closely related to education laws. Third, in the 1987 and 1998 reports, persons who "need" "academic ability" is mentioned in relation to the "state" and "society". However in the 2008 and 2016 reports, it is mentioned that "children" "need" "academic ability" with no relation to the "state" or "society". Finally, in the 1998 report, there are several sentences specifying the council (members) as decision-makers.

The findings have implications for the quality of power in public education administration and management. First, the normativity and deductiveness of the reports as a discourse has been strengthened. Second, persons who "need" "academic ability" came to be described in a decontextualized and unlimited manner. Third, the fact that the 1998 report clearly specified who made the decisions indicates that the determination of "necessity" was made by a specific subject, and that it could be another (contingent) decision. However, such a discourse disappeared after the 1998 report, and the contingency of curriculum administration and management declined.

学校における効果的なデータ活用の探究

—諸外国の事例を踏まえた考察—

弘前大学　桐 村 豪 文

1　データ活用をめぐる議論の主眼：本稿が取り組む課題

　昨今，GIGAスクール構想の推進をはじめ教育分野における急速なデジタル化への対応が進む中，学校現場では，スタディ・ログ，ライフ・ログ，アシスト・ログといった実に様々な教育データを日々大量に生産し，かつそれを容易に収集することができる環境が整いつつある。同時に学校には，そうした溢れる教育データをうまく活用し，「一人一人の児童生徒の状況を多面的に確認し，学習指導・生徒指導・学級経営・学校運営など教育活動の各場面において，一人一人の力を最大限引き出すためのきめ細かい支援」（教育データの利活用に関する有識者会議 2021）が期待されている。2022年12月に出された中央教育審議会答申「『令和の日本型学校教育』を担う教師の養成・採用・研修等の在り方について」においても，「教師の情報活用能力，データリテラシーの向上は一層重要である」と述べられ，同様の期待が示されている。

　教育改善の手段としてデータ活用を促す動きは「米国中の学校や学区で非常に人気があり，オランダ，カナダ，ベルギー，南アフリカ，オーストラリア，ニュージーランドなどの国々でもますます重視されている」（Datnow & Park 2014：p.2）。我が国でもデジタル化に伴いデータ活用には大きな期待が寄せられているものの，「データとエビデンスの違いすら，十分に共有されていない実情があ」る（貞広 2022：iii頁）と貞広が述べるように，学術的には黎明期の段階になおあるように思う。この課題に応えて本稿では，データ活用に先進的に取り組む諸外国の研究を踏まえ，それらの概念の理論的整理から始める

（第 2 節）。

　その上で本稿は，学校改善の観点から効果的なデータ活用の在り方を探究する。先の国々の教育改革の取り組みでは，「データ活用も学校改善計画の重要な要素」（Datnow & Hubbard 2016：p.8）と捉えられ，それが学校改善のプロセスにうまく組み込まれると，「自分たちの現在の能力を見直し，弱点を特定し，改善計画を立てる上でより効果的になる」（Datnow & Park 2014：p.2）という。学校改善は「学校文化を変えるプロセス」（Harris 2002：p.10）であり，データ活用でも，いかに「組織の構造と文化に浸透しうる」（Datnow & Hubbard 2016：p.8）かが一番の課題となる。つまり，効果的なデータ活用を探究する上では，先の答申のように教師個人のデータ活用能力に目を向けるのみでは不十分であり，構造や文化との関係の中でデータ活用の在り方を模索する視点が求められる。その関係でとりわけ問題となるのが，アカウンタビリティの圧力である。

　学校改善のためのデータ活用は政府のアカウンタビリティ政策と密接に関連するため，その圧力が強い構造のもとではデータ活用の在り方が歪められうることに注意が必要である（第 3 節(1)）。

　またデータの活用をそもそも拒む教師文化と向き合う必要性もある。データリテラシーを教師に求めるとき，それをデータ活用能力に限定して捉えるのでは不十分である。「データリテラシーの概念ではデータ活用に対する態度にも明確な注意を払う必要がある」（Vanhoof et al. 2013：p.116）。専門職としての意思決定の基盤にデータを位置付けることは決して容易ではない。教師の専門職性に配慮しながら，それとの丁寧な対話が求められる（第 3 節(2)）。

　効果的なデータ活用を展開する上で乗り越えるべき以上の課題の実態を明らかにするため，第 3 節ではアカウンタビリティの圧力が非常に強い米国と，圧力が非常に弱く学校の自治が保障されているベルギーという対照的な二つの国を取り上げ，考察を行う。そして第 4 節では，そうした課題を乗り越えうるデータ活用の形態として，オランダ（教育の自由が保障されているもアカウンタビリティの圧力はある）を中心に取り組まれている「データチーム」のアプローチを取り上げ，専門職の学習共同体との接点においてその可能性を論じる。

2 データ活用に関する概念の理論的整理

(1) データとエビデンス

教育におけるデータ活用の研究では,「データ主導の意思決定（Data-driven decision making）の用語がこの分野で一般に使用されている」（Datnow & Park 2018：p.135）。ただ昨今では,「完全にデータに導かれて意思決定を行うことはできないとの認識の上で, データ主導の意思決定の用語は, データに基づく意思決定（Data-based decision making）やデータを踏まえた意思決定（Data-informed decision making）にますます置き換えられている」（Brown et al. 2017：p.156）という。また「データに基づく意思決定, 略してデータ活用」（Schildkamp et al. 2015：p.1）と端的に表記する研究も少なくない。本稿では最後の例に倣い, 引用に係るものを除いて「データ活用」の用語を用いる。

まずデータ活用に関するこれまでの潮流に目を向けると,「データ活用は, 部分的には NCLB 法（No Child Left Behind Act）の結果として米国で始まった」（Mandinach & Schildkamp 2021：p.1）。2004年には米国教育研究学会（American Educational Research Association）で「NCLB を超えて：学校のデータを活用して生徒の成績を向上させる」と題するシンポジウムが組まれ, 2021年にも同学会で「データに基づく意思決定の複雑さ：米国, ノルウェー, ニュージーランド, ベルギーからの証拠」と題するシンポジウムが開かれている。このように米国を中心に, データ活用は「20年近くにわたって教育の重要な分野として出現し, 進化してきた」（Mandinach & Schildkamp 2021：p.1）という歴史をもつ。

一方我が国では, 本学会で2022年に「エビデンスと学校経営」と題する特集が組まれた。ただ, 先述の通りデータやエビデンスといった基礎概念の定義も十分に共有されていない状況にある。特集記事の一つで露口は次のような定義を示している。「集約されたテスト結果がデータ（データベース, スプレッドシート等に集約）であり, その記述統計等の分析結果がファクトであり, 理論及び実験・準実験デザインに基づきデータ・ファクトを再編成・分析したものがエビデンス（定量的な因果効果の表現）となる」（露口 2022：5頁）。データとファクトとエビデンスを段階的に峻別するこの定義に関して, 本稿では特にデータとエビデンスの概念を並置することに少しばかりの注意を払いたい。

ブラウン（Chris Brown）らによると，データに基づく意思決定とエビデンスに基づく実践（ブラウンらは「研究を踏まえた教育実践」と表記）は異なる活動分野であるという。前者は「目標設定をし，定量的，定性的データを収集，活用し，その後，改善策を設計，実施する」もので「研究者による改まった研究を採用しない傾向がある」（Brown et al. 2017：p.155）。後者は「変化をもたらすための方策を設計，実施するために既存の研究エビデンスを活用する」もので「学校データを調査，分析することよりも研究の活用に特権を与える」（ibid）。すでに一定の効果が保証されたアプローチ（改善策）を利用できるよう，そのアプローチの効果である「生徒のアウトカムの平均的な改善を示す効果量」（ibid：p.160）を提示する研究エビデンスの活用を強調するのが後者である。

　このように，データとエビデンスの概念は異なるアプローチのもとで用いられてきた学術的経緯があり，したがって両概念の関係は露口の説明以上に遠いものと理解するのが妥当と思われる。

　とはいえ，両概念の区別を厳守すべき必然性もなく，例えばハーグリーブス（Andy Hargreaves）らは，専門職の意思決定を重視して「データ主導」から「エビデンスを踏まえた」への用語の転換を求めるも，ここでデータとエビデンスの用語の意図的な使い分けはない（Hargreaves & Shirley 2009：p.69）。さらに後者の用語は別稿で「データを踏まえた」（Hargreaves & Braun 2013：p.26）と表記されてもいる。この点で概念の流動性は理解されようが，しかし本稿ではこれまでの学術的経緯を踏まえて，両概念の異質性には注意を払いたい。

(2)　データ活用の定義と概念枠組み

　ここで「データ活用」の定義を確認する。「データを踏まえた（データ主導の）意思決定の用語は，データに関係するすべてのものを表すキャッチフレーズにするには十分に曖昧である」（Datnow & Park 2014：p.11）とダトナウ（Amanda Datnow）とパーク（Vicki Park）が述べるように，一意的に定義するのは難しい。そのため論者によって定義の色合いは多少異なるが，例えばハミルトン（Laura Hamilton）らは，「教育におけるデータに基づく意思決定とは，教師，校長，行政官が，人口統計データ，管理データ，プロセスデータ，知覚データ，成績データなどの様々な種類のデータを体系的に収集して分析し，

生徒と学校の成功を改善するための様々な決定を導くことを指す」（Hamilton et al. 2009：p.46）と定義している。また、シルドカンプ（Kim Schildkamp）とカイパー（Wilmad Kuiper）は、「データ活用またはデータ主導の意思決定は、学校内の既存のデータソースを体系的に分析し、授業、カリキュラムおよび学校のパフォーマンスを革新するために分析結果を適用し、そしてこれらの革新を実施し、評価することと定義される」（Schildkamp & Kuiper 2010：p.482）という。

　強調点に違いはあれ、いずれも改善や革新を目的とする過程として描かれている。問題はその過程をどのように捉えるかだが、この分野では一般的に、「データは情報に変換され、最終的には意思決定に適用できる知識に変換される」（Mandinach et al. 2006：p.7）と、非連続の変換過程として概念的に捉えている。データ、情報、知識の区別は情報管理の理論では広く共有されるもので、次のように説明される。「データは生の状態で存在する。それ自体には意味がなく、したがって活用可能かどうかに関係なく任意の形式で存在できる。データが情報になるかどうかはデータを見る人の理解にかかっている。情報とは、文脈と結びつき意味を持つデータである。これは、環境を理解し整理するために用いられるデータであり、データと文脈の関係の理解を明らかにする。ただしそれだけでは将来の行動に何の影響もない。知識とは、役に立つと思われる情報の集合であり、最終的に行動を導くために用いられる。知識は一連の過程を通じて生成される」（Light et al. 2004：p.3）。

　図は、この非連続の変換過程を含め、データ活用の過程を概念的に描いたものである。これは、マンディナック（Ellen B. Mandinach）らが全米科学財団の支援プロジェクトで開発したもので（Mandinach et al. 2006）、既にこの分野では古典に近い地位を得ている。事実、ダトナウラ（Datnow & Park 2014：p.13）は紹介する概念枠組みの筆頭にこれを示し、マーシュら（Marsh et al. 2006：p.3）、イケモトら（Ikemoto & Marsh 2007：p.109）、シルドカンプら（Schildkamp & Poortman 2015：p.5）は自らの概念枠組みの構築に際してこれに依拠している。

　この枠組みでは、「システム思考を分析的視点として用い、多くの影響や文脈上の環境を考慮に入れ、学区のすべてのレベル、様々なステークホルダーにわたって、学校が決定を下す方法の動的でインタラクティブな性質と複雑さを捉えること」（Mandinach et al. 2006：p.7）を目的としているため、教室か

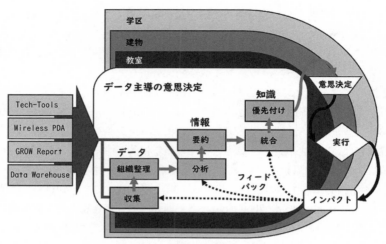

図　データ活用の順次モデル

（出典：Mandinach et al. 2006：p.7）

ら学校，学区にまで対象範囲が及んでいる。またデータから知識への変換過程
では六つの認知スキル（データレベルでは収集と組織整理，情報レベルでは分
析と要約，知識レベルでは統合と優先付け）が求められる。まず直面する問題
に対して収集すべきデータを決定する必要がある。収集されたデータはその意
味が理解できるよう体系的に整理される必要があり，これにより生データは意
味を持つ情報に変換される。そして次に，様々なコホートの傾向を把握するな
ど，目的に照らしてデータを分析する。その後分析結果が教育者に手渡される
が，日々多くの情報に晒される彼らのため，簡潔で的を絞った情報に要約する。
そして情報を使用可能な知識に変換するため，情報を統合（解釈）し，最後に
知識の優先付けがなされる。これは，情報と知識に価値判断を与えるものであ
る。

　また，この枠組みではフィードバックの機能が重視されており，知識をもと
に意思決定がなされた後，それが実行に移されるが，場合によっては失敗する
こともある。意思決定者は，結果やインパクトに応じて六つの認知ステップの
いずれかに戻る必要があると判断する。こうしてフィードバックループが生成
されるため，データ活用は直線的ではなく反復の過程と見なされる。

3　データ活用が直面する課題

⑴　アカウンタビリティとの緊張関係（米国を中心に見えてくる課題）

　以上のようにデータ活用の過程を捉えるとき，特に注意を要するのは，その過程が置かれる環境とのインタラクティブな関係である。「データ活用は，どのようなデータを，どのような目的で，誰が用いるかによって様々な形をとりうる」（Datnow & Park 2014：p.10）。つまり，収集すべきデータの範囲からして，置かれた環境による影響は無視できず，ゆえに学校改善のためのデータ活用を模索する上ではそうした影響には敏感である必要がある。そしてその影響力の大きさゆえにまず着目すべきは，アカウンタビリティの圧力である。データを活用することは以前から学校でも取り組まれてきたが，「新しいのはデータがアカウンタビリティと密接に結びついたこと」（Mandinach & Honey 2008：p.2）であった。本稿では，アカウンタビリティの圧力が強い米国を例に挙げながら，その圧力のもとでデータ活用がいかなる課題に直面するかを明らかにする。

　米国では，NCLB 法の時代，ハイステイクス・テストの点数を上げることが最重要課題となり，そのためデータの範囲が狭く解されていた。この視野の狭さに対してはこれまで多くの論者が批判しており，例えばハーグリーブスらは，その視野の狭さゆえに「長期的で持続可能な改善を犠牲にして短期的な勝利に集中する」，「より大きな革新と創造性を促すものを犠牲にして，容易に実施される解決策につながる標準化された行動を強調する」（Hargreaves & Braun 2013：p.7）といった否定的結果につながる可能性を指摘している。

　なお，活用されるデータの範囲は現在では広く捉える向きがある。マンディナックらによると，「過去10年でアカウンタビリティのみに焦点を当てることから継続的な改善を重視するようになった」（Mandinach & Schildkamp 2021：p.2）といい，これに伴い活用されるデータの範囲も，「データは現在，社会的情緒，態度，行動などを含む，多様な，質的および量的の両方である必要がある」（ibid：p.5）と理解されるようになっている。

　ライ（Mei Kuin Lai）とシルドカンプはより具体的に次のように整理している。①インプットデータ：不登校，入学，転校，退学，家庭言語，民族性，社会経済的地位など生徒の特性に関するデータ，教員資格や職歴など教師の特

性に関するデータ，②アウトカムデータ：アセスメントの結果，筆記・口頭試験，ポートフォリオ，成績表など生徒の成績に関するデータ，生徒のウェルビーイングに関するデータ，③プロセスデータ：指導方略・学習方略，指導時間，指導体制，学級運営，評価体制などに関する所見と文書など指導とアセスメントの種類に関するデータ，④コンテキストデータ：学校の雰囲気，風土，規律に関する生徒や教師の意見に関する調査やフォーカスグループなどの学校文化に関するデータ，科目の説明，名簿，年間ガイド，特別プログラムなどのカリキュラムに関するデータ，特定の部屋や設備が活用された回数やコンピュータの可用性など施設・設備に関するデータ（Lai & Schildkamp 2013）。

　データ活用とアカウンタビリティの関係に話を戻すと，データ活用の様態をその目的によって分類（アカウンタビリティのためのデータ活用，学校改善のためのデータ活用，省察的過程としてのデータ活用）できるとする考えがある（Moody & Dede 2008）。ただ，アール（Lorna M. Earl）とカッツ（Steven Katz）が「改善のないアカウンタビリティは空虚なレトリックであり，アカウンタビリティのない改善は方向をもたない気まぐれな行動である」（Earl & Katz 2006：p.12）と述べるように，データ活用には学校改善とアカウンタビリティの両方が求められる。そのため両者の目的は，様態として分類されるものではなく，強弱をもった機能として捉えるのが適当であろう。そして問題は，その一方の目的（アカウンタビリティ）が過剰に機能した場合のデータ活用の様態である。それをシルドカンプらは，データの「誤用（misuse）」と「悪用（abuse）」と呼んでいる（Lai & Schildkamp 2013：p.18）。

　データの誤用は，データを誤った方法で分析，解釈し，誤った結論に達した結果，誤った改善策を講じてしまった場合に生じる。実際にその多くは教師らのデータリテラシーの不足が原因だという（Schildkamp & Lai 2013：p.180）。だが，アカウンタビリティの圧力を感じ，「テストに合わせて教える」ためにデータを活用する場合も誤用といえる（Lai & Schildkamp 2013：p.18）。テストの点数を上げることのみに焦点を当てたデータ活用は教育的に誤った選択である。

　より悪質なのがデータの悪用である。これには，生徒の答案や点数の改ざんが含まれるのはもちろんだが，それ以外にも一部の生徒に対して「教育的トリアージ」と呼ばれる処置を行うことも含まれる。それは，生徒を点数に応じてグループ分けし，あと僅かな点数の上昇があれば基準をクリアできる生徒（バ

ブルキッズと呼ばれる）に資源を集中投入するという方法である。これは，データを用いて一部の生徒をターゲットにし，他の生徒を犠牲にするという点で悪質である。あるいは，明らかに点数の低い生徒を特別支援教育に委ねることで，彼らの点数を除外して学校の評価を高めるという方法もある。バブルキッズの例は，アカウンタビリティ要求が強い法制度をもつ米国で指摘されてきた現象である（Booher-Jennings 2005）が，しかし米国に限らずカナダ・オンタリオ州の学校でも見ることができるという（Datnow & Park 2018：p.142）。

　以上が望ましくないタイプのデータ活用である。こうしたデータ活用を避けるために重要なことは，学校改善という目的意識をもって，望ましいタイプのデータ活用を自覚的に行うことである。それが手段的活用と概念的活用である（Lai & Schildkamp 2013：p.18）。

　データの手段的活用には，データを分析，解釈するだけでなく，分析と解釈をもとに改善策を講じることが含まれる。これはまさに学校改善の目的のためにデータを直接的に活用する方法である。ただしデータの手段的活用を実際に行うことは難しく，時間を要することが多いため，通常は概念的活用がまず行われるという。概念的活用は「悟り機能」とも呼ばれ（Schildkamp et al. 2015：p.5），データを分析，解釈するが，改善策に直接つながるものではなく，例えば中退率が高い原因は生徒の友人関係にあると考えていたのが，データを見たところその考えが誤りであることが判明した，といった間接的な活用法である。

⑵　教師の専門職性との緊張関係（ベルギーを中心に見えてくる課題）

　学校改善のプロセスにデータ活用をうまく組み込むには，常に望ましい形態のデータ活用に自覚的に取り組む必要があるのだが，しかし困難な課題はそれ以外にもある。そもそも「多くの教師はデータ主導の意思決定に否定的な見方を続けている」（Dunn et al. 2019：p.193）という実態がある中では，データ活用は拒絶からのスタートとなる。ではこの否定的態度はどこから来るのだろうか。

　学校改善を目的にデータ活用を重視することは同時に次のことを意味する。それは，「意思決定の基盤として逸話，直感，私見を簡単に用いることはもは

や容認されない」（Mandinach 2012：p. 71）という排斥の論理である。教師は「多くの場合，目につくデータと過去の経験に基づく直感に主に頼っている」（Dunn et al. 2019：p. 193）ため，したがって教師の直感とデータは，意思決定の基盤の座をめぐり相克しうる関係にあるのである。

　直感は教師の専門職性にとって切り離せない要素である。「直感は見たところミステリアスで魔法のようで，はっきりと表現するには難しいかもしれないが，長年の経験とそこで蓄積した知識にもとづく現実的な一つの認識，あるいは一つの判断である」（Hargreaves & Fullan 2012：邦訳214頁）。長年，教師の直感的な評価は意思決定の確固たる基盤であると考えられていた。それが，データ活用が重視される中では前景から退くことになる。否定的態度をとるのはもっともである。問題は，その両者の関係をいかに融和しうるかである。

　ここにベルギー（フランドル）での興味深い研究がある。ベルギーでは，1959年の「学校教育憲章（school pact）」により，カトリック学校と公立学校の間の長年にわたる対立が解決され，学校運営機関の実質的な自治が保障された。これは事実上，アカウンタビリティを目的とする国家試験の存在を認めないことを意味する（Earl & Louis 2013：p. 195）。なお，隣国オランダは，ベルギーと同様に大変大きな学校の自治が保障されているが，標準化された国家試験がある点でベルギーとは対照的である（Gasse et al. 2019：p. 109）。言い換えれば，ベルギーの教師はアカウンタビリティの圧力とは無縁だということである。教師の意思決定の自由度は高く，生徒の成績は主に個々の教師が設計したテストを用いて評価される。また通常12歳までに中学校に進学するが，そこでも個々の教師の判断が大役を担う。また原級留置の決定においても個々の教師が提案した決定が追認される実態があるという（Vanlommel et al. 2017：p. 78）。

　それらの教師の判断について，ヴァンロンメル（Kristin Vanlommel）らは，データと直感をどのように使用するかを調査した。調査の結果，「意思決定プロセスはほとんどが直感的な問題認識によって開始され，半数のケースではその後にデータ主導の問題診断が行われる」（Vanlommel et al. 2021：p. 5）ことが示された。また，「一部の教師は，一つの手掛かりの直感的な認識のみに基づいて決定プロセスを開始すること」（ibid：p. 8）がわかった。

　直感に頼ることには，確証バイアスの危険性が伴う。確証バイアスは，自分が真実だと信じていることを裏付けるデータを探してしまい，別の方向を示す

データを調節しようとする心的傾向を意味する（Vanlommel et al. 2017：p.81）。実際，「SES が低い生徒や非ネイティブスピーカーの生徒の能力は，多くの場合，テスト結果が示すものよりも低く見積もられる」というバイアスの実態が調査によって明らかとなっている（Vanlommel et al. 2021：p.8）。

　ヴァンロンメルらは，このように教師の直感に潜むバイアスの危険性を実証しながらも，両者（データと直感）をうまく統合する観点から，「利用可能なデータが少ない場合でも問題を迅速に定義し，多くのデータから関連する指標に注意を向けるには，直感的な認識が重要である」（ibid）と結論付けている。またシルドカンプらも両者の関係に関して，「データを積極的に活用することで，思い込みに異議を申し立て，確証バイアスを最小限に抑えることができる」（Mandinach & Schildkamp 2021：p.3）と，データ活用の有効な機能（先述の概念的活用）を述べつつも，同時に「専門家の判断も必要」（ibid）と述べている。「意思決定が完全にデータに基づくことは決してない。なぜなら，人々は自分のレンズや経験を通してデータをフィルタリングするためであり，その中で，直感も重要な役割を果たす」（Schildkamp 2019：p.8）。

　データ活用と教師の専門職性の関係に話を戻せば，教師の否定的態度はその関係を前進させる上で重要な課題であるが，しかし問題の本質ではない。より重要なことは，意思決定プロセスにおいてデータと教師の直感が互いの欠点を補完しながら相乗的に機能し，結果，専門的判断の質を高め，豊かにすることである。「目標は，教師がデータを快適に扱えるようになることだけでなく，データの理解が学習と教育の働きと完全に統合される場所へと専門職を進化させることである」（Bocala & Boudett 2015：p.17）。

　ではその相乗性を高めるためにはどうすればよいだろうか。まず考えられるのは，教師のデータリテラシーの向上であるが，これのシンプルながら根本的な問題は，ほとんどの教師はデータ活用に初めて向き合うということである。そのため教師は，多忙な中でもこれには時間をかける価値があると感じ，また失敗しても罰せられることはないとの確証が得られなければ，データ活用を試みるには至らない（Wayman et al 2013：p.144）。翻せば，ここで求められるのは，そのような価値の実感と安心感が得られる環境の整備だということである。

4 効果的なデータ活用のアプローチ（オランダの データチーム）

　シルドカンプとライは，7か国（ニュージーランド，オランダ，英国，南ア フリカ，ベルギー，米国，カナダ）で実施されたデータ活用に関する調査結果 を総合し，効果的なデータ活用を可能にする要因の一覧を明らかにしている。 まず学校組織に係る要因として，データ活用のためのリーダーシップと時間， 教師の協同，ビジョン，データ活用の規範と目標，探究の文化，研修と支援， 当事者意識と自治，支援の資源の可用性。システムに係る要因として，優れた データインフラ，複数のデータソースへの容易なアクセス。データユーザに係 る要因として，知識とスキル，データを活用する性向。そして政策に係る要因 として，データのアクセスと可用性，データ活用に対する圧力とサポートであ る（Schildkamp & Lai 2013：pp.181-188）。本稿ではこれらについて詳述は しない。その代わり，これらの要因の説明のほとんどに登場する国に着目し， そこで開発されたデータ活用のアプローチを考察する。その国は，オランダで ある。

　オランダの教育制度の特徴の一つは憲法23条で保障されている教育の自由で あるが，同時に同条は「教育は国家にとって継続的な関心の対象である」とし て，教育に関する政府の責任も表明している。これは政府の介入を正当化する ものであり，政府が教育の質に関する最低限の要件を設定し，すべての学校が 教育監察局（Inspectorate of Education）の監視下に置かれることを規定して いる。

　教育の質に対する責任は，教育監理法（Education Supervision Act）のも と学校自身にあるとされるも，学校は教育の質に関する最低限のスタンダード を満たす必要があり，教育監察局はそれを保証する責任を負っている。同局は， 学校の自己評価に沿いながら，テスト結果，年次報告書等の情報に基づき，各 校の教育の質を評価する。4年に1度全数検査が行われ，検査結果は公開され る。データ活用については，教育の質を向上させるために学校がデータを用い ることが求められている。教育文化科学省の政策目標には，2018年までに小・ 中学校の少なくとも90%がデータ活用することが掲げられていた（Schildkamp et al. 2015：p.7）。

　以上の背景をもつオランダで，トゥウェンテ大学のシルドカンプらは，教師

　がデータを効果的に活用するのをサポートするため，専門能力開発プログラム「データチームの手順」を開発した。2009年以降，オランダ全土の多くの学校が参加し，また国境を超えてスウェーデン，ベルギー，英国，米国でも長期にわたって実践され，体系的に研究されてきた世界でも数少ない介入の一つである。調査によると，教師のデータリテラシー（効果量 d = 0.60〜0.71），生徒の成績（d = 0.54〜0.66）への効果も示されている（Mandinach & Schildkamp 2021：p.3）。

　データチームは，4〜6人の教師と1，2人のスクールリーダーで構成され，構造化されたアプローチを用いて，データを協同で活用し，学校内の課題の解決に取り組む。また頻繁なミーティング（3週間ごと）が推奨されている。教師らはデータ活用に関する2年間のトレーニングを大学の研究者から受け，また大学が開発したマニュアルやワークシートなどを使用することもできる。また大学研究者は外部ファシリテーターとしてミーティングに参加し，初回には手順の説明を行うが，それ以外は必要に応じて助言等を行う立場である。

　データチームの手順は八つのステップからなる反復的で循環的なものとなっている。①問題の定義（例：データをもとに卒業率の低さを問題），②仮説の策定（例：生徒のやる気が低いから，授業をサボっているから），③データの収集（例：アンケートデータ，授業出席データ），④データの品質チェック（例：アンケートデータは「やる気」を正確に表しているとはいえず妥当ではない，授業出席データは信頼性が高い），⑤データ分析（例：卒業生／落第生で出席データを比較），⑥解釈と結論（例：傾向として落第生のほうが授業を多くサボっているが，落第生の中には授業をサボっていない者もいることから問題は授業の質にもあるのではないか），⑦改善策の実施（例：授業出席を促す，生徒へのインタビューを行い，教師から生徒へのフィードバックが十分でないことが判明したのでその点を改善するための計画を作成する），⑧評価（例：授業欠席の減少が確認できた，教師からのフィードバックについて改めて生徒にインタビューを行った）。⑥のステップで当初の仮説が誤りであることが判明した（悟り機能）場合，②のステップに戻り，新たな仮説を策定することが求められる。その点で「反復的」である（Schildkamp et al. 2018：pp.47-56）。

　データチームの一番の特徴は，「データの活用に焦点を当て，協力して探究に従事する専門職の学習共同体（Professional Learning Communities：

PLC）と見なすことができる」（Schildkamp et al. 2015：p. 2）ことである。ストール（Louise Stoll）によれば，PLCとは「生徒の学習を改善するために，自分たちの実践について調査しさらに学ぶことに向けて，協力的で内省的で成長志向のアプローチをとる，包摂的で互いに支え合う人々の集団」（Stoll 2010：p. 151）をいう。なおPLCについては新谷がPLCを実践する米国の中学校に現地調査し，インタビューした中で，PLCにおける専門性の定義についての質問に「データの活用」との回答を得ている（新谷 2014：77頁）。つまりデータ活用とPLCとの関係は意外に近いのである。事実，ストールは次のように明言している。「PLCは，エビデンスを踏まえた実践の種をまき，育て，花を咲かすことができる協同の文化である」（Stoll 2015：p. 56）（ここで「エビデンス」の用語はデータを含む広い意味で用いられている）。そしてデータチームの取り組みでは教師はまさに「協同」に大きな価値を感じることが示されている（Schildkamp & Poortman 2015：p. 24）。

　では，データチームの取り組みでは何が「専門的判断の質を豊かに」しうるだろうか。それは，ミーティングの会話に，探究の深さを求めることである。ここで探究の深さは次のように定義される。「探究の深さは，チームが分析，統合，目標設定，振り返りなど，より高次の思考スキルを会話で使用する程度として定義できる。より深いレベルの探究を特徴とするチームの会話は，データに基づき新しい知識を開拓することに焦点を当て，教育と学習を改善するための行動計画を立てることに焦点を当てている。より低いレベルの探究をするチームは，情報を伝え，何度も語り，説明をし，物語ることに重きを置いている」（Schildkamp & Datnow 2020：p. 2）。自らのバイアスや思い込みの可能性に自覚的に，協同で学校改善に取り組む上では，データに真摯に向き合い，深い探究を共に続けることが求められる。それは専門職性を深める一つの形であろう。

5　まとめと課題

　本稿は，学校改善に資する効果的なデータ活用の在り方について，とりわけデータ活用の過程が置かれる構造や文化との関係から，諸外国の先進的取り組みの考察を通して検討した。一連の考察を通してデータ活用には，その目的（学校改善とアカウンタビリティ）において，また意思決定の基盤に何を求めるか（データか直感か）において緊張関係があり，そのため場合によっては

データの誤用や悪用が起こったり，そもそもデータ活用自体が拒絶されたりする課題を明らかにした。こうした課題を回避し，教師がデータ活用に価値を感じながら望ましいデータ活用を行うためには，適切な環境を整備する必要がある。そこで本稿が着目したのがオランダのデータチームの実践である。これは，PLCとしての顔を持つことで教師はその協同性に価値を感じることができ，また教師同士の会話に探究の深さを求める点で専門職性を深めることができるアプローチとなっている。教師にデータ活用能力を求めるだけのアプローチとはまったく異なるものである。

　もちろん，データチームのアプローチでも失敗事例は報告されており，それには，本稿で扱わなかった様々な要因（リーダーシップや時間的余裕など）が関わっている（Schildkamp & Datnow 2020）。本稿で扱ったのは，学校改善のためにデータを活用するのを妨げる要因（アカウンタビリティの圧力，教師の否定的態度と直感に頼ること）と，逆にそれを前向きに進める要因（PLCと探究の文化）であるが，とはいえそれらは第4節の冒頭に示した多岐にわたる要因の一部にすぎない。データインフラの整備や必要な研修，支援の提供などは，効果的なデータ活用の在り方を探究する上では欠かせない要因である。データ活用に政策的期待を寄せるようになった我が国でも，それらの要因のすべてを相互に関連付けながら網羅的に検討することが今後求められる。

［引用文献一覧］
・貞広斎子「まえがき」『日本教育経営学会紀要』第64号，2022年，iii-iv頁。
・新谷龍太朗「米国における『専門職の学習共同体（Professional Learning Communities：PLCs)』の検討―デュフォーのモデルを発展させた中学校の事例を通して―」『日本教育経営学会紀要』第56号，2014年，68-81頁。
・露口健司「校長の意思決定におけるエビデンス活用の可能性―データ・ファクト・エビデンス―」『日本教育経営学会紀要』第64号，2022年，2-20頁。
・教育データの利活用に関する有識者会議「教育データの利活用に係る論点整理（中間まとめ）」2021年3月。
・Bocala, C., Boudett, K. P., "Teaching educators habits of mind for using data wisely", *Teachers College Record*, 117(4), 2015, pp.1-12.
・Booher-Jennings, J., "Below the Bubble", *American Educational Research Journal*, 42(2), 2005, pp.231-268.
・Brown, C., Schildkamp, K., Hubers, M. D., "Combining the best of two worlds", *Educational Research*, 59(2), 2017, pp.154-172.

- Datnow, A., Hubbard, L., "Teacher capacity for and beliefs about data-driven decision making", *Journal of Educational Change*, 17, 2016, pp.7-28.
- Datnow A., Park V., *Data-driven leadership*, Jossey-Bass/Wiley Inc, 2014.
- Datnow, A., Park, V., "Opening or closing doors for students?", *Journal of Educational Change*, 19, 2018, pp.131-152.
- Dunn, K.E. et al., "Disdain to Acceptance", *Action in Teacher Education*, 41(3), 2019, pp.193-211.
- Earl L., Katz S., *Leading schools in a data-rich world*, Corwin Press, 2006.
- Earl, L., Louis, K. S., "Data Use", K. Schildkamp et al. (Ed.), *Data-based decision making in education*, Springer, 2013, pp.193-204.
- Gasse, R.V. et al., "Brokerage for data use in schools", D. Godfrey & C. Brown (Ed.), *An Ecosystem for Research-Engaged Schools*, Routledge, 2019, pp.108-122.
- Hamilton, L. et al., *Using student achievement data to support instructional decision making*, Institute of Education Sciences, 2009.
- Hargreaves, A., Braun, H., *Data-Driven Improvement and Accountability*, National Education Policy Center, 2013.
- Hargreaves, A., Fullan, M., *Professional Capital*, Teachers College Press, 2012. (木村優他監訳『専門職としての教師の資本―21世紀を革新する教師・学校・教育政策のグランドデザイン』金子書房, 2022年)。
- Hargreaves, A., Shirley, D., *The Fourth Way: The Inspiring Future for Educational Change*, Corwin, 2009.
- Harris, A., *School Improvement*, Routledge, 2002.
- Ikemoto, G. S., Marsh, J. A., "Cutting through the data-driven mantra", P. A. Moss (Ed.), *Evidence and decision making*, Wiley-Blackwell, 2007, pp.105-131.
- Lai, M.K., Schildkamp, K., "Data-based Decision Making: An Overview", K. Schildkamp et al. (Ed.), *Data-based decision making in education*, Springer, 2013, pp.1-7.
- Light, D et al. "How practitioners interpret and link data to instruction", Paper presented at AERA 2004.
- Mandinach E.B., "A Perfect Time for Data Use", *Educational Psychologist*, 47(2), 2012, pp.71-85.
- Mandinach, E. B., Honey, M., "Data-Driven Decision Making: An Introduction", E. B. Mandinach, M. Honey (Ed.), *Data-Driven School Improvement*, Teachers College Press, 2008, pp.1-9.
- Mandinach, E.B., Schildkamp, K., "Misconceptions about data-based decision making in education", *Studies in Educational Evaluation*, 69, 2021.

・Mandinach, E. B. et al., D., "A Theoretical Framework for Data-Driven Decision Making", Paper presented at the annual meeting of AERA 2006.
・Marsh, J. A. et al., *Making Sense of Data-Driven Decision Making in Education*, The RAND, 2006.
・Moody, L., Dede, C., "Models of Data-Based Decision Making", E. B. Mandinach, M. Honey (Ed.), *Data-Driven School Improvement*, Teachers College Press, 2008, pp. 233-254.
・Schildkamp, K., "Data-based decision-making for school improvement Research insights and gaps", *Educational Research*, 2019.
・Schildkamp, K., Datnow, A., "When Data Teams Struggle", *Leadership and Policy in Schools*, 2020.
・Schildkamp, K., Kuiper, W., "Data-informed curriculum reform", *Teaching and Teacher Education*, 26, 2010, pp. 482-496.
・Schildkamp, K., Lai, M. K., "Conclusions and a Data Use Framework", K. Schildkamp et al. (Ed.), *Data-based decision making in education*, Springer, 2013, pp. 177-191.
・Schildkamp, K., Poortman, C. L., "Factors influencing the functioning of data teams", *Teachers College Record*, 117 (4), 2015.
・Schildkamp, K. et al., "Data teams for school improvement", *School Effectiveness and School Improvement*, 2015.
・Schildkamp, K. et al., *The Data Team™ Procedure*, Springer, 2018.
・Stoll, L., "Professional learning community", P. Peterson et al. (Ed.) *International Encyclopedia of Education*: Third Edition, *Vol. 5*, Elsevier, 2010, pp. 151-157.
・Stoll, L., "Using evidence, learning, and the role of professional learning communities", C. Brown (Ed.) *Leading the Use of Research and Evidence in Schools*, Institute of Education Press, 2015, pp. 53-64.
・Vanhoof, J. et al., "Improving Data Literacy in Schools", K. Schildkamp et al. (Ed.), *Data-based decision making in education*, Springer, 2013, pp. 113-134.
・Vanlommel, K. et al., "Teachers'decision-making Data based or intuition driven", *International Journal of Educational Research*, 83, 2017, pp. 75-83.
・Vanlommel, K. et al., "Sorting pupils into their next educational track", *Studies in Educational Evaluation*, 69, 2021.
・Wayman, J. C. et al., "Implementation of a Data Initiative in the NCLB Era", Schildkamp et al. (Ed.), *Data-based decision making in education*, Springer, 2013, pp. 135-153.

Inquiry of Effective Data Use for School Improvement: Considerations Based on Cases of Foreign Countries

Takafumi KIRIMURA (Hirosaki University)

The data use as a means of improving education is emphasized in the United States and many other countries. Although there are great expectations for data use in Japan as a result of digital transformation, it seems to be still in the embryonic stage academically. Therefore, this paper first organizes various concepts related to data use for school improvement.

Based on this, this paper examines the effective data use that contributes to school improvement in relation to structure and culture, through consideration of advanced efforts in other countries. Then, I focused on the pressure of accountability and the professionalism of teachers.

There is a tension between the purpose of data use (school improvement or/and accountability). Studies in the United States show that when accountability pressures are very strong, they can lead to abuse and misuse of data. In order for data use to contribute to school improvement, types of data use such as instrumental and conceptual use are required.

School improvement requires types of data use such as instrumental use and conceptual use.

There is also tension about what to look for on the basis of decision-making (data or/and intuition). In Belgium, where the pressure of accountability is very weak and school autonomy is guaranteed, the data use is often rejected while the professionalism of teachers is emphasized, and decisions based on intuition are given priority. However, considering that judgments based on intuition may include confirmation bias, it is important to develop an appropriate environment so that teachers feel the value of data use in a way that does not contradict their professionalism.

This paper focuses on the approach of the data team developed in the Netherlands. This approach has the characteristics of a professional learning community and can deepen professionalism in terms of seeking depth of inquiry in conversation.

教育経営の実践事例

教育経営実践における「笑い」の可能性
　―「笑い学（教育漫才）」を通じた学級風土の
　醸成過程に注目して―　　　　　　　　　　森脇　正博

教育経営実践における「笑い」の可能性
—「笑い学（教育漫才）」を通じた学級風土の醸成過程に注目して—

京都教育大学附属京都小中学校　森 脇 正 博

1　問題の所在—学級風土に影響を与える笑いへの着目

　教育—学習活動の起点となる学校・学級は，児童生徒にとって，安心して学べ，心から楽しいと感じられる心理的安全性の担保を求められる。それは，保護者をはじめ，教育に携わる者全ての望みでもある。そのため，日々子どもたちと対峙する教員は，様々な方略を通じ，ラポールの形成を目指す。

　まず，教員個々としては，教室内外における何気ない会話を重視したり，価値観や感情に寄り添うなど，高コンテクスト状態を保とうとする。また，学校体制としては，校内研修等を活用し学級経営のイロハを熟達教員から初任期教員へ伝達・継承する機会を設けたり，「Q-U テスト」等を活用し，学級集団を適切に支援する体制を整えるなど様々な角度からのアプローチを試みる。

　そんな中，学習指導要領においても，「個別最適な学び」と「協働的な学び」の充実，「主体的・対話的で深い学び」の実現が謳われ，質の高い学びを保障する観点から「学級風土（classroom climate）[1]」が再注目されている。

　この点に関し，伊藤ら（2017：91頁）は，「個別的・心理社会的性質を意味する学級風土は，学習環境の基盤として重要であり，いじめ・暴力の予防や精神健康の向上，特別支援教育などの側面から注目」すべきと述べる。青砥（2022：3-4頁）も，「『個別最適な学び』が展開されるためには，多様性を前提として個々が尊重されるような学級風土が必要であろうし，全ての子供にとって有意義な『協働的な学び』が実現するためには，その活動を支える構成員の親和性や信頼関係が不可欠」だと，学級風土と学びの質の相関を指摘する。

では，学級風土に影響を与える要因として何が挙げられるだろうか。そこで注目すべきは，2000年前後を境とする，学級満足度や学習意欲の向上を目指した，教育現場における「笑い」の有効性に対する関心の高まり[2]である。

学会の設立年度に着目すれば，笑いを重要な研究対象と捉えた「日本笑い学会（1994）」，医学との連携を試みた「笑いと健康学会（2006）」，そして，笑いの単位 aH（アッハ）を考案し，学術的領域まで高めようとした「ユーモア・サイエンス学会（2007）」等が挙げられる。また同時期に，上条晴夫によって「お笑い教師同盟（2001）」が設立され，「新潟お笑い集団 NAMARA（1997年）」は学校現場に笑いを通じた様々な活用法を提案し話題ともなった。

さらに，国内における笑いと教育を対象とする学術論文も，増加傾向を示す。例えば越ら（2008：81頁）は，「ユーモアは，その表出者と知覚者関係を親密にし，その関係の親密さが，学級内のその他の児童との関係を親密にし，学級風土に影響する」と，笑いと類似性のあるユーモアの重要性に着眼する。

そのなかでも注視すべきは，教室を学級経営という教員による方略の遂行と教員―児童間における偶発的な生成という二つの側面から説明し，「笑い」の布置を示した榊原ら（2018）の研究である。笑いは，承認・共感・緊張の弛緩等，授業づくりの道具とされる一方，爆笑・失笑・苦笑等，当事者すら制御困難な事象でもある。そのため，教師は教室内外において，顕在的・潜在的を問わず様々に意図的な笑いを仕掛けているものの，苦労や悩み，失敗を抱えている現状を明らかにした。つまり，感情の一つでもある笑いは，曖昧さを持ち，主観的で偶発的な点で，「方略」よりも「生成」と親和性の高いことを示す。

しかしながら，偶発的な笑いに頼った実践では，理想とする学級の創造は困難である。ましてや，児童らの理解や記憶といった認知の定着だけに留まらず，学習活動における「気[3]」の醸成も射程に入れた授業は到底行えない。

そこで，これら先行研究の知見を鑑みつつ，教室における笑いが持つ特性を踏まえた上で，「笑い学（教育漫才[4]）」を授業に取り入れる。その過程を通じ，他者に敬意を持ち良好な人間関係を築こうとする学級風土が醸成されるか否かを探索的に分析し，「笑いの可能性」，つまり教育効果を高め維持できる方略として位置付けられるかどうか検討することを，本稿の目的とする。

2　実践対象と教科カリキュラムの位置付け

対象は，筆者が学年主任兼担任を受け持つ，某県大学附属 K 小中学校 6 年

1学級32名（うち持ち上がり児童10名）とする。実践期間は，2022年4月から10月である。教科カリキュラムの位置付けとして，国語科における「話すこと・聞くこと」の単元を充て，全9時間扱いで取り組む。ただし，授業時間外の隙間時間（給食や昼休み等）も，児童が自主的に活動していることをお断りする。

3　分析―「笑い学」の具体的実践事例を通して

2022年4月（授業0時間目）

　筆者は学級開きで，「笑い」をテーマにした授業を行いたいと語った。なぜなら，教育―学習活動をより良いものにするために，教師―児童間で共通了解を図ることが重要である[5]と考えたからである。だが，クラス替えの直後であり，初めて同じ学級になった者も複数人いて，不安げな表情でもあった。提案後，この取組に対する感情を4件法で尋ねた。その結果を図1に示す。

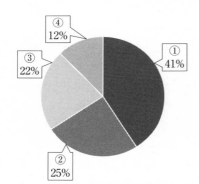

【ネガティブな感情】
①できるかどうか，すごく不安
②少し興味は湧いたが，少し不安
【ポジティブな感情】
③少し興味があり，少し期待
④大変興味があり，とても期待

（n＝32）

図1　対象学級における「笑い学」スタート時の感情割合

　ここから，学級のおよそ3分の2（21名）が，ネガティブな感情を抱いていると読み取れる。理由として，「お笑いをやるという抵抗感」「人を笑わせるのは好きだが，なんとなく不安」という感情が大半を占めた。逆に，「2年生の時に『お笑い係』に入っていて自分の考えたお笑いを他の人に見てもらうのが楽しそう」「自分がお笑い好き」といったポジティブな意見もみられた。

　この結果は，榊原ら（2018）が指摘した笑いの両義性を裏付ける。つまり，笑いという仕掛けが，児童生徒の認知的な昂進や動機付けに寄与するという望ましい形で表出する可能性を秘める一方，受容されず，教室秩序が乱れ堕落の

一途を辿ることを予見するものであった。

　そこで，学校教育における笑いは万能薬でないことを踏まえた上で，緩やかに，かつ正当性を持って「笑い学」を推し進めるために，次のような布石を打った。それは，コロナ禍により黙食が求められ，デスクシールドに囲まれた個食（孤食）である状況だが，その時間を有効活用すべく，伝統的な漫才や落語の視聴を継続的に行うこととした。瞬時には，批評したり，意見交換こそできないが，食器音と咀嚼音だけに包まれ静まり返った給食時の雰囲気は，各机からもれ聞こえる笑い声によって一変した。給食後には，笑いのツボや間合い等の感想を交流したり，明日の演目に興味関心を抱いたりと，笑いに包まれる空間の心地良さ，笑いに対する受容の素地が生まれつつある手応えを感じた。

2022年5月・6月前半（授業1〜3時間目）

　テレビ視聴を通して得た感情を礎に，まずは国語科「伝え合う」の内容項目に引きつけ，笑いを生むポイントについて議論した。その際，「人を傷つける」・「暴力的な」・「下品な」笑いは認めないことを確認した。理由は次の二点である。一つは，大人漫才との差別化を図るためである。二つは，青砥（2022：11頁）も指摘する『『教室秩序』を無視・軽視する認識や言動が他の児童生徒にまで蔓延する」ことを排除し，質を担保するためである。

　ここで具体的な実践を示す。まず，「型（今回は三段オチ）」に沿った1分程度のネタを各自で考えさせる。次に，隣同士でペアを組み，両者の考えを再編・推敲しつつ，1本のネタに仕上げる。その後，立ち稽古に移り，全体での発表へと繋げる。最後は，相互評価をして振り返るというプロセスである。

　児童らは，上記の過程を経る中で，どうすれば笑いが生まれるかについて吟味を重ねた。そして，喋りの速さやリズム，声量や間，トーン等の重要性にも気付き，視線や身体の向きまでこだわり始めた。以下，一例を紹介する。

三段オチのネタ例（一部改編・略，下線部筆者）

A　なあなあ，Bちゃん，生き物の中で何が好き？
B　海にいる動物が好きやなあ。
A　じゃあさ，海にいる生き物の中で何が好きなん？
B　じゃあランキングで紹介するわ。私が好きな海にいる生き物ランキング！まず第3位は！（少しの間）フィレオフィッシュ！

A　ごめんやけどそれ，マックのハンバーガーやねん。それ泳いでないねん。
B　（Aの反応を無視）じゃあ続いて第2位は！（少しの間）海老フィレオ！
A　それもマックのハンバーガーやん。マックを好きな気持ちも分かるけど…。
B　めっちゃ大好き。マック最高！
A　はいはい，分かりました。
B　じゃあ気を取り直して，第1位は！（少しの間）イルカ！
A　可愛いな，やっときたわ〜まともなやつ。
B　みたいに速く泳ぐ人！
A　いや，それ海にいる生き物じゃなくて，人間やん。もうええわ。

　特徴として，Aが「好きな生き物を問う」ているにもかかわらず，Bは「生き物のような答え」を続け，最後に「実際の生き物を答えたかと見せかけて，実は違うものを答える」という，ズレに感じるおかしみを見事に表現している。
　この活動を終えた直後から，「笑い学」に対する向き合い方に変化が生じ始める。そのことは，児童側から「授業で行った型を活かしつつ，もう少し長めのオリジナルの笑いを追求したい」と，主張し始めたことが証左となる。

2022年6月後半・7月（授業4〜5時間目）
　上記の提案を受け，ここまでの学びを活かした3分程度のネタを作成することとした。時間を決めたのは，言葉を洗練することの大切さや，伝える内容を無駄なく配置する重要性に気付くことをねらいに据えたためである。それと同時に，筆者が以前担任した児童と演じた漫才のビデオ[6]を紹介し，共感的な場の重要性や，ボケとツッコミは，突然の「誇張や軽視から生まれた余剰のボールを相手に投げかけ，また投げ返すことで，負荷脱離の笑いを誘導するユーモアのキャッチボール技術（木村 2010：16頁）」であることも伝えた。
　ただし，授業という限定された時間内だけでは，より良い構成を考えることが難しいため，夏休みの一課題（宿題）として，取り組むこととした。

2022年8月（授業6〜9時間目）
　夏季休業中は，GIGAスクール化構想で普及したPCのアプリケーション等を活用し，ネタを相互参照しつつ，互いの進捗状況を適宜確認し合った。そして，休み明け最初の授業で改めてネタを読み合い，対面での作品創りに勤しん

だ。**図2**は，夏の課題に取り組んだ際の感情を問うた結果である。

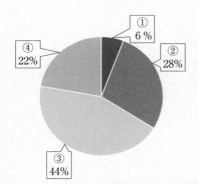

【ネガティブな感情】
①なかなか思いつかず，すごく不安だった
②ネタを書き始めたが，うまく作れず不安だった
【ポジティブな感情】
③ネタを考える中で，少し楽しくなった
④どんなネタにしようか，楽しく取り組んだ

(n=32)

図2　夏季休業中に「笑い学」の課題に取り組んだ際の感情

「笑い学」に対する感情は，ネガティブな割合がおよそ3分の1（11名）となり，4月当初と比較し半減した。理由として「ネタをどう書くか悩んだが，書いていくと面白かった」「自分の書いたネタで，みんなが笑う様子を想像すると楽しかった」からと，ポジティブな感情へ変化しつつあると判じられる。

　具体を述べると，6時間目にネタの交流，手直し，推敲，7時間目に相互練習を行った。8時間目は，吉本所属の芸人「Skystar[(7)]」を招きプロの話芸を鑑賞し，9時間目は，漫才発表の時間とした。その際，評価をして欲しいという児童の申し出から，得点審査も行うこととした。そこで，Skystar部門（専門的知見からの評価）・学級部門（児童相互間評価）・担任部門（「笑い学」の趣旨に照らしての評価）の三つを設けた。以下，ネタの一部を紹介する。

学級担任部門優勝ネタ（一部改編・略，下線部筆者）

D　私の母が，附属の6年に好きなクラスがあるけど，何組か忘れたらしい。
C　お母さんの好きなクラス一緒に考えるから，どんな特徴言ってたか教えて。
D　みんな元気で仲良しで，チームワークの良い，とても素敵なクラスだって。
C　6年△組（以下6△）やん。その特徴は完全に6△。すぐ分かったわ。
D　でも，これちょっと分からんのよな。
C　何が分からんのよ。
D　私も6△やと思ったけど，チームワークが良くて，球技大会も強いらしい。
C　6△と違うか。3位と聞くと聞こえはいいけど，3クラス中の3位でビリ。

D　そやねん。

C　じゃあ，もうちょっと他に何か言ってなかった？

D　みんなめっちゃ歌が上手くて，驚くほどレベルが高いらしいねん。

C　6△やんか〜。クラスがまとまって合唱コンクールで優勝したから6△や。

D　私も6△やと思ったけど，母が言うには夏休みの宿題が超少ないんやって。

C　じゃあ6△と違うか。6△の担任の先生は教育熱心でめっちゃ夏休みに宿題出してくんねん。生徒たちも感謝しながら，心の中で苦笑いしてるわ。

　某漫才師のネタを下敷きとしたため，学級部門等では入賞に至らなかったが，各取組に対する分析や表現の秀逸さから，担任部門で優勝とした。その理由，ならびに発表を聞く側の雰囲気や後日談を踏まえると，「学級に対する満足感や誇り」・「共感的理解に基づく信頼関係」の形成，そして，「合科・関連的な授業開発」等，「笑い学」を通じた様々な可能性を推察，確認することができる。その根拠を，後に綴られた作文や保護者面談記録も含め5点示す。

　第一に，ネタ内でDは合唱コンクールでの優勝を自負しつつも，夏休みの課題になったことを風刺し，「宿題が少ない」と表現する。それに対しCは，「楽しい宿題だが他学級と比較すると多い」と，おかしみを持って捉え直す。語彙のセンスやコミュニケーション力等を高める観点から，国語科との関連付けや合科的教材開発の可能性が認められる。また，「元気で仲良しで，チームワークの良い」と母の言葉を代弁した場面では，教室全体に納得感が漂う。ところが，「それなら球技大会も強いはず」と一般論で切り込む。現実は学年対抗の同大会で大敗している。その結果を「ビリで弱い」と卑屈に捉えず，「3位やで3位，すごい」とポジティブな出来事へと昇華させた。「不快─快」の軸をとれば，試合結果に対する思いを「快」側へ誘っている。行事に真摯に向き合った誇り，努力した満足感に対する意味付けが，皆の笑顔を引き出したのだ。

　第二に，4月当初Dの母とは，子が学級に馴染めているかどうかの不安から，何度も面談の機会を持った。しかし8月の時点では，元気で仲良しで，チームワークが良い学級だと安心感を持ち，「笑い学」の課題に対しても助言するほどに変容した。子を通じた学級満足度の向上の可視化である。

　第三に，年度当初から友人との距離感の取り方に悩みを抱えていたWは，9月に取り組んだ課題の中で，「未来の自分へ」と題し，「みんなを笑わせて笑顔にしていますか。私は笑う人，笑わせる人になってほしい」と綴った。このこ

とは，Ｗと友人間との親和性が着実にポジティブな方向に醸成し始めたことを確認できる。心理的安全性が担保された，学級風土の形成とも換言できよう。また，Ｘは同課題中で，「学校で笑いについて調べたよ。そしたら，笑うと免疫細胞が活性化することが分かったよ。だからおじいちゃんが，ガンに勝てるように『笑』の字を送るね」と記した。笑いの可能性は教室に留まらないはずという，前向きな強い気持ちを獲得したことも確認できる。

第四に，5年生時以前，登校しぶりがあり，配慮の必要があったＹ・Ｚが，遅刻もなく元気に登校するようになり，学校の課題にも前向きに取り組み始めたとの報告を両母親から受けた。このことは，それぞれにとっての居場所の確保，友人との信頼関係の構築を物語る。

第五に，○○○（文化祭）でのエピソードである。本校では毎年12月に全校生徒が一堂に会し，学級単位で劇を発表する。その取組後Ｅが，「私は毎年○○○の劇発表を終えて1年間を振り返るようにしているが，今年6△のメンバーでよかったって思う。○○○も合唱コンも団結して乗り切れたし，みんな一瞬一瞬，本当に楽しんでいた。5年生までは『漠然と楽しかった』が，6△の1年間は『心の底から楽しかった』」という一文を綴った。また，Ｆはリハーサル直前，「リサーハルに行こう」と言い間違えた。すぐさま，全員が「リサーハルって」と突っ込んだ。筆者は慌ててフォローしようとしたが，児童らは「心配せんでも大丈夫。『笑い学』で鍛えられてるから，楽しんで突っ込んだだけ。リラックスできた。ありがとうＦ」と，失笑や嘲笑ではなく，緊張の弛緩のための笑いを使いこなした。前者の事例は，学級に対する満足感を，後者の事例は，共感的理解に基づく信頼関係の形成を示唆する[8]ものだろう。

4　結論と今後の課題—「笑い学」は教育経営実践に根付くのか

まとめに際し，年度当初と漫才発表後を比較し，どのように感情が変化したかを問うた結果を示す。**図3**からは，「笑い学」に対する感情がポジティブな方向へ振れたことのみしか読み取れないが，先述した一連のエピソードは「笑い学」をきっかけとして，自分という存在，そして，どんな表現も受け入れられ，認められていると実感できる学級風土を形成できたことを意味する。つまり，教育経営実践上における確かな方略になり得る可能性を示唆する。

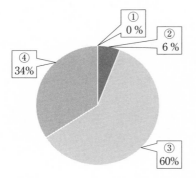

【ネガティブな感情】
①マイナス方向に，大きく変化した
②マイナス方向に，やや変化した
【ポジティブな感情】
③プラス方向に，やや変化した
④プラス方向に，大きく変化した

(n＝32)

図3　「笑い学」に対する年度当初の感情と比較した
漫才発表後の感情の変化

　このように，本稿では，「笑い学」を通した学級風土の醸成過程を，担任学級という限定枠だが，一定程度示すことができた。もちろん，学級を場とする児童の人間形成の過程は複雑であることから，本実践がどれほどそれらに影響を及ぼしたかを正確に数値化するには限界がある。だが，ネタの吟味から始まるペア学習での良好なやり取りが，周囲の認知的昂進や親和性を促し，「気」が満ちる動機付けとなり，「学級風土」に少なからず影響することを示せた。

　今後，他学級・学年での実践も重ね，汎用性の有無を確認するとともに，コミュニケーション能力や語彙力・構成力の更なる伸長についても分析をすること，くわえて，教育課程における位置付けも丁寧に行うことを課題としたい。

［注］
⑴　似た概念に，学級の雰囲気，学級文化もあるが，伊藤（2007）は学級風土について，「学級全体が持つ心理社会的な個性（112頁）」と定義付け，「子どもと担任教師の相互作用，そしてそれらが醸し出す教室環境と個人の相互作用全体を通して形成され（中略）学力や意欲にも大きく影響（115頁）」するものだと述べる。本稿ではこの論に依拠し，本実践が，雰囲気といった短期的に変化するものではなく，文化といえるまで恒常的に変化しないものでもない，一定期間持続する「学級風土」を醸成する方略となり得るかどうかを検討するものである。
⑵　国内における「教室ユーモア」に関する先行研究数と，海外における先行研究数を比較した青砥（2007：121頁）も，「国内で『教室ユーモア』が，一つの研究領域として注目され始めたのは2000年以降である」と言及している。

⑶　活気がある，覇気がある，英気を養う等の感情や情動を指す。この点に関し，榊原ら（2018：74頁）も，「教員は子ども達の理解や記憶といった認知の定着に留まらず，学習活動に対して，『やる気が出た・元気になった・根気強く取り組めた・本気になれた』といった感情や情動の変化も射程に入れて授業を構成」することの重要性を指摘している。

⑷　これは，田畑（2021）が，テレビで見られるような大人漫才との違いを明確化するために生み出した造語である。本稿は，この定義に依拠し「笑い学」と称する。

⑸　本研究を始めるにあたり，対象児童ならびに保護者に対し，①論文等で研究発表を行う際は，児童のプライバシーを尊重し，個人が特定できないようにする。②児童の成果物等を含めた記録データは，流出防止の観点からネット環境に接続しないパソコンに保管する等の確認事項を文書にて示し，了解を得ている。

⑹　以前から筆者は，学級経営における笑いの効能について考えていた。これは2017年12月の〇〇〇で全校生徒を前に披露した，トリオ漫才の録画映像である。

⑺　https://camp-fire.jp/projects/view/611043（Skystarの経歴　20220823最終確認）。

⑻　6△の劇を会場で鑑賞した某市職員は，区役所のホームページ内で「劇中にはユーモアも交え，鑑賞している生徒さんからは大笑いが起こった。演劇の内容も素晴らしく『人と人のつながり』や『誰かを想うこと』など，人として大事にしないといけない『心』が込められていた」と綴る。保護者ではない第三者が見ても，感じ取ることのできる学級風土が形成されている証左であろう。（北区役所職員日記 https://www.city.kyoto.lg.jp/kita/page/0000306315.html　20230105最終確認）

[引用文献一覧]
・青砥弘幸「『教室ユーモア』研究の枠組みに関する考察」『広島大学大学院教育学研究科紀要』第56号，2007年，119-128頁。
・青砥弘幸「学級集団においてクラスクラウンがもつ役割に関する基礎的研究」『笑い学研究』No.29，2022年，3-16頁。
・伊藤亜矢子編著『学校臨床心理学〜学校という場を生かした支援〜』北樹出版，2007年。
・伊藤亜矢子・宇佐美慧「新版中学生用学級風土尺度（Classroom Climate Inventory; CCI）の作成」『教育心理学研究』No.65，2017年，91-105頁。
・木村洋二編『笑いを科学する―ユーモア・サイエンスへの招待』新曜社，2010年。
・越良子・櫻井弥生「ユーモアが学級内の局所的及び大局的対人関係と学級風土に及ぼす影響」『上越教育大学研究紀要』第27巻，2008年，73-83頁。
・榊原禎宏・森脇正博・西村府子・土肥いつき「方略と生成がせめぎあう教室における笑い」『京都教育大学教育実践研究紀要』第18号，2018年，73-82頁。
・田畑栄一『クラスが笑いに包まれる！小学校教育漫才テクニック30』東洋館出版社，

2021年。

［付記］

　本研究は，プロジェクト代表森脇正博「国語科における『教育漫才』の開発―『笑い』を通じた21世紀型能力の育成過程に注目して―」京都教育大学令和４年度教育研究改革・改善プロジェクト経費の助成を受けた成果の一部である。

The Possibility of "Laughter" on Practice and Research in Educational Administration: With a Focus on the Process of Fostering Classroom Climate through "WARAIGAKU (Educational Manzai)"

Masahiro MORIWAKI

(Kyoto Compulsory Education School attached to
Kyoto University of Education)

In order to improve the class, teachers should not only prepare the physical environment of the classroom space but also take into account the emotional and affective changes such as "motivation and energy" to help children's cognition such as comprehension and memory. A foundation of this learning environment is "Classroom climate".

Teachers always repeat trial and error to create this classroom climate. In a classroom, "laughter" is come in handy as a tool for class-making, but it is also a matter which is difficult to control such as sneering and irony smiles. Therefore, based on the ambivalence of "laughter", this educational practice would examine whether or not "WARAIGAKU (Educational Manzai)" could be a strategy for fostering a better classroom climate by introducing it as a part of Japanese language education.

As a result, "WARAIGAKU" promoted children's cognitive development and affinity and it also helped to motivate them. It is described that it would be a strategy that contributes in no small measure to fostering a classroom climate.

シンポジウム
新しい教育の形と教育経営

　学校には，多くの社会的問題に翻弄されながら自らの在り方を問い直すことが求められている。「令和の日本型学校」やそれを支える教員の新しい学びの姿が示されつつあるが，多様な学びを保障するための新しい形を考えていくとき，学びの機会・場・枠組みなどは学校教育のみに閉じられていないことが前提とされなければならないだろう。教育の経営あるいは行政と呼ばれる領域において，これからの社会またはコミュニティの在りようを展望し，あるいは模索しようとしている多様な人々を主語とする教育の在り方について，あらためて議論していくことが必要ではないだろうか。

　本シンポジウムでは，このような問題意識から，教育と福祉，中央―地方，少子高齢化などの視点を含め，登壇者それぞれが考える新しい教育の形とはどのようなものであるか，その形へ向かうための実践に関わる人々の思いや取り組みの実際，何が障壁となるのかなどを手がかりに，今考えなければならない教育経営の課題や論点を浮かび上がらせることをねらいとした。

つながりのデザイン　　　　　　　　　　　　　　韮澤　　篤

コロナ禍における教育・福祉の機会保障をめぐる

　　制度的課題と展望―不登校児童生徒に対する

　　「セーフティ・ネット」の構築に焦点を当てて―　荒井英治郎

デジタル化できる／できない教育エコシステム

　　―変貌するケア・学習のマネジメント―　　　末冨　　芳

総　括　　　　　　　　　　　　　　　　　　　　辻村　貴洋

　　　　　　　　　　　　　　　　　　　　　　　辻野けんま

つながりのデザイン

十日町市社会教育委員 韮澤 篤

1 はじめに

　私は建築士で，建築設計を生業としている。人口の急減や超高齢化，特に若者の人口流出等に起因する社会減にともなう地域コミュニティの衰退，地域経済の縮小など，自分が暮らす地域の現状に危機感と行動を起こす必要性を感じたとき，山崎亮氏と「コミュニティデザイン」と出会い，2012年，新潟県建築士会中魚沼支部の青年委員（当時）有志5名で「studio-H 5（スタヂオ＊エチゴ）」というユニットを結成し，活動を開始した。以来「デザイン思考のまちづくり」をテーマに，職能をいかしながら，従来の建築士の枠にとらわれないことを意識して活動しており，現在は合同会社（LLC）となった。また，活動のなかで参画した，市民活動の拠点施設を整備した中心市街地活性化プロジェクト「まちなかステージづくり」では，施設完成後に私自身がコーディネーターとなり，様々な活動に関わらせていただいた。このプロジェクトは，まちなかをステージ（舞台）に見立て，市民が共に楽しい活動を実践（上演）することで，まちなかで活動する人を増やしていこうというものである。基本計画の段階から市民が加わったことで，市民活動と建築設計とがうまくつながり，施設が完成した時点で，その使い手も育っており，その後も活動が継続していくという点が評価され，地域・コミュニティづくり／社会貢献活動でGOOD DESIGN AWARD 2016 BEST 100 にも選出された。

2 活動紹介

■まちなかステージ：十日町市市民交流センター「分じろう」
**　　　　　　　　　　十日町市市民活動センター「十じろう」**

『まちなか×GAKUENSAI（学園祭）』
　「分じろう」「十じろう」を含む，まちなかの施設（6施設）と高校生（7校）が協力して開催する学園祭。まちなかの施設が会場となり，それぞれのア

イデアでレストランや屋台，作品展示やパフォーマンスなどいろいろな企画を開催する。2017年に第1回を開催し，今年度（2022年度）は第6回の開催となる。また今年度は，人気企画であった「高校生歌うま選手権」が『まちなか×GAKUENSAI』から独立し，予選会を2回（8月，10月）開催し，その予選会を勝ち抜いた人で決勝大会（12月）を開催するという形で，次のステージに進んだ。こうした流れを受け「高校生プロジェクト」「まちなかプロジェクト」が始動し，新たな動きを開始している。

『こどもまつり』

　市内の子育て支援団体が集まり，子どもたちの楽しめるブースなどを出展する。高校生にも運営を手伝ってもらうなど，子ども，保護者，子育て支援団体，高校生が協力して開催することで，子育てに携わる団体や人のつながりをつくっている。今年度は5月5日に第5回を開催した。

『学（まな）じろう』

　趣味や特技を持つ市民を講師に迎え，市民を対象に初心者向けの講座を開催する。1期3か月で，刺繍，ヨガ，デッサン，陶芸，ケシゴムはんこ，エコクラフトなど，様々な講座を開催。現在は3期目に入っており，教えることでの学びや，趣味・特技を通じた仲間づくりの場となっている。

■中山間地域

『キャンパス白倉プロジェクト』

　廃校となった旧白倉小学校（現キャンパス白倉）の利活用により，限界集落の活性化を目指している。ロケーションをいかした「星空観察教室」や「写真教室」のほか，白倉の住人を講師に迎え，この地域独自のレシピでつくる「笹だんごづくり教室」など，様々なワークショップを開催しながら，地域の伝統文化の継承も考えている。

『みんなの家　シェアハウスめぶき』

　中山間集落の農業移住者受け入れ住宅建築プロジェクト。建築費用を抑えるため，地域の皆さんと協力したセルフビルドのワークショップを交えたり，クラウドファンディングを利用したりして建築した。ワークショップ参加者には親子連れも多かった。建材には地元の木を伐採して使用したのだが，その際には，この伐採は地域の自然を守るために大切なことだと学ぶ講座も併せて開催し，自分たちの地域の未来に改めて目を向けてもらうこともできた。その後の地域の皆さんの活動で現在は住民も増え，当時いわれていた限界集落を脱却す

ることができた。
■その他
『つなぐ花火プロジェクト「虹花火」』

　建築業界だけでなく異業種との連携も不可欠という思いから，十日町商工会議所青年部（十日町ＹＥＧ）にも参加しており，そこで2021年２月に実施したプロジェクトで，私はプロジェクトリーダーをさせていただいた。コロナ禍の影響で様々な事業やイベントが中止・自粛されていくなか，何かできることはないか，この地域を少しでも明るく元気にすることはできないかと模索し，2021年２月14日〜２月20日の７日間，９地域，11か所でのリレー花火を企画した。十日町地域全域での計画をしていくなかで，各地域の商工会青年部や小学校，中学校など，様々な皆様のご協力をいただいた。資金面では多くの企業様，団体様，個人の皆様からご協賛をいただき，打ち上げ会場の整備では生徒，児童にもお手伝いしてもらいながら，十日町の空に地域をつなげる大きな花火の虹を架けることができた。

3　つながりをデザインする

　活動をしていくなかで，様々な人たちや団体，組織と「つながり」をいただくことができた。その「つながり」を地域課題解決に向けて継続，発展させていくためには，つながりを「デザイン（成長，拡大，組み合わせ，etc.）」していくことが重要だと考えている。イメージとして，出会いや縁などで生まれた「つながり」を【種】とする。ほとんどはこの段階で「つながり」ができたとして，そのまま何も起こらず終わりがちなのだが，地域課題解決を考えているのであれば，ここからが大切になる。まず，【種】の可能性を拡大して発【芽】させ，地域課題解決へ動きを起こす準備をする。正式なチームの結成や，課題に関する勉強会や視察，懇親会など，メンバー同士の交流の回数を増やし，接触頻度も上げていく。そして，地域課題を自分事と捉え，実際にアプローチすることを【花】を咲かせると考える。このとき，課題の「解決」ではなく「アプローチ」を【花】とするのは，解決ももちろん大切だが，それよりも解決しようとする動きの方がより大切だと考えているからである。また，動くことで，解決だと思っていたゴールが変わっていったり，他のチームの動きともリンクして新たな動きが生み出されたりと，様々な可能性も広がっていく。また，仮に課題を解決できたなら，そこは【花】ではなく新たな【種】として，

また【花】に向かって進んでいきたい。このように，【種】⇒【芽】⇒【花】と成長させていく過程の【水やり（⇒の部分）】をデザインと捉えている。そして，良い【水やり（デザイン）】をすることで，成長過程が，学びの場や伝統文化の継承，将来の夢や職業の発見，新たなビジネスアイデアやグループの結成など，様々な可能性への「つながり」になるとともに，地元への愛着心や，個々がお互いを認め尊重し合う心の「つながり」にもなる。そうなれば，自然と地域課題にも密接している「新しい教育の形」へもつながっていくのではないだろうか。

4 新しい教育の形

私が「新しい教育の形」のひとつとして思うのは，学校と地域が連携し，地域社会で様々なことにふれる機会を創出することで「つながり」を生み，それを「デザイン」していくことではないかと考えている。そして，その「つながりのデザイン」を地域の人たちが自分事として捉え，若者が流出し地域に戻らない現状を打破するものにしていかなければ，少子高齢化する地方と，それに起因する様々な地域の現状も好転していかないのではないかと感じている。私たちも地域の一員として，今一度，教育を自分事と捉え，学校側へ任せきりにするのではなく，学校側からも頼っていただけるように，学校と地域とがより一体となった「新しい教育の形」への「つながりのデザイン」をしていきたい。

コロナ禍における教育・福祉の機会保障をめぐる制度的課題と展望

—不登校児童生徒に対する「セーフティ・ネット」の構築に焦点を当てて—

信州大学　　荒井　英治郎

1　はじめに—感染症の拡大と公教育制度の動揺

　感染症の拡大は，日本の公教育制度を正当化してきた鍵概念（教育を受ける権利，教育の機会均等，教育の平等と公正・正義の関係，公教育と私教育の関係など）の再検討を要請している。これまで前提・不問とされがちであった「登校」概念（分散登校・臨時休校，学年・学級閉鎖，出席・欠席・遅刻，出席停止・忌引，授業日・休業日の扱い，不登校／感染不安による長期欠席など）や「授業」概念（オンデマンドとリアルタイム，デジタルと対面など）の曖昧さ，学校が果たすべき役割・機能の多義性（学力保障：学習的機能，健康保障：福祉的機能，関係保障：社会的機能）に対して，根本的な問いが投げかけられ，教育ニーズの多様化を前に，公教育制度の動揺は続いている[1]。

　学校は，文部科学省が謳う「令和の日本型学校教育」の実現に向けた学校改革に取り組む一方で，内閣府の総合科学技術・イノベーション会議の「Society5.0 の実現に向けた教育・人材育成に関する政策パッケージ」が示した「子供の特性を重視した学びの『時間』と『空間』の多様化」，経済産業省の産業構造審議会商務流通情報分科会教育イノベーション小委員会が提起した教育 DX（学習資源の組み合わせ）と「場の選択肢」の多様化は，戦後日本の公教育制度の再編を促すものとなる。いずれも「レイヤー構造型思考」や「教育エコシステム論」を前提としたビジョンである点が特徴である。

　本報告では，教育・福祉の機会保障という政策課題の中でも，不登校児童生徒に対して，いかなるセーフティ・ネットが構築されようとしているのか，長野県の事例を紹介しながら，学校・行政レベルの課題と展望を論じた。

2 事例の紹介―セーフティ・ネットとしての「学びの継続支援」

不登校児童生徒に対する支援をめぐっては，「学校に登校する」ことだけを目標にするのではなく，子どもが自らの進路を主体的に捉えて，社会的に自立していく過程に伴走していくことの重要性が，国・地方・学校・保護者の共通理解となりつつある。この背景には，不登校の時期が休養や自分を見つめ直す機会にもなるという認識がある（とはいえ，「主体的な進路決定」や「社会的な自立」とは何を意味するのか，関係者間の合意が得られているとは言い難い）。他方，不登校の時期が長期化し，学びの機会が継続的に保障されない場合，学業の遅れ，キャリア発達の不利益，社会的孤立へのリスク等が生じる可能性があることに自覚的である必要がある。

長野県教育委員会では，これまで「不登校への対応の手引き」（令和3年，令和4年改訂版）を策定・公表すると同時に，不登校児童生徒に向き合う大人が共通認識を持ちながら支援を行うためのガイドとして，「はばたき～不登校児童生徒の学びのサポートガイド～」を作成している（令和4年3月，令和5年3月）。そこでは，多様な学びの場を提供し，その学びや活動を評価する仕組みづくりを行うことを目的として事業化された「不登校児童生徒に対する学びの継続事業」に焦点を当てた事例が紹介されている。具体的には，①不登校支援コーディネーターとスクールソーシャルワーカーとの連携，②民間施設と連携した支援体制の構築，③地域資源を活用した多様な学びの仕組みづくり，④不登校の子どもの状況やニーズに応じた学びの環境づくり等が挙げられ，効果検証が行われつつある。

3 課題と展望

教育行政や学校には，不登校児童生徒や保護者等と適切なコミュニケーションを図りながら，学校外での学びに対する支援策を検討していく必要があるが，課題は少なくない。

第1は，「学校レベル」の課題である。その1に，「出席扱い問題」と関わって，文部科学省通知「不登校児童生徒への支援の在り方について」（元文科初第698号，令和元年10月25日）の記載内容（「校長は，指導要録上出席扱いとすること及びその成果を評価に反映することができる」）を踏まえて，不登校児

童生徒が学校外で相談・指導を受けている場合や，自宅で ICT 等を活用した学習活動を行っている場合に，学校外のいかなる活動が在籍校における「出席」に該当し得るか，判断の指標に対する共通理解と合意調達の課題が存在しており，自治体ガイドラインの整備が求められている。その 2 に，「学習評価問題」と関わって，学習活動や体験活動等の学びを適切に評価しながら評価結果の伝達を行っていく場合，学校外のいかなる活動が「評価」に値するのか，学校が指導していない学びの何をどのように評価し，通知表や指導要録等に記載していくことができるか，果たして評価行為が，子どもの学習意欲に応え，自己肯定感を高め，社会的自立を支援することにつながり得るのか，「評定」や「総合所見及び指導上参考となる諸事項」欄への記載方法など，入試実務における運用上の課題が顕在化しつつある。昨今，学習評価をめぐっては，教育課程や学習・指導方法の改善と一貫性のある取組を進めていくことや，「観点別学習状況」（「知識・技能」，「思考・判断・表現」，「主体的に学習に取り組む態度」）の評価は毎授業ではなく評価の場面の精選を行っていくこと等が重要とされる中で[2]，この問題は，「子どもの最善の利益」と「学校教師の専門性」のジレンマを生じさせるものとなっている。

　第 2 は，「行政レベル」の課題である。その 1 に，人的・物的な条件整備として，教育支援センターや不登校支援コーディネーターの設置・配置，ICT 等を活用した遠隔相談や学習支援の実施，民間施設と連携した支援，地域資源を活用した体験活動のコーディネート，自宅―施設間の送迎サービス等の実施，関係者間（行政，学校，地域，支援団体，親の会など）の情報共有の仕組み化等は，各自治体の喫緊課題である。その 2 に，財政的な条件整備として，専門的人材や ICT 等を活用した学習に要する経費支援，質を担保したフリースクール等の認証制度の制度化，利用者の経済的負担の軽減策の検討など，自治体レベルでの制度設計も待たれる。そこでは，公金支出の制限を規定する憲法第89条の私学助成の合憲性論議等の理論課題に向き合いながら，フリースクール等の理念や実践の多様性を担保した質保障の要件（事業主体統制／事業内容統制）の検討が必要となる[3]。例えば，バウチャー制度に関しては，①正当化根拠と補助形式（機関補助／個人補助）の整合性，②補助目的のあり方（普遍主義的／選別主義的バウチャー，困窮世帯に対する個人給付など）が論点となり得る。また，フリースクール等の支援に関しては，①支援目的（不登校対策事業としての委託／青少年育成事業としての委託），②認証体制の所管（首長部

局／教育委員会／共同事務局）やメンバー選定（有識者／公立学校関係者／私学関係者／フリースクール関係者），③支援対象主体（法人格の取得有無／個人／学校法人／非営利法人／民間企業），④活動実績期間（「任意団体」活動期間の除外の是非），⑤補助事業実施自治体における活動拠点の有無，⑥職員配置義務と運営者資格の有無（教員免許／公認心理師，サービス管理責任者など），⑦安全管理体制の整備状況（安全管理者講習の受講など），⑧教育委員会・学校との連携・協働体制，⑨保護者に対する情報公開，⑩最低利用者数の制限（1名／複数名以上），⑪教育内容統制の是非（なし／指定教科書の使用／基礎科目の教授），⑫子どもの権利やこども基本法に関する理解，⑬公金支出に対する説明・結果責任の担保等の論点の検討が不可欠となろう。

おわりに―教育・福祉の機会保障とマネジメント

　不登校児童生徒の教育・福祉の機会保障のあり方を模索することは，逆説的に，通常教室等における子どもの学びのあり方を構想する契機となる[4]。その成否は，教育行政と学校のマネジメント能力に多大に依存することは明らかであり，校長の意思決定のあり方，教育委員会と学校の関係のあり方をも問うものとなる。

[注]
(1)　荒井英治郎「多様化する教育ニーズと学校教育」『教職研修』2023年1月号。
(2)　国立教育政策研究所教育課程研究センター『学習評価の在り方ハンドブック』2019年。
(3)　例えば，荒井英治郎「私学助成論争の現代的位相」『東京大学大学院教育学研究科紀要』第46巻，2007年，401-410頁，同「憲法第89条をめぐる政府解釈と私学助成」『東京大学大学院教育学研究科教育行政学論叢』第26号，2007年，1-17頁，同「学校制度と法」伊藤良高他編『新版　教育と法のフロンティア』晃洋書房，2020年，同「公教育制度の理念と制度改革」伊藤良高他編『教育と教職のフロンティア』晃洋書房，2021年を参照のこと。
(4)　例えば，分散登校・臨時休校の「出席扱い」を挙げることができる。現状，不登校児童生徒のオンライン授業への参加は「出席」扱いとなるが，そうではない子どもの学び（感染不安による自宅学習やオンライン授業等）は，欠席にはならないが「出席停止・忌引」，又は，出席にも欠席にもならず「特例の授業」として指導要録に記録されることが多く，同じ時間を共有し共に学ぶ子どもへの説明責任を果たしているとは言い難い。

デジタル化できる／できない
教育エコシステム
―変貌するケア・学習のマネジメント―

日本大学　末冨　芳

問題設定

　子ども・学習者自身や，保護者，教職員といった教育のアクターの「新しい教育の形」の模索が拡大する中で，教育経営はもはや自明の概念ではあり得ない。これが本報告の趣旨である。

　現在，教育改革をリードする政策アクターが使っているのは「教育エコシステム」という用語である。概念というには未成熟ではあるが，2021年，2022年に公表された中央省庁の教育関連の答申・報告等では，「エコシステム」「教育エコシステム」という用語が多く用いられている。

　報告者は，文部科学省のほかに内閣府，デジタル庁，経済産業省の諸会議で委員をつとめているが，こども政策，教育政策に関連する省庁レベルの検討の際には，政府DXやICT化を前提とした「エコシステム」あるいは「教育エコシステム」に関する議論が，ハイスピードに展開されてきた。

　一方で，「エコシステム」や「教育エコシステム」という用語が政策アクターによって用いられる場合，そのシステムの中軸（コア）には，子ども（学習者）が位置づけられている点に，政策アイディアとしてのアドバンテージがある。

　子どもが中軸となる「教育エコシステム」やそれを取り巻く，DXやICTの「エコシステム」の中で，教育経営という概念や営為は，その部分集合に過ぎなくなるか，旧時代の概念として定位すらされなくなることも考えられる。

　子どもや若者たちの学習やケアの進化への構想も期待も含み込み，「エコシステム」「教育エコシステム」のディスコースとともに，複数のプロジェクトが前進している。

　そのダイナミズムを，政策決定プロセスに関わる変化の渦中に身を置く立場から描出することが，本報告の主眼となる。

1 「エコシステム」，「教育エコシステム」のディスコースと教育経営

まず「エコシステム」，「教育エコシステム」のディスコースを政策アクターが用いる文脈において確認していく。

こども政策や教育政策において用いられる「エコシステム」のアイディアはデジタル技術とは不可分のものである。基本的にはビジネス用語，IT用語としての「エコシステム」のアイディアが，こども政策・教育政策の議論には大きな影響を及ぼしている。

たとえばデジタル庁・総務省・文部科学省・経済産業省（2022：36頁）では，教育データ利活用について「どうすれば持続的な『ビジネス』イコール『エコシステム』が成立するのか」という文言がある。ビジネス用語，あるいは，IT用語としてのエコシステムというのは，複数のデータやシステムをつなぎ合わせながら，クライアントの利益を最大化していくという意味合いで使われる。

教育データ利活用の場合には，子ども（学習者）自身をデータ利活用の「主体」として，クライアントとしての位置づけを与え，「誰もが，いつでもどこからでも，誰とでも，自分らしく学べる社会」の実現というメリットが強調される（デジタル庁他 2022：5頁）。一方で，子ども（学習者）をクライアントと位置づけ，エコシステムの中心に置く発想は，明確である。

これに対し，熊本市教育センター（2021）の示す概念図のように，子どもの中心性を明確にしつつ「子どもに関わる学校や家庭，地域だけに限らず，企業や行政，民間など様々な立場の人が有機的につながり，共により良い社会の実現を目指す」という「教育エコシステム」のイメージは，教育関係者にも共有されやすいものと言える。

熊本市教育長の遠藤洋路（2022：107頁）は「すべての教育に係る関係者が，相互に協力しながら子供を育てていく，相互に補完し合いながら，教育のレベルアップをしていく，という理念を『教育エコシステム』と名付けています」と述べている。子どもの中心性を前提としつつ，多様なアクターが有機的につながり合うことで「教育のレベルアップ」を図るという，全体性も意識される用語となっている。

「エコシステム」はもともと生物学における生態系を意味する用語である。

それがビジネスや IT の言葉として，二次的に普及している。

　熊本市で用いられているような，子どもや教育に関連する複数のアクターによって構築される有機的生態系としての「エコシステム」という意味だけでなく，GIGA スクール政策や政府 DX，それによって収集される子どもや教育に関するデータ利活用にも主軸を置く「エコシステム」。二つの意味が，教育分野での「エコシステム」に内包されることに，我々は自覚的であらねばならない（内閣府総合科学技術・イノベーション会議 2022，経済産業省 2022）。

2　デジタル化できる／できない教育エコシステム

　我々は「エコシステム」「教育エコシステム」のディスコースの中で，重要な概念や用語が「パラフレーズ」（意味の置き換え）されていく現象に注意を払うべきである。これは教育政策に関わるアカデミアの使命と言ってもよいだろう。

　たとえばサードプレイスという用語は，「家庭（ファーストプレイス）でも職場・学校（セカンドプレイス）での役割から，個々人が解放される居心地のよい居場所」という本来の定義を有している。

　これに対し，経済産業省（2022）では，サードプレイスは，主に特異な才能のある子どもたちのための進学塾・学習塾やそれ以外の「子どもの探究心・研究心を開花させる多様な」サービスが提供される場であると想定されている。

　「教育エコシステム」は，子どもの中心性を重視するがゆえに，塾やフリースクール，それ以外の営利・非営利部門にまたがる多様なアクターを包摂する側面をもっている。同時に，政府 DX や ICT 化・データ利活用も前提とし，さまざまな用語や概念が「教育エコシステム」のディスクールの中で，急速にパラフレーズされていくのである。

　政策アクターとしての報告者は，この状況に対し，「教育エコシステム」に回収され得ない，あるいはデジタル化できること／できないこと，を意識しながら，協調的に「教育エコシステム」のディスクールを穏健化させる戦略を採用してきた。一方で，高速の政策決定の中で，パラフレーズされていったり，政策アクター間で十分な共通合意なく共有されていたりする，用語や概念の再定義という手続きをとることは事実上不可能である。

　かろうじてなしうることは，デジタル化できない，されるべきでない実践や概念，事象を区分していくこと，くらいであろう。たとえば学校や学校内居場

所カフェの「居場所」については，政府 DX や ICT 化・データ利活用に回収され得ないリアルの実践である。ただし，このようなデジタル化できない実践も，「教育エコシステム」のディスクールや，その中で生じるパラフレーズの対象とはなり得るのである。

3　小　括

教育経営はもはや自明の概念ではあり得ない。なぜならば，「エコシステム」「教育エコシステム」のような子どもの中心性，学校以外の多様なアクターやシステムの全体性を重視するディスクールに対抗するアイディアとしての進化やアカデミックな戦略性を研ぎ澄ませてきた概念ではないからである。

概念の再吟味による進化が，遅れれば遅れるほど，教育経営という概念は「新しい教育の形」の進化とともに，陳腐化，旧時代化していくだろう。

［引用参考文献一覧］
・デジタル庁・総務省・文部科学省・経済産業省「教育データ利活用ロードマップ」2022年。
・遠藤洋路『みんなの「今」を幸せにする学校―不確かな時代に確かな学びの場をつくる』時事通信出版局，2022年。
・経済産業省「第2回産業構造審議会商務流通情報分科会教育イノベーション小委員会事務局資料」2022年3月18日。
・熊本市教育委員会・教育センター「教育広報誌 with you」2021年7月号。
・内閣府総合科学技術・イノベーション会議 教育・人材育成ワーキンググループ「Society 5.0 の実現に向けた教育・人材育成に関する政策パッケージ」2022年。

総　括

上越教育大学　辻　村　貴　洋
大阪公立大学　辻　野　けんま

　少子高齢化に伴う学校の小規模化と広域統廃合，特別支援教育，子ども・若者の貧困や格差の拡大などの複合的な課題に加えて，GIGA スクール構想の実現へ向けた ICT 環境の整備や COVID-19 の拡大など，多くの社会的問題に翻弄されながら，学校を中心とする教育現場には，自らの存在意義も含めた捉え直しが求められている。デジタルとリアルの最適な組み合わせや，一人ひとりのウェルビーイングの追求が重要視されてきており，多様な学びを保障する教育の機会・場・枠組みなどは，学校教育のみに閉じられた世界で完結しないと考えられている。すでに教育に関わる多様なアクターが，社会の問題または子どもの問題にリンクさせながら，新しい形を模索しようとしている現実がある。

　ただし，伝統と称される形に固執するばかりでも展望は開けない一方で，「バスに乗り遅れるな」とばかりに，形ばかりが新しくみえるものに移行してしまわないように留意しなければならないだろう。各地で展開されている教育実践から，どのような観点でデータを拾い集めて言語化すべきなのか。それと同時に，進められようとする政策に対し，いかに批判的なまなざしを向け，理論的な応答を成し得るのか。この双方を視野に入れ，これからの社会における教育という営みについて，誰が何にどのように働きかけることが必要で，そのための環境整備をいかように進めていけばよいのかを探究することが，教育の経営や行政の研究にはあらためて必要とされるだろう。

　このため本シンポジウムでは，つながりをデザインするまちづくり，不登校の課題を中心としたセーフティ・ネットの構築，中央省庁における政策形成という実践に携わっている 3 名に報告を依頼した。現在進行している政策論議の動向に加え，同時に各地で展開されている実践から示唆を得ながら，前提となる目指すべき教育の姿を探ろうとした。オンラインでの開催となったが，全体討議においては，個々の報告への質疑応答がなされたほかに，今後も継続した議論が期待されるポイントもいくつか提示された。以下，当日の報告内容と質疑応答をあらためて振り返り，論点を整理しておきたい。

① 三つの報告に共通する視点

　三つの報告に共通しているのは，いずれも学校教育（一条校）の外側の領域とのネットワーク構築が中心的話題となっている点である。韮澤報告では，地域社会の課題を自分事として捉えられるコミュニティの成長と活性化を目指した実践が語られた。十日町市を中心とするまちづくり活動に，一般市民・団体の参加を呼びかける一環として，地元の高校生をも巻き込んでいきながら，創出されたつながりを育てていくプロセスに新しい教育・学習の形を見いだしている。学校を中核とする地域づくりではなく，地域づくりの一員としての学校や高校生の姿が確認できる。

　次に荒井報告では，不登校をめぐる地方政府・教育機関の取り組みとして，長野県内の77市町村それぞれで個別に展開する実践例がいくつか紹介された。いかにして教育・福祉におけるセーフティ・ネットのシステム化を図ろうとしているか，官民問わない多様な主体による教育または福祉の機会を保障しようと模索する姿から，新しい教育について手がかりを得ようとした。

　そして末冨報告では，関連省庁間の駆け引きや特徴をも交えながら，中央政府における教育・子育て政策形成が取り上げられた。その政策形成過程において，デジタルには回収されない領域があるとのスタンスを示しながらも，ウェルビーイング実現にとって，デジタル技術活用・DX は不可避でもあり，それらと不可分に導入されようとするエコシステムとどう向き合うかが，自身を含めた教育学あるいは教育経営学の課題として示された。

② 俯瞰してみえてくるポイント

　以上の三つの報告を並べてみたとき，韮澤報告で語られた実践と，中央政府が目指す政策形成・実施過程，すなわち，ローカルな単位で輪を拡げながら育てていくつながりのデザインと，総体としてのエコシステム内に各アクターを位置づけて相互の関係構築・連携強化を図る制度設計は，一見，真逆の指向性を有しているかにみえながらも，相互に協力し合いながら社会の維持・発展を目指す点が共通する。このため，サードプレイスと呼ばれるような居場所づくりの実践なども，中央の政策形成をめぐる議論内において，エコシステム論に回収されてパラフレーズされつつあることが末冨報告でも指摘されている。

　もし，この両者の本質的な違いが見過ごされていった場合，この議論の主眼は，アクター間の関係性をめぐる事務権限配分を中心としたガバナンスの問題として扱われるだろうが，それで良いのだろうか。この問題を考えるとき，荒

井報告にて示された，出席や評価，人的配置や予算配分などの諸要素をめぐる制度設計が重要な論点になるとの指摘は非常に重要である。不登校について考えることを通して，教育という営み全体に通底する，そもそもの前提となる諸条件や価値観の問い直しが提起されている。

　関連して，中央の政策形成において，人的資本の開発と子どもや若者の権利保障またはケアのマネジメントなどが一体化して進んでいるという見方が示される一方で，ベーシックインカムやアナキズム，リバタリアニズムなどの思想史的な研究も進められる必要があるとされた。社会の姿を，一元的なわかりやすいモデルに落とし込み，目指すべきビジョンへ向けた方策が検討される流れがつくられるが，子どもの最善の利益を確保できる状態とはどのような形なのかがあらためて問われている。

③　浮かび上がる社会像と教育経営

　もう一つ，各所にかかる過重な負担と，それを乗り越えるエージェンシーに関する議論が交わされた。たとえば，学校現場には人的配置や予算措置に関する裁量はさほど与えられていないどころか，カリキュラム・オーバーロードなど過重な負担がかかっている。この問題解決は，現場の職員が取り組むのか，国家社会の責任で行うのか。また，先進的なチャレンジの責任を負える体制づくりや，職員の力量形成などについても，検討課題は山積している。ただ，韮澤報告の実践のように，コアとなるチーム結成により，自分ごととして課題を捉え活動の輪が拡大している実践は展開中である。もちろん，一朝一夕に成り立つわけでもなく，実を結ぶまでの負担は決して小さくない。

　この負担を乗り越えられる現場の自己変革力を信頼できず，中央政府としての政策・方針を示してリードしようとするが，今度はその政策・方針が，現場にとっての過重な負担となる。本シンポジウムの議論からは，このような構図が浮き彫りとなったように思う。この構造の下で，教育という営みにはどのような形が求められ，どこの誰が経営のリーダーシップを担えるのか。限られた視点からではあるが，議論の土台となる見方の一つを提示できたところで総括とし，今後の継続的な議論と研究の発展を願いたい。

Model of Education and Educational Management

Takahiro TSUJIMURA (Joetsu University of Education)

Kemma TSUJINO (Osaka Metropolitan University)

Schools are required to reconsider their own significance while being influenced by the plenty of social issues. When envisioning a model of educational management that assures diverse learning in a changing society, it should not be closed only inside school education. However, educational policy always tends to be drafted with schools and the administration surrounding them at the core. In this symposium, the actors/researchers involved in education in local communities as well as policies in regional and central administration to report from each front line.

The first report was presented by Atsushi Nirasawa, an architect and a member of the Social Education Committee. In Niigata Prefecture, as the depopulating and aging society, he has been developing community activities as designing relationship with the cooperation among adults and children.

The second report was presented by Eijiro Arai on the assurance opportunities for education and welfare in Nagano Prefecture under the pandemic. The focus here was on the formation of safety nets for truant students in particular.

The third report was presented by Kaori Suetomi, who is involved in the central education policy-making, focused on the transformation of the management of care and learning through the lens of digitalization and the educational ecosystem.

Through these presentations including discussions, the following implications were clarified: (1) What is necessary for community building through local lifelong learning is not that the school plays a central role, but that the school and students become members of the community. (2) Attempts by various actors to guarantee opportunities for education and welfare show different paths from the conventional ones led by schools and public institutions. (3) As the use of digital technology and DX are inevitably becoming policy with inter-ministerial dynamics, it is questioned that how to deal with the inseparable ecosystem from such changes.

若手研究者のための研究フォーラム

若手研究者が考える教育経営学の現在地と展望

　若手研究者のための研究フォーラム（前身「若手研究者のためのラウンドテーブル」）は，これまで若手研究者を取り巻く研究環境や，若手からみた教育経営学における新たな研究課題および方法，教育経営学の知的蓄積の継承と刷新をテーマに議論を重ねてきた。

　そもそも，時代や社会の影響により，若手研究者は，先行世代とは異なる研究上の問題意識や着眼点を有することも少なくない。そしてそのことが，教育経営学研究における現在地や展望の捉え方にも影響すると思われる。また，これまでにも，先行世代の参加者からは「若手が最初から教育経営研究のあり方を無理に考え，若手が教育経営学を背負いすぎている」との指摘を得た。以上から，若手自らの研究の着眼点を共有・議論するなかで，そこから教育経営学研究のあり方を模索する必要性があることを確認してきた。

　そこで，今年度の若手研究者のための研究フォーラムでは，若手研究者自身の研究における問題意識や着眼点を手掛かりとして，そこから教育経営学研究の現在地と展望について探究を進めることとした。そのため，議論の柱は，次の2点とした。第一は，自身の研究をどう位置づけ，いかなる着眼点・研究方法から，どのような問題に光を当てて研究を進めているのかについてである。第二は，なぜ日本教育経営学会に入会したのか，教育経営学に対してどのような思いや期待を有するのかについてである。

　登壇者は，これまで焦点が当たりにくかったが，時代的・社会的に重要になっている問題に光を当てようとしている武井哲郎会員，佐久間邦友会員，原北祥悟会員にお願いした。登壇者の話題提供を踏まえて，上記2つの議論の柱をトークテーマにして，参加者全体で議論を行った。

フリースクール経営のリアリティ分析とその意義・限界

立命館大学　武井哲郎

　報告者はもともとフリースクールの研究を行っていたわけではない。博士論文の構想に迷うなかでフリースクールでのフィールドワークをはじめ，一条校を中心とした日本の公教育制度になじまない／なじめない子どもたちの存在を知る契機となった。マジョリティとマイノリティの関係性を分析するという点で博士論文にも間接的な影響を与えてはいるのだが，主として博士論文「後」の研究テーマとなっている。

　フリースクールを対象とした研究を行うなかで最も意識させられることになったのが，民間の事業者である以上，収支の均衡が無視できないという点である。フリースクールのなかには，家庭の経済状況によらず居場所を必要とする子であれば誰でも受け入れたいと考え，利用料の減免制度を設ける団体が存在する。しかし，減免の適用が増えた結果，団体としての収入が減少すれば，事業継続が困難な状況に追い込まれる可能性もある。スタッフに給与を払えないといった理由でフリースクールが閉鎖を余儀なくされれば，そこを利用していた子どもたちが行き場を失うことにもなりかねない。フリースクールの経営においては，「人」のマネジメントのみならず「お金」のマネジメントにも目を向けることが求められる。

　とはいえ，営利を主たる目的としたフリースクールが跋扈することは歓迎できない。そこで重要になるのが「営利を優先しない民間のフリースクールとはどのような特性を備えた組織で，持続可能な運営をいかなる戦略のもと実現させているのか」という問いである。なぜならば，フリースクールを名乗るための基準が存在するわけではない以上，その活動の「質」を見極めることが必要だからだ。たとえば，安定した財政基盤を築くための工夫が，フリースクールを利用する子どもたちにいかなる影響を及ぼすのか。もし子どもの受け入れに限界が生じているのならば，それを解決するための道筋はあるのか。単にフリースクールの財務状況を分析するのではなく，子どもたちの実態や変容にも目を向けながら，フリースクールを経営することの「リアリティ」に迫ること

が，喫緊の課題となっている。

　この研究課題が，一条校（とりわけ公立学校）を対象とした従来の教育経営学研究とどのような接点を持ちうるのか，いまだ明確な解を得られずにいる。また，危機的な経営状況にあるフリースクールに対する「特効薬」を提示できるわけではないという点で，一定の限界もある。ただ，多様な背景を抱える子どもたちの包摂に向けた場づくりの方法など，フリースクール以外にも援用可能な知見が得られれば，そこに実践的な意義を見いだすことができるだろう。

[付記]

　本報告は，2020年度ニッセイ財団児童・少年の健全育成実践的研究助成（1年助成）および JSPS 科研費 18K13074，21H00820，22K02244 による成果を含むものである。

教育経営学研究において「教育産業」を どのように扱うのか

日本大学　佐久間邦友

　本報告では，「教育産業」を取り上げて，自身の研究関心とともに話題提供を行った。学習塾をはじめとする「民間教育サービス」の利用は，その子供及び家庭の意志・判断によるものであり，誰かに強制されるものではない。そのため学習塾などを利用する行為は「私教育」に括られてきた。しかし全国学力・学習状況調査の質問紙調査をはじめ各種調査結果によれば，国内の多くの子供たちが「民間教育サービス」を利用しているということが明らかであり，日本の子供たちの学びは「学校」＋「民間教育サービス」というセット構造が成立していると捉えている。しかし，国内における教育学研究の多くが「学校」をはじめとする「公教育」を対象としており，学習塾など教育産業に関する研究の蓄積の少なさを指摘しておきたい。

　「教育産業」と言っても，その範囲は「学習塾や予備校」「家庭教師」「通信教育」「資格取得関連」「語学スクール」「研修サービス」「eラーニング」「学習参考書・問題集」と幅広く，学生募集などのコンサルティングや校務システ

ムや学用品を取り扱う企業・産業なども教育に関連する産業と捉えれば，その範囲はさらに拡大するであろう。

　特に筆者は，居住地や家庭の経済状況によって「学習塾や予備校」を利用できない子供たちに着目し，学習塾と教育委員会などが連携し行政主導で行う学習支援事業（公営塾）を研究対象としてきた。なお，大阪市や沖縄県宜野湾市では，「塾代助成事業」など間接的な学習支援事業が実施されている。また，これらの学習支援事業は，「地方の学校外教育機会格差の解消」「子供の居場所」「貧困対策」「高校の魅力化」などに影響がある一方で，学習支援事業をコンサルティングする企業が登場しており，この状態を教育産業の拡大とも捉えられるであろう。筆者は，先に挙げた学習支援事業という行為が「公権力の私教育への介入」「公教育の範囲の拡大」のいずれか否かを確認することが今後の研究課題と思慮する。

　ちなみに，「教育産業」そのものは，日本特有の産業ではなく，海外においては，重要なファクターになりつつある。例えば，2021年7月，中国政府が「宿題・学習塾禁止令」を出したことは記憶に新しく，OECDのPISA調査に関わるピアソン社など教育産業は確実に教育経営分野と密接な関連をもつアクターになりつつあるといえよう。

　最後に，教育経営学研究において「教育産業」をどのように捉え扱うのか，これまで教育経営研究の対象領域とされてきた学校経営，地域教育経営，高等教育経営，生涯学習経営，教育課程経営，教師教育，学年・学級経営に「教育産業」が「包括」され論じるべきなのか，「付随」され論じていくべきなのか検討していかなければならない。筆者自身，「教育産業」のみ取り上げ研究するのか，それとも公教育（学校）との関係性の中で論じていくべきなのか，自問自答している最中である。

[付記]
　本報告は，JSPS研究費18K13063の研究成果の一部である。

非正規教員の任用実態分析の
課題と可能性

崇城大学　原　北　祥　悟

　本報告では，若手研究者自身の研究における問題意識や着眼点を手掛かりにして，教育経営学研究の現在地と展望について探究するというテーマに話題提供を行った。

　非正規教員をめぐる問題はこれまで十分に焦点が当てられてこなかったが，現実的な実態として公立小・中学校において多くの非正規教員が任用されるに伴い，身分保障上の問題だけでなく学校経営上の問題をも顕在化させてきた。そのうえ，近年では非正規教員の不足という事態も生じており，直接的に子どもの学習権を侵害していると言っても過言ではない。これまでの教員人事制度において非正規教員はあくまで例外的な任用に限定してきたにもかかわらず，なぜその任用が拡大／不足しているのだろうか。筆者はこのような素朴な問題意識を出発的にして非正規教員の任用実態の分析に取り組んできた。

　非正規教員の任用実態を分析するにあたり，大きく二つの課題を挙げることができる。一つは非正規教員の量的実態把握についてである。「非正規教員」という用語はその定義も含めて十分なコンセンサスを得ているとは言い難いうえ，非正規教員を直接の対象とした公的で継続的な調査は行われていない。さらに，臨時的任用教員を講師として任用する自治体もあれば，教諭として任用する自治体も確認でき，いわば職位と任用形態の非対称性が量的実態把握をより難しくさせている。もう一方の課題はインタビュー調査である。非正規教員の多様性や自治体ごとの運用の差異を踏まえれば，その内実に迫るためのインタビュー調査は重要であるが，人事ゆえの秘匿性の高さ，そのなかでも非正規教員を対象とするがゆえの警戒感から研究として公表可能な情報を入手することは難しい。長い時間をかけて先方とのより丁寧なラポール形成を構築していく必要がある。

　さて，今日の非正規教員の任用は，社会人の活用（特別免許状，特別非常勤講師）や教員不足への対応（臨時免許状の授与件数の増加）など，最低限度の専門性を保証する免許制度の揺らぎとともに深刻化していることに鑑みると，

専門性論との接続を意識した研究蓄積が求められる。すなわち，非正規教員問題は単に身分保障の問題にだけ留まるものではなく，免許制度（専門性）と密接に関係していることから，他の多くの非正規雇用問題（一般労働市場や地方公務員等）とは一線を画す教育固有の問題を内包していると思われる。

　これまでの教育経営学やその隣接領域は，「正規」教員を前提に議論を積み重ねてきたと言える。しかし，上述の通り非正規教員をめぐる問題を俯瞰して捉えようとすれば，免許状主義や教員採用制度，研修の在り方，あるいは専門（職）性といった公教育を支えていくために重要な種々のテーマとも密接に関わってくることが分かる。特に筆者は，子どもの学習権保障に資する教師（教職）の役割を問うことは教育経営学研究において欠かせない視点であると考えている。そのために，今後は非正規教員の任用をめぐる制度・政策史とともに，今日における非正規教員の量的実態把握の両輪で検討を進めていきたい。

議論のまとめ（当日の様子）

大阪教育大学　田　中　真　秀
大分大学　　　山　本　　　遼

　３名の報告を受けて，当日の趣旨である「教育経営学での自身の研究の位置づけと展望」に関して参加者と議論が交わされた。議論内容としては，これまでの研究との立ち位置の違いの捉え方と日本教育経営学会に期待することである。

　例えば，参加者から，これまでは一条校と正規教員を中心とした研究が多い中で自身の研究の意義をどのように主張してきたのかという質問があった。この点に関して，武井会員からは「一条校への対話可能性を模索」，佐久間会員からは「一条校と塾の表裏一体の関係」に着目，原北会員からは「正規教員も含めた教職の専門職性への照射」を意識しているとの応答があった。

　また，「日本教育経営学会に入会した経緯や学会への期待」についても意見交換がなされた。原北会員からは教育経営研究の守備範囲の広さへの可能性，佐久間会員からは塾という視点から学校教育を捉え直すことによる教育経営研

究の広がり，武井会員からはフリースクールを含めた民間の教育事業が公共性を担いうるアクターとして教育経営研究において考えられる証左ではないかとの応答があった。さらに，武井会員からは「子どもの最善の利益」と考えた際，教育経営研究に「子ども」が登場することが今後より大切ではないかと意見が述べられた。

　加えて，木岡会長より，学校という外縁が拡張していることを示したうえでこれまでの教育経営学の先行研究との関係を意識することの大切さについてアドバイスがあった。Zoomの投票機能を用いて若手研究者の研究における葛藤についても全員で共有をし，教育経営学への寄与について議論した。

課 題 研 究 報 告

教育経営学研究の新機軸の探究（１）

心理臨床家から見た現代社会の様相
―私たちが直面しているもの―

神戸松蔭女子学院大学　小　松　貴　弘

1　問題と目的

　筆者は30年来，臨床心理学を学び，心理療法を実践し，その後心理臨床家の養成にも携わってきた。10年弱と一時期ではあるが教職大学院のスタッフの一員としても仕事をしてきた。そのような立ち位置にいる筆者の目に映る現代社会の諸相から，今私たちが直面している諸課題の性質と，それらへの取り組みのあり方の方向性などについて考えてみたい。

2　筆者が現代社会を捉える 4 つの視点

　現代社会の諸相を捉えるうえで筆者が重要だと考える視点として，ここでは，①情報通信技術の高度化による経験の間接化，②現実に対する感覚の変容，③対話的な社会関係・人間関係の脆弱化，④対人関係の「コスパ化」の 4 つの視点を取り上げたい。

　情報通信技術の高度化は，私たちの生活にさまざまな利便性をもたらすと同時に，私たちが現実と接触するあり方に大きな変容をもたらしてきた。このことは，それ以前とは異質な経験のあり方を私たちにもたらしているように思われる（リード 2010）。こうした経験のあり方の変容は，私たちの心のあり方の変容を，さらには中長期的に見て私たちのパーソナリティ形成のあり方の変容をもたらしているのではないか，また，そうした過程の中で「自分」の輪郭の曖昧化が進行しているのではないかと思われる。

　自然科学の成果の技術への応用は，しばしば楽観的な未来像を私たちに提供してきた。しかし，今や，気候変動，原発事故，そして現下のコロナ禍といった諸事象は，私たちには制御できない現実があることを，私たちに繰り返し突きつけている。社会も個人も，そうした現実の前では非常に脆い存在であることを，私たちは思い知らされている。私たちが生きるこの唯一の現実の持続可能性が危機にあることは，私たちの生のあり方を根底から脅かしていると思わ

れるし，そのことは，はっきりと意識されることは少ないかもしれないが，絶えざる漠然とした不安として私たちの多くに感じられているのではないだろうか。このような状況は，一部の人々に，私たちが生きる「この現実」からの脱出願望を，例えばヴァーチャルな空間への脱出願望を，誘発しているように思われる。

　個人間の関係のあり方と個人と社会との関係のあり方が変化していく中で，個人が他者との間で，あるいは集団が他の集団との間で対話的な関係を取り結ぶ力が，急速に脆弱化しているように見える。対話的関係を取り結ぶうえで不可欠である，私たちの使う言葉が，その象徴的・多義的豊かさを失いつつあり，限りなく記号に近づく形で平板化される過程が進行中であるように思われる（國分・千葉 2021）。そうであるなら，私たちの経験もまた，厚みと奥行きと確かな手応えを失っていく危機に直面しているのではないだろうか。私たちは，自分自身が感じたことや経験したことを，他者との交流の中で表現し，他者からの応答を通じて表現を修正し，調整し，拡張し，そうした過程全体を他者と共有していく，そしてその過程を通じて自分自身を認識していくという営みを，少しずつ失いつつあるのかもしれない。このことは，「他者」の希薄化や不可視化にも結びついていっているようにも思われる。

　このような変化の中で，対人関係はそこから情緒的な絆の確かさを汲む源泉としての価値づけが低下し，そこからいかに自分にとっての利益を効率的に引き出すことができるかを問われる資源とみなされつつある，いわば対人関係の「コスパ化」とでも呼ぶべき事態が生まれている（石田 2022）。私たちの社会のあり方，その中でのさまざまな制度の仕組みや運営のあり方が，効率と成果の原理に隅々まで侵食されていくことの結果として，人と人とが，集団と集団とが，時間と労力をかけて互いを認め合い，互いに相容れないものをも許容し合うことができるような場と関係を育む素地そのものが，急激に掘り崩されているように思われる。効率至上主義的な一元的な価値観から振り落とされる恐怖に駆り立てられている人が少なくないのではないだろうか。

3　心理臨床の視点から見た現代社会

　このような社会の変化は，心理臨床の場においても，支援を求めて訪れる人々が訴える問題の質の変化として認められるように思われる。例えば，1970年代頃までは若い世代に多く見られたとされる対人恐怖の問題は，今では大幅

に減少し，あるいはその臨床像を大きく変貌させている。心理相談の来談者が訴える問題カテゴリーの中心は，1980〜90年代のパーソナリティ障害から，2000年代以降は自閉症スペクトラム障害へと移行しているという見解は，多くの臨床家の間に共有されていると思われる。

　このような変化は，抑圧の機制を主とする問題から解離の機制を主とする問題への，あるいは垂直性の病理から水平性の病理への変化として語られる機会が多い。抑圧の機制が，直面する課題を葛藤として抱え込むことを通じて，潜在的には弁証法的な統合と発展の可能性を内包するのに対して，解離の機制は，意識の範囲を狭め，そもそも課題に気づくことを回避することで，葛藤のない見かけ上は平穏な心理状態を保とうとする心のあり方である。そこでは，課題が心理的視野に入らないことで表面的な悩みが減る反面，課題に取り組む経験の蓄積による成熟は困難になることが想定される。

　とりわけ近年，若い世代を中心に，社会の中の個人としてのあり方が，個として確立した自己から関係の中の自己へと，アイデンティティ形成のあり方の重心を移していることがうかがわれる。そこでは，自分の「核」を作っていくことよりも，関係の維持に多大なエネルギーが費やされているように見える（石田 2022）。社会のあり方の変化によって，私たちの多くは，否応もなく，そうした方向へと押し流されているように思われる。

　こうしたことは，以前に比べて内省が困難な来談者が増加しているという多くの心理臨床家の指摘ともおそらく関連している。そもそも他者からの丁寧なreflection＝映し返し・映し出しを受ける機会が少なくなっていることが，こうした状況の背景にあるように，筆者には思われる。

4　コロナ禍がもたらしているもの

　このような中，これまで対面での実施が当たり前だったもの，身体的な近接が当然だったものが，オンライン化され，また物理的距離を確保することを求められることで，「臨場性」（斎藤 2021）に触れる機会が減少している。このことは，大きなストレス源となり，自分を取り巻く世界に対するよそよそしさの感覚を増大させている可能性がある。そこでは，自分のあり方や輪郭を確かめるべき依代である関係を紡ぐことが難しくなり，関わりの中に分散する自己が係留先もなく漂流する自己像の不明瞭化が起きやすくなっているかもしれない。

　このような状況においては，私たちの現実感は変容し，離人感的な現実への移行が起きやすくなっている可能性がある。苦痛な離人感から逃れ出て，現実感を回復するための努力として，自傷行為や嗜癖行動が誘発されやすく，また反動として剥き出しの暴力へと接近するリスクも高まる恐れがある。

　コロナ禍が収束に向かうにつれて，以前の状況に少しずつ戻っていくとしても，オンライン化の流れは止まることはないであろう。また，このコロナ禍の厳しい状況を生きた私たちには，この経験が，見えにくくてはっきりとは捉え難いある種の被剥奪体験として，長く影響を及ぼし続ける可能性を軽視すべきではないだろう。私たちは，全員が当事者として，外部の存在しない災害を経験しているのであり，こうした災害は，今回が最後ではないだろう。そして，こうした影響は，成長途上にあるより年少の子どもたちに対して，より根深い影響を及ぼす可能性をも，私たちは認識しておかねばならないだろう。

5　今起きているかもしれないこと

　これまで見てきた現代社会のあり方と，現下のコロナ禍の状況を合わせて考えると，現在起きていること，そして近い未来に起きる蓋然性の高いことは，パーソナリティと経験の空洞化の進行とでも呼び得る事態であると，筆者には思われる。内実と確かな手応えを失った脆い現実との接触は，私たちのパーソナリティ形成のあり方を，いわば内骨格型のそれから外骨格型のそれへと変容させつつあるかもしれない。安心と安全を強く希求して確実なものに価値を置く私たちの生のあり方は，現実の不確実性を排除あるいは解離する形で，かえって現実の確かさの基盤を掘り崩してしまう，出口の見出しにくい悪循環にすでに入り込んでいるのかもしれない。

　私たちが現実の確かさを再構築するためには，不確実なものを排除，解離するのではなく，むしろ逆に，不確実性の中で持ち堪えること，不確実で見通しの利かない状況の中で，関係を取り結び，維持し，育むことこそが必要であると，筆者は考える。私たちを不安にさせるもの，私たちに無力感を味わわせるものから，私たちは自分を切り離す形で自分を守ろうとしがちである。しかし，私たちに必要なことは，そうしたものを半ば反射的に切り捨ててしまわずに，そうした異質な，私たちを戸惑わせるものと，何とかして向き合っていくことであると，筆者は考えたい。それが，私たちにとっての，社会や他者に対する応答可能性を維持し続けることであり，責任ではないだろうか。

現代の社会においては，自分の思いが少しずつ形を成して表現可能になり自己吟味が可能になるような過程を起動させる他者との関係が，個人の経験に絶対的に不足しつつあるように思われる。心理臨床家の一人としての立場から言えば，相手と共に居て，ゆっくりと丁寧に相手の言葉に耳を傾けて，相手の表現を受け止めて，自分が受け止めたことを相手に伝え返して，それを相手が受け止める，この過程を繰り返していくことが，経験を豊かに開いていく人間関係の本質であると言える（例えば，一丸 2020）。私たちは，現在こうした関係と過程が確実に失われつつある可能性を踏まえて，今後の社会のあり方とその行き先を，大いに不確実性をはらみつつ見定める努力を惜しむべきではないと，筆者は考える。

　筆者には新たな人間の疎外が進行しているかに見える，また人間の価値と倫理が根こそぎ破壊されていく危機に瀕しているかに見える，現在の社会の状況の中で，私たちは，人間と社会の可謬性＝誤りやすさとヴァルネラビリティ＝傷つきやすさに，どのように向き合うことができるかを問われているのではないだろうか。それを自身の問いとして引き受け，それに応えることに努めることが，私たちが取り組むべき喫緊の課題であるように，筆者には思われるのである。

[引用文献]
・一丸藤太郎『対人関係精神分析を学ぶ―関わるところに生まれるこころ』創元社，2020年。
・石田光規『「人それぞれ」がさみしい―「やさしく・冷たい」人間関係を考える』ちくまプリマー新書，2022年。
・國分功一郎・千葉雅也『言語が消滅する前に―「人間らしさ」をいかに取り戻すか？』幻冬舎新書，2021年。
・エドワード・S・リード，菅野盾樹訳『経験のための戦い―情報の生態学から社会哲学へ』新曜社，2010年。
・斎藤環『コロナ・アンビバレンスの憂鬱―健やかにひきこもるために』晶文社，2021年。

コロナ禍の教育言説の検討と
教育経営学研究への示唆

筑波大学　古 田 雄 一

1　本報告の目的

　2020年からの新型コロナウイルス感染症の流行に伴うパンデミックの時代において，従前の学校教育の姿や，その前提さえもが大きく揺さぶられてきた。学校現場では ICT 活用や遠隔授業，「新しい生活様式」のもとでの学校生活の模索が続き，またコロナ禍を契機としてそもそも学校や教育はどうあるべきなのか，そのあり方についても様々な議論が飛び交ってきた。

　本報告では，コロナ禍（期）のいくつかの教育言説を手掛かりに，公教育を取り巻く課題や変化について明らかにするとともに，教育経営学研究の課題や展望について若干の考察を加えてみたい（ただし本報告は厳密な方法論に基づく教育言説の分析を主目的とはしておらず，「言説の外には出られない」（東野2009：88頁）狭義の教育言説分析を行うものではない）。

2　コロナ禍の教育言説と公教育のありよう

　2020年の一斉休校時に訴求力をもった言葉の一つが，「学びをとめない」であった。経済産業省「＃学びを止めない未来の教室」に端を発したこの言葉は，コロナ対応における一つの規範として，子どもの学びをいかに支えるかという問題意識をもつ教育関係者の合言葉にもなっていた。子どもの学習権保障が最重要課題であることは論を俟たない。そして学校再開後に「学習の遅れを取り戻す」という言葉も多く聞かれ，実際にそうした日本の教育関係者の努力が，他国と比較しても子どもの学習の遅れや損失を小さく抑えてきた面もある[1]。他方で，そこで語られる「学び」の意味や内実を十分吟味する余裕のないまま，「空白」を埋める作業が進んでいた面はないか（川上 2020）。これは学校が「将来」の幸せだけでなく「今」の幸せ（cf. 遠藤 2022）を保障できているかという子どものウェルビーイングをめぐる課題とも相通ずる。コロナ禍では学校生活に様々な形でストレスを感じる児童生徒もいるが（小林 2021），そうし

た多様な子どもの声がコロナ禍の言説空間においてどれだけ聴かれ，受け止められていたか，課題も残る。

　他方で学校が「とまる」（中原 2021）という非常事態によって，学校が果たしてきた役割やその存在意義が改めて浮き彫りになった。例えば，学校の福祉的機能（そして学校への多面的な依存状況）が，教育関係者の間はもとより広く社会的にも共有された（小早川・榎 2022）。また他の児童生徒と「ともに学ぶ」という場としての学校の意義も多く語られ，強調されてきた。そこには，一斉休校で交流から切り離された子どもの状況や，新しい生活様式に伴う模索の中で，教師や教育関係者自身が学校の役割や意味を再確認するものもあれば，ICT 導入も相俟って「個別最適な学び」の推進力が急速に高まる中での，教育方法学者等による対抗言説ともいうべきもの（石井 2020ほか）も含まれる。このようにコロナ禍では学校の意義やその多面性が再確認されることとなったが，他方で遠隔授業等の経験は，学校という同じ空間でともに学ぶという前提自体を揺さぶる契機にもなっていた。それゆえ，自明視されてきた従前の学校教育の姿形や存在意義が問われる状況も生まれている。

　さらに，教育行政レベルにまで視点を広げると，一斉休校時に喫緊の課題となった遠隔授業等の準備に際し，国や自治体の関係者等の間で，平時の平等意識を転換し，「できるところからやる」ことがしばしば強調されたことも注目に値する。緊急事態の中で一人でも多くの子どもに学習機会を保障する上では，こうした柔軟な対応が重要な鍵を握っていたといえよう。ただ，コロナ禍の長期化に伴い，緊急時と平時との境界性は曖昧になりつつあり，緊急時ゆえに正当化された言説や論理が，平時の／中長期的な改革にも還流し始めている可能性も推察される。例えば GIGA スクール構想に基づく ICT 導入枠組みでは，各々の自治体や学校現場が個別に選択を行うことになったが，その選択は児童生徒の出身階層や地域環境の影響を受ける（多喜 2021）。こうした「できるところからやる」対応は，社会的に恵まれた地域を優先する結果を生みやすく（中村・松岡・苅谷 2021），緊急対応に端を発した論理が平時にも拡張される中で，格差や不平等の拡大が進行していくおそれもある。

3　教育経営学研究の課題と展望

　コロナ禍は，子どもの学びや育ちはどうあるべきか，学校は何のためにあるのかといった根源的な問いを私たちに突き付けた。また遠隔授業や「個別最適

な学び」の推進等も相俟って，これまで教育経営学が教室の中で行われる教育実践の形として想定してきた前提も揺らぎ始め，学校教育の公共性や平等性が変容する可能性も指摘されており，学校の存在意義や今後のあり方さえ問われる局面にある。このような公教育の大きな転換期ともいうべき状況を視野に，コロナ禍を通じて浮き彫りになった課題も踏まえながら，教育経営学研究の課題や今後の展望について，試論ではあるがいくつかの視点から若干の考察を加えてみたい。

　第一に，子どもの学びや教育実践の内実に一層の関心を向ける必要性と可能性である。上述の通り，教室の中で行われる〈教授―学習〉の前提は今後大きく変わっていくことも考えられ，それゆえ教育方法学等では俄に議論が活発化している。教育経営学研究においても，教育方法学／カリキュラム研究や教科教育研究等とも交流を図りながら，経営過程と教育過程の一体的把握を目指し，その先にある子どもの学びとの関係で教育経営のありようを捉え直していく視点が肝要といえよう。むしろそうした総合的・一体的な分析の可能性こそ教育経営学の特質の一つと考えることもできる（cf. 山下 2022，南部 2022）。

　第二に，子どもの学びの実態や帰結だけでなく，そもそも「学び」や「学力」とは何か，学校はどうあるべきかといった目的論や規範論に立ち返ることも大切である。近年の教育経営学研究に対しては，所与の目的・目標を効果的に達成するための知見が産出される一方で，その目的や方向性自体の批判的吟味が後景化しやすいという指摘もある（ガンター 2021，生澤 2017）。コロナ禍の文脈でいえば，学びを「とめない」「取り戻す」ための教育経営実践を支える知見とともに，学びを「捉え直す」教育経営実践を支える知見を私たちがどれだけ提供できていたか，とも言い換えられる。

　第三に，こうした問い直しの課題とも関連して，子どもの声や参加を組み入れた教育経営の考究も求められる（cf. 古田 2021）。非常時において，子どもを含む災害弱者の参加と権利保障を中心に据える必要が指摘されるが（土屋 2021），同時に子どもの意見表明権の保障という課題は，コロナ禍という非常事態を通じて改めて浮き彫りになった従前からの課題でもある。

　第四に，個々の学校や地域，自治体が置かれた環境条件の差異や多様性とその影響に関心を向ける必要がある。ICT 導入における各自治体や学校の「自律的・主体的」な選択が，実は一定の環境条件に埋め込まれており，意図せざる格差に繋がる懸念もみられるが（多喜 2021），今後こうした状況が一層進行

する事態も考えられる。公正（equity）の視点から，各学校や地域のもつ資源や環境条件の不平等やその影響を把握し，自律的な意思決定が格差拡大に結びつかないよう，必要な支援を明らかにするとともに，社会正義に基づくリーダーシップ（social justice leadership）の議論等にも示唆されるように，環境条件の改善や変革も含めた教育経営実践のあり方を考究する知見も重要といえよう。

　以上はいずれも教育経営学研究のウイングを少なからず広げうるものでもあり，教育経営学の固有性や研究領域の境界線を見えづらくするという批判もあろう。しかし，それぞれの学校内外の多様な文脈や環境条件のもとで，様々なアクターが関わる中で教育実践や学習環境が作り出され，子どもの学びに繋がっていくという動態的なプロセスを総合的に把握し，そのありようを考究できるのもまた教育経営学の魅力でもあり，コロナ禍を通じてますます複雑な様相を呈する公教育の現実に鑑みれば，そうした研究の意義が今後一層高まることも考えられる。

[注]
⑴　COVID-19 が子どもの学習に与えた影響に関する国際比較については，例えば以下を参照。Bryant, J. et al., *How COVID-19 caused a global learning crisis*, McKinsey & Company, 2022.

[引用・参考文献]
・遠藤洋路『みんなの「今」を幸せにする学校』時事通信出版局，2022年。
・古田雄一「教育経営における『生徒の声』の意義と課題―近年の国際的動向の検討と考察をもとに―」『日本教育経営学会紀要』第63号，2021年，19-34頁。
・ヘレン・M・ガンター著，末松裕基・生澤繁樹・橋本憲幸訳『教育のリーダーシップとハンナ・アーレント』春風社，2021年。
・東野充成「子ども社会研究と言説研究」『子ども社会研究』第15号，2009年，88-95頁。
・生澤繁樹「教育経営を社会思想・哲学から読みなおす―学校経営の責任と罪とデモクラシー」末松裕基編著『教育経営論』学文社，2017年，175-206頁。
・石井英真『未来の学校―ポスト・コロナの公教育のリデザイン』日本標準，2020年。
・川上康則「『非日常』に晒された子どもたちの心理とポスト・コロナ時代の教師のあり方」東洋館出版社編『ポスト・コロナショックの学校で教師が考えておきたいこと』東洋館出版社，2020年，86-91頁。

・小早川倫美・榎景子「COVID-19 発生以降の教育経営にかかる実態と課題をめぐる研究動向」『日本教育経営学会紀要』第64号，2022年，172-181頁。
・小林正幸「子どもたちのこころのなかで何が起こっているのか」川崎雅和編著『コロナと闘う学校—全国120校が直面した課題と新たな教育環境の可能性』学事出版，2021年，51-66頁。
・中原淳監修，田中智輝・村松灯・高崎美佐編著『学校が「とまった」日—ウィズ・コロナの学びを支える人々の挑戦』東洋館出版社，2021年。
・中村高康・松岡亮二・苅谷剛彦「コロナ休校時における教育委員会の対応—地域差と階層差に注目して」中央教育審議会第131回初等中等教育分科会資料 6，2021年7月。
・南部初世「『教育経営』研究のフィールドと固有性・有効性」『日本教育経営学会紀要』第64号，2022年，92-96頁。
・末冨芳「教育における公正はいかにして実現可能か？—教育政策のニューノーマルの中での子ども・若者のウェルビーイングと政策改善サイクルの検討—」『日本教育経営学会紀要』第63号，2021年，52-68頁。
・多喜弘文「ICT 導入で格差拡大日本の学校がアメリカ化する日」松岡亮二編著『教育論の新常識—格差・学力・政策・未来』中央公論新社，2021年，45-64頁。
・土屋明広「教育における災害リスク・ガバナンス」『教育学研究』第88巻第 4 号，2021年，573-584頁。
・山下晃一「あらためて教育経営学の学問的特質・得失を考えるために」『日本教育経営学会紀要』第64号，2022年，114-119頁。

コロナ対応にみる教育経営学理論の限界と課題

兵庫教育大学 三浦 智子

1　はじめに

　学校において「危機」から児童生徒の生命や身体を守ることは，何よりも優先されるべき政策課題であり，その上での学習保障こそが教育行政や学校に課された責任である。しかし，「危機」への対応に関する諸々の決定は，往々にして民主的手続きを経る時間的余裕を持たない。新型コロナウイルス感染拡大という，科学者の専門知をもってしても制御しがたい「危機」に直面して，例えば，教員を含めた専門家と政治家との役割分担の歪さや，教育政策過程上の手続きをめぐる民主主義の危うさを指摘する，あるいは，教員が担う専門的職務と隣接領域における専門家の職務との連携・協働の必要性を問い直す等といったスタンスに基づく研究は，教育経営学やその周辺学問領域において多く重ねられてきたところであるが，これらは社会科学としての役割を十分に果たしているのだろうか。このような危機下での教育経営学の課題と展望について，学問としての在り様を踏まえつつ，若干の考察を試みる。

2　危機対応と教育ガバナンス構造への注目

　飯田は，リスクを管理制御しようとする危機管理論やリスク管理論とは一線を画す形で「危機対応」という学術領域を主張する。そこでは，「危機」の概念をどう捉えるか，また，「対応」が何を意味するのかを説明し，どのような点で社会科学が独自の貢献をなし得るのかについて検討する必要性が強調されている。規範的・政策的な議論や提言をすることの有効性を認めつつ，「社会科学のうち事実解明的な部分に照準を合わせ，規範的・政策的な議論や提言の基礎となる事実認識に社会科学からの知見がどのように寄与するのか」（飯田2019：2頁）について議論をさらに深めることの必要性を問う指摘といえるだろう。

　周知のとおり，戦後，教育委員会制度の下で教育の政治的中立性の維持が目

指されてきたが，地方教育行政の組織及び運営に関する法律の改正により，児童生徒の生命や身体に関わる問題への対応等については，総合教育会議の場において，首長と教育委員会が協議及び調整を図る形が整備されている。他方で，学校レベルにおける「危機対応」に関しては，教育上の「不確定性」の縮減を目指すという文脈において，多くのことが「教員の専門性」に委ねられてきた。教育経営学は，主に戦後の学校組織経営における民主化の動向を捉えることを試みてきた学問領域といえようが，単層・重層構造論争を経て，臨時教育審議会答申以降は「学校の自主性・自律性」の確立を目指す立場を貫いてきた。そこでは，教育上の「不確定性」への対応に関しても，専門職としての教員の個別裁量に委ねられると同時に，教員間の相互作用が重視されてきた（佐古2006：43頁）ところである。

　堀内は，「学校の自主性・自律性」について，「個々の学校という枠組みを不問とした教育の組織経営が，現実的な実体関係，権力関係を曖昧とし，学校の自律性志向を放棄することに通じるとの批判がその裏面に措定されていた」と説明する。堀内自身は，「学校の自律性は，組織としての学校が意思決定していく自律性であり，その中枢に教育活動とそれを担う教職の自律性が存し，それを支えるべく教職の専門性が求められる」との考えに基づき，「教育機関としての学校は本質的に自律性を確保すべきであり，それが究極的に教職の専門性，自律性によって担保されることから，自己の営為として教師の力量向上や経営努力を積むことが不可欠」とするが，「学校の自律性の本来的に意味するところが，組織としての自律性であり，学校の持つ対外的諸関係において自らの意思を持ち，決定することであるならば，学校にとって他律的なものとの関係においてのみ，その在り方が具体的に問える」とし，「『学校の自律性』は，この『他律的なもの』との緊張関係においてではなく，『他律的なもの』を具体化するために求められるものであった」とも指摘する（堀内1992：2-8頁）。

　コロナ禍という「危機」に直面して，感染拡大を防止すべく，学校という場での集団による教育活動は中断を余儀なくされた経緯もあるが，こうした中で，「教員の専門性」に委ねられるべき「危機」への対応とはいかなるものであったのか。「学校の自主性・自律性」を前提とした教員の個別裁量や教員間の相互作用，これに対する教育委員会や文部科学省といった教育行政組織による統制は，コロナ禍という「危機」に際して十分に機能し得たのだろうか。「危機」としてのコロナ禍が教育の「不確定性」を高めるも，その一方で，学校組織の

内外における学習機会を継続的に保障する必要性が大きく取り上げられ，従来の政策領域を超えて諸々のアクターが関わることによって具体の手立てが講じられるに至った。しかし，そこで展開される学習活動の質に着眼した議論の機会は損なわれてきたようにも感じられ，これらの動向が「危機対応」として十分なものであったのかを評価するならば，否と言わざるを得ない面もある。

3　「多様性」へのアプローチ

　コロナ禍により，あらためて，集団での生活・活動を前提とした学校教育の意義が問い直されるとともに，教育行財政にかかる「適正配分」（苫野 2020）の問題や，教育や子育てをめぐるすべての保護者・家庭への支援（末冨 2020）にいかに向き合うかといった課題，すなわち，教育資源の配分をめぐる公平性と公正性の問題を突き付けられる状況の中で，「学校の自主性・自律性」概念に関しては，もはや，「教員の専門性」を支えるとされてきた教職における職務の自律性や，教職員間での協働的職務遂行の論拠として位置づけることの積極的意義を見出すことは難しくなっているようにも思われる。

　従前からの特別支援教育ニーズの高まりに関わって，小川は，我が国における教員の「多能化」が，福祉と教育の連携・協働論の展開や，医療・福祉等の他領域の専門家の学校配置を遅らせてきたと指摘するが（小川 2018：112頁），個別最適な学びと協働的な学びの実現という政策課題の下で，コロナ禍以降，学校における児童生徒の個別ニーズへの応答が加速的に要請される状況にある。この点，貞広は，我が国の教育への公財政支出は国民の育成を目的とした共通性を基本とし，学校や地域，家庭の課題性に考慮した配分は例外的とした上で，学校における教育が「一定の多様性を含み込んだ公共性」を前提とする場合に，現行の学校に適合できない子どもの学びが，「教員や学校の自由とアカウンタビリティーを調整」するシステムの中で，多様性を担保しながら保証されることが求められると論じている（貞広 2018：34頁）。これは，「自律的な学校経営がいかに公教育を担っていくか，個々の学校における保護者や地域住民がいかに教育主権者としてその学校の『公共性』を保障する実体たりうるのかを軸に，多様な保護者や地域住民の教育意思を個々の学校の個別性においてだけではなく，国民社会の共通基盤に立って個々の学校でいかに実現していくか」（堀内 2009：10頁）が大きな課題となると論じた堀内の指摘とも重なる。「学校の自主性・自律性」は，学校をベースとした資源配分やアカウンタビリティ

保障に対する認識を喚起する概念として再構築される必要がある。

　しかしながら，児童生徒が抱える多様な教育要求は，それが潜在的であるほど，教員の専門性をもってしても看取されにくく，応答が困難である。リプスキー（Lipsky 1980=1986）の指摘を踏まえるのであれば，第一線職員である教員が，制度上有する裁量と市民ニーズの間において「ジレンマ」に陥る可能性を懸念せざるを得ず，併せて重要なことは，リプスキーの指摘する，学校や教員によるアカウンタビリティの態様それ自体が，児童生徒・保護者を含む市民の期待や葛藤をコントロールする可能性である。学校をベースとしたアカウンタビリティ保障の仕組みは，一見，個別ニーズへの柔軟な応答を可能にするものとして期待されるが，実際には，学校・教員の専門的判断に対する統制が及びにくい状況を生じさせるおそれもあり，大いに留意すべきであろう。

4　教育経営学の課題と展望

　水本は，「〈自律的学校経営〉の時代において，教育行政は規制的規則に学校を従わせることによってではなく，経営管理主義の理性の知を学習させることを通じて学校の主体性を構築する」とし，教育経営研究が，「経営管理主義の理性による学校経営の主体化にどのように関わ」り，「そのような主体化の働き自体を研究的にどのように対象化してきたのか」，また「主体化の働きにどのように介入しようとしてきたのか」という点を問題視する。具体的には，〈自律的学校経営〉政策が，「規制的規則」ではなく「構成的規則」の形式をとるため，学校経営の主体に対して義務論的権力が働き，学校の多忙化や学校経営の硬直化をもたらしてきたと分析し，こうした〈自律的学校経営〉政策に対して，教育経営研究においては，経営管理主義による主体化がもたらす予期せぬ結果，あるいは，経営管理主義の理性の内在的な矛盾を指摘する議論や，教育経営研究自体の経営管理主義による主体化を批判的に捉える研究が展開されるに留まってきたと指摘する（水本 2018：3-7頁）。

　学校経営における主体性が，おそらく今後も，多様な教育ニーズへの応答という社会的要請を満たす上での必要条件となることに異論はないであろう。ただ，そうした学校経営の主体性を支える教職員の専門的力量や，その判断・決定の公正性を担保するガバナンスとはいかなる制度・手続きにより可能となるのか。エビデンスに基づく政策形成の重要性が指摘されるようになって久しいが，その中で，教育経営研究は，学校組織における経営実態の解明に軸足を置

きつつ，教育政策の決定過程のみならず，実施過程までをも視野に入れたエビデンスの創出を目指してきたところであり，先述の飯田（2019）や水本（2018）の指摘を踏まえるならば，政策的文脈を相対化し得る事実解明こそ，教育経営研究に期待される議論を支えるものと考える。

［参考・引用文献］
・堀内孜「単位学校経営論と学校の自律性—吉本学校経営学の基本構造—」『学校経営研究』第17巻，1992年，1-11頁。
・堀内孜「学校経営の自律性確立課題と公教育経営学」『日本教育経営学会紀要』第51号，2009年，2-12頁。
・飯田高「危機対応がなぜ社会科学の問題となるのか」東大社研・玄田有史・飯田高編『危機対応の社会科学 上—想定外を超えて』東京大学出版会，2019年，1-26頁。
・Lipsky, M., *Street-level Bureaucracy*, New York: The Russell Sage Foundation. 1980（＝田尾雅夫訳『行政サービスのジレンマ　ストリート・レベルの官僚制』木鐸社，1986年）.
・水本徳明「『教育行政の終わる点から学校経営は始動する』か？—経営管理主義の理性による主体化と教育経営研究—」『日本教育経営学会紀要』第60号，2018年，2-15頁。
・小川正人「教育と福祉の協働を阻む要因と改善に向けての基本的課題—教育行政の立場から—」『社会福祉学』第58巻第4号，2018年，111-114頁。
・貞広斎子「教育主体の多様化に対する公財政支出の公共性確保—制度設計の観点から—」『教育学研究』第85巻第2号，2018年，162-174頁。
・佐古秀一「学校組織の個業化が教育活動に及ぼす影響とその変革方略に関する実証的研究—個業化，協働化，統制化の比較を通して—」『鳴門教育大学研究紀要』第21巻，2006年，41-54頁。
・末冨芳「コロナショックにおける地方自治体の動き」東洋館出版社編，『ポスト・コロナショックの学校で教師が考えておきたいこと』東洋館出版社，2020年，60-65頁。
・苫野一徳「コロナショックで問われる『学校』『教師』の存在意義」東洋館出版社編，『ポスト・コロナショックの学校で教師が考えておきたいこと』東洋館出版社，2020年，4-13頁。

討論のまとめ

京都教育大学 　竺　沙　知　章

1　本課題研究の目的

　本課題研究は，コロナ禍をはじめとする今日の社会状況の中で，社会や学校において，どのようなことが生じているのか，そしてそれらを踏まえて，どのようなことが教育経営の問題として語られているのか，それらを分析することにより，教育経営学のあり方を捉えなおし，新しい展望を切り開くための議論を行うことを目的とした。

　そのために，ゲストスピーカーとして招いた小松貴弘氏より，心理臨床家の立場から，現代社会の諸相に関する問題提起を受けて，研究推進委員の古田会員による教育言説の分析，同じく三浦会員による教育経営学理論の分析の報告を行い，全体討論に移った。

2　「学校の自律性」概念をめぐる議論

　最も活発な議論が展開されたのが，「学校の自律性」概念をめぐってであった。それは，小松氏から，「自律性」という概念が新自由主義の価値観と親和性があり，学校における問題状況に迫る概念として，妥当なのかという疑問が投げかけられたことに端を発した議論であった。

　これまでの教育経営学においては，「学校の自律性」は基本的前提であり，様々な現実の問題克服，公教育の基本理念実現のための条件としてその理論化が図られてきたと言える。こうした教育経営学の理論が，現在のコロナ禍の状況を捉え，今後のあり方を展望する上で有効なのかどうか，その点をめぐる議論が行われたと言える。

　「学校の自律性」に代わる新たな概念を打ち立てるべきなのか，「学校の自律性」によって積み重ねてきたものを尊重していくべきか，その枠組みをめぐって，両面から議論が展開されていたと思う。いずれにしても，今後，何を根拠に，どのように議論していくべきかが，教育経営学研究が向き合うべき課題と

なるであろう。当日の議論は，悩みながら，迷いながらの発言が多く出されていたことが印象的であった。このような議論が必要になっていると思う。

　また「学校の自律性」とも関連して，「教職の専門（職）性」についても議論となった。「学校の自律性」が「教職の専門（職）性」を高めることになるのかという点とともに，「教職の専門職性」として考える場合，職としての自律性を前提とすることから閉じた議論になるが，その中で他者といかに関係をつくり，その職のありようを確立していくのか，そうした課題に直面しているのではないかという問題提起がなされた。

　以上のように，教育経営学研究が依拠してきた「学校の自律性」「教職の専門（職）性」の概念について，今日の社会状況に照らして見直していく必要性が議論されたと言える。問題とされたのは，「自律性」「専門（職）性」という概念をどのように捉えるのか，その内実の問題，さらには，これらの概念によってどのようなことを実現しようとするのか，より掘り下げた検討の必要性が提起されたと言える。

3　当事者としての教師，子ども

　コロナ禍においては，経験したことのない状況に直面し，その時々での判断が重要となるが，学校においては，教育委員会など権威に依存する特質が露呈したことが問題となった。「学校の自律性」論に基づけば，もっともその真価が発揮されるべき状況で，むしろ権威依存の傾向が見られたことを踏まえて，今後のあり方をどのように展望すべきかという問題が浮かび上がったと言える。

　コロナ禍のような危機的状況における対応を考えるならば，当事者としての教師の判断が重要であり，尊重される必要がある。そして，その当事者性は，子どもとの関係において捉えることも必要となる。すなわち，子どもの声に耳を傾け，それをいかに受け止めるのか，学校経営，教育経営における子どもの位置づけに関わる問題として捉えることが求められる。その際，子どもの声について，十把一絡げで捉えるのではなく，現実に即してよりていねいに議論していく必要性も指摘された。

　教育経営学研究は，教師，子どもの当事者性にいかに向き合っていくか，コロナ禍の今日の状況においては，一層重要になっていると言える。

4　現代社会において向き合うべき課題

　「学校の自律性」に対して疑問を投げかけた小松氏は，現代社会において何より必要なことは，「応答性」と「ディーセント（decent）」であるということを提起した。つまり，自律的であることよりも，応答的であること，すなわち，誰に対して，何について応答するのかという問題，そして「ディーセント」であること，すなわち適切で，きちんとしていること，まっとうであること，そうした言動，判断が不可欠であることを強調した。

　小松氏の提起は，他者との関係をめぐる問題であり，社会のあり方に関わる価値観の問題である。小松氏からは，現代社会において，傷つきやすさ，間違った言動をすることを恐れる傾向が強くなっており，その脆さに向き合うことの必要性が語られた。さらには，その弱さを受け入れる，どんなことでもひとまずは受け入れるという感覚の重要性も提起されていた。教育において，こうしたことがどのように位置づけられるべきか，じっくりと議論する必要があるが，教師も含めて，後ろ向きであってもよい，規範的に認められないことを発言することがあってもよいという価値観の必要性が語られた。それは，弱い大人である自分自身に向き合うことであり，大人への抑圧を捉え，それを前提にそうした大人と子どもとの関係を考えることの必要性としても語られた。「ディーセント」は，社会的に受け入れられうることを意味するものである。それは，公教育においてどのような考え方に基づき，何を目指していくか，その基本理念を根底から見直す必要性として受け止めることができる。

　このような社会の現実，ある意味でネガティブな部分を前提とした議論を本学会では十分に展開してきたとは言えないであろう。理論化を図る場合，そうした現実を視野に入れつつも，現実を純化してそのあり方を捉える認識枠組みを提起してきた。そこでは，上記のような現実，ネガティブな面，脆弱さが捨象されてきたと言える。しかし，今日では，その特性が理論の弱点になっていることを，小松氏は鋭く批判したと受け止める必要がある。

5　今後の課題

　小松氏の鋭い批判を受けたことにより，教育経営学研究が向き合うべき課題について，かなり掘り下げた議論をすることができた。焦点となった「学校の自律性」について考えるならば，我々が意図していることとは異なる受け取ら

れ方がされたり，我々が意識していない意味をもたらしていたり，問題を含んだ概念であるかもしれないという点が浮き彫りになったと言えるであろう。これまでの教育経営学研究は，そのことに自覚がなく，その概念を現実との緊張関係の中で厳しく吟味することを怠ってきたのではないかという反省を迫るものであった。

　これまでの理論的蓄積を踏まえながら，「学校の自律性」によって目指してきたことをより広い文脈において，改めて捉えなおすことが必要となるであろう。そのためには，今，学校において生じていること，子どもや教師が日常的に感じていることに目を向けるとともに，それに対して教育経営学研究としてかかわる我々のあり方を自覚し，省察を深めていくことが求められているのではないか。今後の課題としたい。

Creating a New Direction for Educational Management Research (1)

Tomoaki CHIKUSA（Kyoto University of Education）

The purpose of this research project was to analyze what had been happened in our society and schools under the pandemic of COVI-19, to analyze what had been discussed as educational management issues. Based these analyses, we would like to reconsider the way educational management research should be and to explore a new direction of the research. The reports presented in the annual conference last year was as follows. First, Mr. Takahiro Komatsu raised issues concerning various aspects of modern society from the standpoint of a clinical psychologist. Second, Yuichi Furuta, a member of the research promotion committee, analyzed educational discourses related the pandemic situation. Third, Satoko Miura, also a member of the research promotion committee, analyzed the limitation and challenges of educational management theory to explain or present solutions to the situation. After these presentations, we had a general discussion.

The main themes of the discussions were as follows. First, we discussed the concept of "school autonomy". Mr. Komatsu criticized the concept of "autonomy" had an affinity with neoliberalism. Discussions were held on both sides of the framework: whether a new concept to replace "school autonomy" should be established or we should respect what has been accumulated through "school autonomy". Also, we discussed how educational management research should deal with the individuality of teachers and children.

Second, issues surrounding teachers and children were discussed. In other words, we discussed how we should think about the tendency of schools and teachers to rely on authority and how we can listen to children's voices.

Third, a discussion was held on issues that we should consider in modern society. Mr. Komatsu suggested what most necessary concepts in modern society were "responsiveness" and "decent". He talked about the tendency that people had become much vulnerable and been afraid to say or do something wrong in modern society, and we should face that vulnerability.

実践研究フォーラム

日本教育経営学会における
教育経営実践事例とは何か

　今期実践推進委員会では，教育経営学を探求する本学会における「教育経営実践」とは何であるのかという大きな問いを意識しながら，その実践事例を掘り起こし，広く会員内で共有することの意味や必要性，課題について検討を進めている。

　社会状況の変動とともに本学会の構成員も多様化し，議論される実践の範囲が幅広いものとなってきている。その反面で，実践事例の論文化は一般化や汎用性，実証性と引き換えに実践の個別文脈やリアリティが削ぎ落とされるなど，実践事例を扱う難しさも複雑化しており，学会内での実践事例への向き合い方は，多様な解釈に開かれた状態にある。

　そこで本フォーラムでは，まず紀要における「教育経営の実践事例」という投稿ジャンルが何を重視してきたのかを考えることを糸口とし，そこから続けて，実践事例の「良い報告の仕方（good report of practice）」とはどのようなものなのかを吟味した。事例にフォーカスすれば，自ずとそれは規範化をもたらすことになる。誰にとっての good なのか，どのような意味で good なのか，まずその点を相対化して捉え，教育経営学の在りようと結びつけながら広い議論を展開したいと考えた。

これまでの紀要における〈実践事例〉の扱いの変遷―内容と重視してきたこと

常磐短期大学　石﨑ちひろ

1　フォーラム報告の目的

　フォーラムでは，まず日本教育経営学会紀要において，「実践事例」をどのように取り扱ってきたのかを確認した。また学会における実践へのアプローチをとらえる上で，研究推進委員会と実践推進委員会の活動及び議論を参照した上で，フォーラムでは「実践事例」や「実践」についてどのように議論することが可能なのか，検討課題を提起した。

2　学会における実践事例取り扱いの変遷

　紀要において実践事例が掲載されたのは第28号の「教育経営ノート」からである。第41号までほぼ毎回掲載があるが，第39号から大学（院）における講義ノートが掲載されている。第42号のまえがきにて「『教育経営ノート』は，この欄の創設時の趣旨にたちかえって，特色ある教育経営の実践事例を紹介・分析した論文の掲載を目的」とすることが記載され，第43号から掲載できるよう編集内規を定めたことを記している。

　第43号から「教育経営の実践事例」へと名称変更し，第45号まで掲載された。しかしその後は，「『実践者』としての自己の実践的な研究を対象としたものであることが前提的に求められ」るが，それがなされていないことで，たびたび掲載が見送られてきたことが示されている（第46，53号まえがき）。この指摘は，実践事例を記載する者と実践との関係について課題を投げかけている。

　一方，第55号のまえがきにおいては，3本の投稿があったが掲載に至らなかったこと，「独自の査読基準」の必要性，「字数オーバーを防止するためにも，投稿論文のフォーマットの作成も予定している」ことを言及している。第56号では投稿要領が巻末に掲載された（ただしこれは研究論文の投稿要領の見直し

に伴って掲載されたものだと推察される）。また，第58号では1本，第59号では4本の投稿があったが掲載がなく，その理由として「事例の紹介にとどまることなく，実践について分析したり，その意義を評価したりして，学会に対して意味のある知見を提供する論考を期待したい」とし，「研究の作法，論文執筆の作法が十分に踏まえられていないということ」について問題提起している。第60号でも6本の投稿から1本の掲載となった経緯について「研究論文，教育経営の実践事例は，教育経営の研究と実践によって産み出される知見を形にしていくものです。紀要への掲載には，提供される知見への信頼性，これまでの研究や実践との関連性やオリジナリティなどが求められます」と記されている。このように，第55号以降はその事例のオリジナリティや既存の研究との関連についての分析的思考を求める方向へと向かっている。

　第61号では，特に実践事例にかかわって掲載基準がわかりづらいという声から，紀要編集委員会として論文の性格と基準の明確化を検討すること，本号では「投稿者は，当該実践事例の企画または実施に関与した本学会の会員」かつ「自らが関わった特色ある実践を，単なる紹介にとどまらず，分析・考察することにより，教育経営の実践や研究に資する新たな知見を提供すること」を掲載基準としたことが記されている。第62号では，「実践事例の判定基準は，①投稿者は当該実践事例の企画または実施に関与した本学会の会員であること，②事例の紹介にとどまることなく，実践について分析したり，その意義を評価したりして，これまでの教育経営（実践や学）に対して有意味で新たな知見を提供する論考であること，③その有意味性や新たな知見を確認するために必要十分な情報が提供されていること」と掲載基準が記載された。第63号では「自らの実践を公表することに伴う研究倫理上の問題」への指摘もなされた。

3　学会における実践とのかかわりについての議論

　学会において，実践と研究との関係性は常に議論されているが，特に2000〜2002年の研究推進委員会でなされた「学校経営研究における臨床的アプローチの構築」が現在につながる問題意識を有していると考えられる。当該委員会では「学校現場が直面する諸課題を解決するうえで，また個々の学校が擁する経営力量を高めるうえで，はたして学校経営研究はどのように貢献しうるのか？」を主題とした。学校現場と研究者がかかわる際の課題，特に臨床的アプローチを用いた際の科学的基準と臨床的基準の対立について，学会大会の際議論と

なっている。次年度には学校経営研究と学校経営実践との関係をとらえ直す発表，事例発表，批判的検討，課題の提示がなされた。冒頭では，臨床的行為と臨床的研究は分けられないのではないか，仮説は必要か，などの議論がなされた。この議論の背景には，事例発表の際，「組織化が形成された」「学校づくりに取り組んだ」等の表現について具体的な記述をもって研究となり得るとの指摘があったようである。この指摘に対して，「ケースをどう記述すればよいのか，その難しさを常に感じている」と天笠は述べた。一方，2006〜2008年の研究推進委員会においては研究者の持つ暗黙知と形式知の往復関係を前提とした研究知の生産の在り方にあるとし，実践と研究の関係について議論がなされた。

　また2006年には，教育経営の実践に対する貢献を学会活動として正式に位置づけてその内容を確かなものとするため，実践推進委員会が設置された（学会ホームページより）。委員会においては，学校経営の自律性確立に向け，それを担う学校経営者，校長の職能とその行動規範・基準を明らかにすることを目指し，2009年には「校長の専門職基準」の策定に至った。第３期では基準の改定や活用の方途を検討し，第４期からは，管理職サロンや外部団体との連携の模索が，第５期では教職大学院におけるスクールリーダー教育の構成原理検討とプログラム開発が主眼となった。したがって，実践推進委員会では，学校組織において経営を主導するリーダーに焦点づけて検討を進めてきたと考えることができる。

4　学会紀要および学会の実践―研究の関係議論からみえるもの

　本学会が目指しているのは，「教育経営の研究と実践を促進し，その普及を図ること」（学会会則第２条）にある。この目的の実現には，様々な教育経営／学校経営の事例を研究コミュニティの議論の俎上に載せることが第一に必要なのではないだろうか。これまでの学会の議論において，教育経営における実践とのかかわりについて，その時々の最適解を導きながら現在に至っているが，教育経営を取り巻く環境や政策などが変化していく中で，改めて学会としてどのようなかかわりや報告の仕方があり得るのか，検討が必要と考える。その際，どのような報告が実践事例を「適切」に描写できているのか，また「実践」とは何を指すのか，さらに本学会における研究倫理の在り方について検討が必要になると考えられる。

┌─── 実践研究フォーラム ───

実践事例の「良い報告の仕方（good report of practice）」をどう考えるか
—事例からもたらされる情報・知見の特徴とその価値から—

鹿児島大学　髙 谷 哲 也

1　フォーラムでの報告の目的

　フォーラムでは，実践事例[1]からもたらされる情報や知見にはどのような特徴があり，そこにどんな価値が見いだされ得るかを検討することを通して，実践事例の「良い報告の仕方（good report of practice）」を考えていく際の論点や方向性について参加者と共に考える話題提供を行った。

2　実践事例からもたらされる情報・知見の特徴

　報告者自身も事例研究・フィールド調査を中心とした調査研究を重ねてきたことから，まずはその経験から整理を試みた「実践事例からもたらされる情報の特徴」について報告するとともに，参加者からの知見も加えて議論を深めていくことを試みた。具体的には，「実践者本人が行った事柄とその結果生じた事柄である」「実践者本人が実施した特定の条件下・期間に生起した事柄である」「実践者本人によって記述することが選択された事柄である」「実践そのものの目的・意図が主要な意味をもつ」といった4点の特徴について報告した。そして，これらの特徴は，教育経営実践研究の特徴について論考した先行研究において報告されているものとも共通する部分があることを指摘した。

　また，フォーラムでは特に，実践事例は事例に着手する前にあらかじめ実践事例として報告することを想定しているというよりは，実践中に事例として報告する意味や必要性，価値が見いだされ，その時点までの実践のある部分を切り取って報告するという順序上の特徴がある点を具体的に報告した。たとえば，研究論文（実践研究論文も含む）は通常，研究関心に基づき研究計画が立てられた後に実践に着手され，データの収集・論文化がなされる。それに対し，実

践事例は，実践上の問題意識や実践それ自体の目的に基づき実践が開始された後に，その過程で生起した出来事の数々から報告するに値する関心や知見が見いだされることがある。つまり，事前ではなく実践の過程や事後に，そこで生起した出来事の数々の中から，特定の関心から見た場合に事例としてテクスト化・文書化する価値のある事柄が見えてくるといったことも少なくない。また，そのような実践事例が契機となって，実践研究としてのデータ収集が行われ学術的な論文化へと至るといったプロセスもあり得ることを報告した。

3　実践事例からもたらされる情報・知見の価値と検討を要する論点

　以上のような，実践事例からもたらされる情報がもつ4点の特徴と実践の過程においてテクスト化・文書化する価値が見いだされるケースも少なくないといった特徴からは，もたらされる情報や知見の当事者性や独自性の高さ，特定の文脈・状況下で生起した一回限りの事例としての一回性の特徴，実践者の論理に基づいた主観性の高さ，あらかじめ計画されたデータ収集とは限らず偶発的・事後的に意味・価値が見いだされ遡ってデータとして扱われるといった偶発性や即興性が確認される。

　そのような特徴を有する実践事例からもたらされる情報・知見の価値について整理した結果として，次の2点を提示した。

　第一に，実践事例からもたらされる情報や知見は「状況に埋め込まれた特殊解」であり，再現性のある一般解ではない点にこそ意味がある。そこには，再現性が求められる研究論文では扱うことのできない知見を共有することのできる方法としての価値が見いだされる。

　第二に，教育経営の実践事例の読者は，それを読むことを通して，その実践がなされた状況・条件に基づいてそこで生起した出来事の意味を読み解くとともに，自身の問題意識・関心や研究／実践上の課題と統合することによって当該実践事例の価値を自ら創出している。つまり，実践事例には，読み手の読み方に基づくいくつかの価値が存在することになる。それは，現実に生じた事実の詳細情報の共有から，新たな研究関心や実践開発の着想機会，既存の理論や認識枠組みの問い直しの契機，ケースメソッド等の学習材としての活用など，教育経営の理論化や学術研究としての一般化とは異なる形やルートで教育経営実践の開発や発展に寄与するといった広がりがあり得る。試行的にそれらを整

理してみた図として，フォーラムでは次の**図**を提示した。

　具体的には，教育経営実践において生起した出来事の数々の中からテクスト化・文書化された実践事例は，(1)事例紹介や事例記事となりそこに記述されている情報が共有されること自体に価値が見いだされる場合，(2)それが実践記録・ケースメソッドなど，教育・学習材として活用されることに価値が見いだされる場合，(3)それがきっかけとなって研究関心や新たな研究計画が立ちあがることにつながる場合などがあり得ることを報告した。

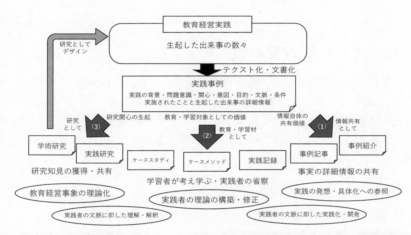

図　教育経営実践からもたらされる情報の価値に関する試行的整理図

　以上の報告内容をもとにしたフォーラムでの議論からは，実践事例の当事者にとっての意味をどのように位置づけるか，実践事例における「再現性」をどう意味づけるか，実践事例が生み出し構築しているものはどのような知なのか，そしてそれらが創出されている場としてどのような場が前提とされているかが，実践事例の「良い報告の仕方（good report of practice）」を考えていく際に検討が必要となる論点や方向性として見いだされた。

［注］
　(1)　本報告では「実践において生起した出来事のうち，実践者の関心に基づきテクスト化・文書化されたもの」を実践事例とし，研究としての実践研究や本学会の紀要の「教育経営の実践事例」とは一旦区別をして論考を進めることとした。

実践事例の「良い報告の仕方（good report of practice）」をどう考えるか

―事例の価値はどこから来るのか―

筑波大学　朝 倉 雅 史

1　フォーラムでの報告の目的

　本報告では，実践事例の「良い報告の仕方」を考えるために，「事例（ケース）」の捉え方に焦点を当て，特に事例研究の方法論についての議論を参照しながら話題提供を行った。そして「事例」とは何か，価値のある事例ないし事例の価値とはどのように捉えられるのかを提示した上で「良い報告の仕方」を考えるための論点を提示した。

2　「事例」とは何か

　「事例」という用語は，学術や科学一般で頻繁に用いられるだけでなく，日常的に行われる様々な実践を指し示している。「事例研究」という用語も，精緻な研究方法論や手続きとは区別して扱われることが多い。そのため「○○の事例研究」というだけでは，当該事例に注視して研究を行うこと以上の意味は分からない。「事例研究自体は，特定の方法論や研究方法を指すわけではなく，何が研究されるべきかという対象の選択をあらわす」（ステーク，R. E.「事例研究」デンジン・リンカン編『質的研究ハンドブック2巻　質的研究の設計と戦略』北大路書房，2006年，101頁）とみなされる。故に方法論に精通していなくても，また研究者でなくとも多くの人に開かれた行為や活動ともいえる。むしろ，ある事例を研究したとしても，わざわざ「事例研究」と呼称しない場合も多い。

　それに対して，事例研究の方法論に関する議論では「ケース・スタディ調査の定義的特性を最もはっきりと示すものは，研究対象の範囲を限定するもの，すなわちケース（事例）であると結論づける（中略）ケースを，境界で囲まれ

たひとつの物・ひとつの実体・単位（ユニット）だとみなす」（S・B・メリアム，堀薫夫・久保真人・成島美弥訳『質的調査法入門—教育における調査法とケース・スタディ』ミネルヴァ書房，2004年，39頁）とされ，研究しようとするものを「囲い込む（fence in）」（同上）という研究者の行為が強調される。このことを踏まえると「事例」は，起こっている事柄や既に起こった出来事を研究者が意識的にトリミングする（＝「境界」を考えたり，言葉にしてみたり，文章化したり）ことで成立するものと捉えることができる。少なくとも「事例研究」や「実践事例」という言葉を意識的に用いる意図は，現実で起こっている事象に対して実践者や研究者が主体的に行う「選択行為」にあると考えられる。

3　「事例」の価値をどのように捉えるか

　だとすると「事例」はいかようにも選択できるし，様々な観点や方法を用いて，現実で起こっていることをトリミングすることが可能である。だが，本報告では事例の価値について議論するために，事例研究では「なぜその事例なのか」という問いに対する答えが，直接的に事例の価値を左右するという研究方法論上の議論を紹介し，事例選択に関する5つのパターンを提示した。

　一つ目は「特異な事例」である。これは複数の事例やデータ全体の傾向から大きく離れた「外れ値」を取るような事例であり，その事例にだけみられる質的な特殊性を持っているが故に選択されるものである。

　二つ目は「極端な事例」であり，同様の特性や傾向を持つ事例が他にもありながら，その特性や傾向が最大値や最小値を取っているような（極端な）事例である。先進校と評される学校など，特定の「ものさし」で測った時に極端な位置にあり，素朴な意味で「グッドプラクティス」とみなされる事例といえる。

　三つ目は「典型的な事例」である。いくつかの観点からみた時に代表値に最も近いような事例であり，一見すると「一般的」とみなされがちだが，そうであるが故に他の事例との共通点が浮き彫りにされる事例といえる。

　四つ目は「決定的な事例」であり，ある理論や実践をテストする際に重宝され，その理論や実践の確証や疑問視，拡張にとって適した条件を満たしているが故に選択されるものである。

　五つ目は「縦断的・後続的な事例」である。先行研究との比較に基づいて選択されるような事例であり，既に選択され研究されてきた事例や出来事の前・後への注目や，先行研究と比較可能な別事例として選択されたものである。

事例選択のパターンには，いずれも他の事例や先行研究，理論や実践との「比較」が行われている。この比較を通じて価値ある事例が選択されることにより，同時に事例の価値が見いだされることになる。

4　「良い報告の仕方」を考えるための論点

以上を踏まえると「事例」を成り立たせているのは，現実に起こっていることを何らかの形でトリミングするような「選択行為」であり，それが「比較」によって行われることで事例の価値が生じると考えられる。そこで生じる「事例の価値」を，本報告ではその事例から豊かな知見がもたらされるという意味で「学習可能性」と呼んだ。同時に，選択と比較は実践事例に関心を持つ研究者と実践者の「関心，問題意識，仮説」によって規定されていることを指摘した。ただしそれらの曖昧さは，切り取る事例の輪郭をぼやけさせ報告を困難にする。たとえば「特異な事例」は事例の輪郭を定めやすいが，「典型的な事例」は輪郭がぼやけやすく，その意味で事例から学ぶこと（価値を生み出すこと）を難しくする可能性も高い。だが一方で，事例として報告しようとする人の「関心，問題意識，仮説」が明確であれば典型的な事例であっても，学習可能性に開かれた「報告の仕方」ができることを指摘した。

本報告が依拠したのは，事例研究を行う研究者にとっての「学問的価値」であり「研究のための事例」であることは免れない。冒頭で述べたように，事例は必ずしも研究のためだけに用意された用語ではなく「〈事例〉の研究自体が，研究領域以外のケースに関わる実践から生まれたか，強い影響を受けている」(Gomm R., Hammersley M. and Foster P. "Case Study Method", Sage Publications., 2000, p. 1) ことに改めて着目する必要がある。例えば，スクールリーダー教育のためのケースメソッド（第3期実践推進委員会）などの非研究用の「事例」を再評価することも必要だろう。

フォーラム参加者との議論では，実践者が自ら報告を行う動機，ニーズは何か，また，研究者を主語にした「臨床」（現場に入り込む）とは逆のアプローチとして，実践者が学界にアプローチする媒体としての実践事例の在り方を提示した。だが，実践者の側からアプローチする試みは既に行われており，それらの試みに注目していく必要性が指摘された。さらに，実践事例は学界にアプローチするための媒体や記録ではなく，実践事例を記述することで，記述した本人の省察や内省が深められることについても共通理解することができた。

総括―ディスカッションでの論点

上越教育大学　安 藤 知 子

　後半の討議では，多くのフロア参加者とともに「実践事例」が持つ価値とは何か，また，その価値に照らした報告の仕方とはどのようなものなのかを考えた。まず，実践事例を記述・報告するのは誰かという観点から，研究者の研究関心に基づく事例の切り取りや価値づけによる事例報告と，実践者自身による実践の記述では，事例の切り取られ方や，それが持つ価値，期待される報告の仕方も異なってくることが考えられた。「実践を記述する」ことの意味や価値は，一言で語れない幅広さを有していることが共有された。

　また，実践者自身による実践の記述については，人々に広めたい経営戦略や新たな知見の公表といった意図ばかりでなく，自らの省察のための記述もありうるのではないかとの指摘があった。現在の実践を対象化するための実践事例は，必ずしもスクールリーダー層による教育経営事例に限定されるものではない。特にこの意味での実践の記述については，一回性や偶発性など，特殊な条件下での記述であっても問題はないのではないかとの発言もあった。

　他方で，実践事例には普遍的な再現性が常に求められるわけではないが，それでも多くの実践者が共有可能な一定程度の再現性を必要とするのではないかとの意見，逆に再現性を超える新たな実践の開発が志向されなければいけないのではないかとの意見など，すぐには答えの出ない論点も示され，参加者間での議論も深まった。最後に，再現性の議論は学術論文の「作法」の問題だけでなく，どのようなタイプの知が期待されているのか（「利用する知」なのか，「現象を理解・構築する知」なのか）の観点からも検討し，一定の見解を明示していく必要があることも確認された。これらの諸点は，いずれも本委員会で継続して議論を展開する際の重要な論点として受け止めさせていただいた。

書　評

鳥居朋子著

『大学のＩＲと学習・教育改革の諸相 —変わりゆく大学の経験から学ぶ』

（玉川大学出版部　2021年）

京都大学　服 部 憲 児

　本書は，昨今大学に求められている改善の方策について，ＩＲ（Institutional　Research）を中心に内部質保証システムの構築やマネジメントのあり方を考究した書籍である。そこでは，10年以上にわたり著者が積み重ねてきた科研費研究や論文をもとに，勤務校の教学ＩＲ・内部質保証システムの開発に示唆的であった国内外の特色ある事例が丹念に検討され，また新型コロナウイルス感染症のパンデミック後の動向にも触れつつ，調査・研究という「根拠に基づいた」ＩＲ・内部質保証システムの開発のためのプロセスが記述されている。すなわち，研究成果としての価値に加えて，「ＩＲの機能を導入・強化する大学や，内部質保証システムを構築しようとする大学にとっては，各大学が置かれた環境に即して，その構築プロセスや運用のイメージをつかむことが可能」（iii頁）になるという実用性も兼ね備えた秀作である。

　さて，編集委員会から本書の書評依頼が来たのは，おそらく本学会で目立たない存在の評者が大学評価について拙い研究をしていたからであろう。そこで得られた知見の一部は，大学評価は誤用される危険性が少なからずあること，それは複数の利用目的の混在に起因することである。大学評価は大学の改善に資することをその目的の一つとしながら，相当な性善説に立たない限り，残念ながら現実的には効果的に改善に活かされる可能性は低いと言わざるを得ない。

　実はこの点に関しては，本紀要の第59号で文字通りの拙文を書かせていただいたことがある。そこでは大学（教育）の改善に資するという観点では，大学評価には課題が多い一方で，当時注目され始めていたＩＲには可能性があることを指摘した。そう書きつつも諸般の事情から，残念ながら評者はその後ＩＲについての研究を深めることができなかった。そのため，非常に大きな期待を

持って本書を拝読した。本書を読み進めると，例えば，ＩＲにおいて「どのような問いを立てて事態の解決に意図的に取り組むのか」が肝要であるという指摘（ⅳ頁）や，「大学が受け身の姿勢で応じるのではなく，自己点検・評価に主体的に向き合い，自らのマネジメントの課題として取り組んでいくにはどうすればよいのか」という問いかけ（98頁）など，実に共感できる記述が多く出てくる。

　以下，無責任ではあるが，バランスの良い書評は他誌でなされるであろうとの予測のもと，評者の関心に沿って書かせていただくことにする。具体的には，問いが重要であるという本書の指摘にならって，①ＩＲは純粋な改善ツールとなり得るか，②ＩＲを有効な改善ツールとするのに何が必要か，という２点から本書を見てみたい。ただし，これらは大学教育の改善に多かれ少なかれ関心がある人には共通の問いではないかと思う。

　とはいえ，本書の概略について紹介するところから始めたい。まず「はじめに」においてＩＲの定義・意義・背景の整理と本書の基本スタンスが示される。次に序章では，政策動向ならびに研究動向を整理しながら，大学が置かれている環境の変化，戦略的マネジメントの重要性，そこでのＩＲの役割・機能などについて検討がなされる。第Ⅰ部（第１〜４章）では，日本の状況を整理した上で外国（英米およびフィンランドの４大学）の事例紹介がなされる。それをもとに，財政危機下での戦略的計画を通じた質保証，教育改善に向けたプログラム・レビューとＩＲの展開，学習・教育のマネジメントにおける学生データの活用方法，ベンチマークおよび外部環境を意識した質向上の取り組みについて検討がなされている。

　第Ⅱ部（第５・６章）では，諸外国の事例を踏まえた著者の勤務校でのＩＲと学習・教育改革の実践ならびに国内他大学での先進的な取り組みが紹介される。前者については立命館大学のリサーチ・クエスチョンを重視した教学ＩＲの開発，後者についてはタイプの異なる３大学における内部質保証システム，ＩＲ，教育の評価，マネジメント等が検討される。第Ⅲ部（第７章）では，パンデミックの影響を受けた大学の経験をふまえて，今後さらに重要になるであろう課題が示される。具体的には，学生の「個」と「コミュニティ」における学びを重視した学習・教育を支えるＩＲのあり方，短期的かつ中長期的計画の策定・実行を支えるＩＲのあり方である。最後に「あとがき」において，本書で扱えなかった問題として，ＩＲのリーダー・担当者の養成ならびに専門性の組織的開発に言及がなされ，今後の研究の方向性が示される。

次に先に提示した二つの問いを軸に見ていきたい。問い①については，第Ⅱ部における先進校の実践分析が参考になる。そこでは，個々の文脈に沿ってＩＲの目的（ＲＱ）が明確化され，それに合わせて効率的なデータの収集・分析がなされている。大学評価のように外部から定められた枠に従属させられるよりも，個別大学（およびその部局等）の改善にとって効率的であるし，相対的に構成員の心理面にもプラスに作用しやすいと思われる。ＩＲは目的において質保証体制の確立等をめざすもので，それを大学の文脈に即してより教育改善に直結させていく性質を有しているからである。

　しかしながら一方で，本書前半で紹介されている海外の動向からは，ＩＲが外部の影響を受けて変質する可能性は排除できないことがわかる。例えば，近年米国で注目されているＩＥ（Institutional Effectiveness）や，外部環境を意識した英国キングストン大学の事例などを見ると，そのような懸念が強くなる。外部へのアピールや他大学との比較の要素が入り込んでくると，そのために形骸化が進む余地が出てくるように思えるが，それは評者の杞憂であろうか。

　このことからすると，問い②については，外発的なＩＲの開発・促進よりも「内発的なＩＲの開発」（81頁）こそがやはり重要に思えてくる。この点に関して本書は，ＩＲおよびその実施体制のあり方や留意点を，先行研究や政策動向，国内外の事例をもとに理論的・実証的に丁寧に論じる一方で，（この研究を行った意図・動機から考えるとやむを得ないのかもしれないが）実施者側の視点に偏っていないか，一般の教員側に立つとどうなのかという疑問を生じさせる。もちろん，これらの点について本書でも，多様な立ち位置や視点によってシステムの「見え方」が異なる点に留意すべきことが指摘されているし，構成員の士気の低下や帰属意識の希薄化の懸念，組織内に葛藤や反発が生じる可能性，当事者意識を涵養する必要性，内発的動機に基づく改革の難しさといったことに言及はなされている。しかし，これらに対する踏み込みが浅い感じは否めない。研究としては，実施者側の視点からの検討に限定することは決して不適切ではないが，ＩＲとそれに伴う実効性のある改善をめざす観点からは，それでは不十分であろう。異なる角度からのさらなる研究が期待される。

　自分のことを棚に上げて書きすぎてしまったが，これらは本書の学術的意義をいささかも損なうものではない。むしろ著者が制度面・体制面の整備・確立に関して，先行研究や国内外の事例を丹念に分析し，留意点や課題等を的確に整理したからこそ出てきた疑問であり課題であることを強調しておきたい。

■書評■

荻野亮吾著

『地域社会のつくり方―社会関係資本の醸成に向けた教育学からのアプローチ』

（勁草書房　2022年）

愛媛大学　露 口 健 司

1　地域教育経営論としての価値

　本書は，地域社会が成り立つ過程を社会関係資本の視座から解明するとともに，その過程において行政（社会教育）が果たすべき役割を明らかにすることを目的とした学術研究書である。序章における研究関心の提示，地域社会づくりを説明する社会関係資本と社会教育の理論的検討（第1～3章），二次データを用いた計量分析（第4章）と長期に及ぶ事例分析（第5・6章）を通して，地域教育経営論の発展に貢献する優れた知見を数多く提示している。終章に示される提言も有用性が高く大変興味深い。地域教育経営の社会関係資本アプローチという新たな学問的地平を切り拓いた力作であり，学術的・実践的価値は高い。

　著者は，社会関係資本を，地域社会の中核的な構成概念として捉え，「地域社会をつくる」というつかみどころのない従来言説を，「社会関係資本を醸成する」という科学的な概念での説明に置き換えている。そして，社会関係資本の醸成における行政（社会教育）の役割に着目している。社会関係資本の醸成における行政（学校教育）の役割については，評者も3冊の学術研究書を刊行しているが，行政（社会教育）の視点が弱いと自覚している。社会関係資本の醸成における，社会教育視点からの新たなアプローチを採ることで，教育分野における社会関係資本研究に厚みをもたらしている。

2　理論編：「関係基盤」への着目

　理論編では，社会関係資本の理論モデルの中から，著者は，「関係基盤」モデル（三隅一人『社会関係資本：理論統合の挑戦』ミネルヴァ書房，2013年）

を選択し，理論的な整理を行っている。関係基盤とは，「さまざまな属性は，それを共有する人びとからなる潜在的なソシオセントリック・ネットワークを指標する。そうした指標機能をもつ属性（三隅 2013：45頁）」のことを示す。著者は，「関係基盤」モデルを採用した理由として，第1に，事例研究との親和性を指摘している。計量分析では質問項目を工夫することで社会的ネットワークの補足が可能な部分がある。しかし，事例研究ではネットワークを補足すること自体が難しい。このため，社会的ネットワークを生み出す「関係基盤」としての中間集団に注目する意味が出てくる。第2に，政策投資との親和性を指摘している。可視化困難な社会的ネットワークよりも，可視化が容易な「関係基盤」としての中間集団に焦点化することで，政策投資の可能性が拓かれる。

「関係基盤」モデルは，中間団体を包括するコミュニティ・スクールの研究においても応用可能であり，今後のさらなる発展と拡充が見込まれる。

3　実証編：社会関係資本の醸成過程

実証編では，最初に，地域住民による地域活動への関与の規定要因を，計量分析によって明らかにしている。横断データのシングルレベル分析という限界を理解しつつ，個人の特性（性別・年齢・学歴・就業形態等）は地域活動への「参加」そのものよりも，中間集団や社会的ネットワークの保持に影響することを明らかにしている。地域活動への参加者が減少するという事象は，中間集団や社会的ネットワークに原因があるという示唆が得られている。つまり，個人的な「価値観の変化」や「仕事の忙しさ」が地域活動への参加減少の直接的な原因ではなく，それらの要因によって生じる中間集団や社会的ネットワークからの離脱が原因なのである。

佐伯市の事例研究では，「学校支援」組織を構造化することで，中間集団の縮小や解体により見えにくくなっていた地域の社会的ネットワークを可視化し，既存のネットワークを活用して，新しい水平的な社会的ネットワークを築く政策を採っていた。この政策は，既存の「関係基盤」を有効に活用し，会議体を組織することで「関係基盤」の「連結性」を高めたり，別の形で「関係基盤」自体を再組織化したりすることによって，地域の社会関係資本の充実を図る試みであったと評価している。

また，佐伯市における社会関係資本の再構築の過程を見ると，これまでの地

域の活動の中で築かれてきた「信頼」を利用する形でネットワークが築かれたことが分かる。具体的には，教員と地域住民，あるいは教員とコーディネーター，地域住民とコーディネーターの間で，これまでの活動を通じて築かれてきた「特定化信頼」を基盤にして，新しい住民をこの関係に参入させることによって，その信頼を広げていく戦略（一般化信頼への拡張）が採られていた。

　これらの量的・質的分析を通して，地域社会のつくり方として，①地域社会における人間関係づくりの基礎として，「関係基盤」の創出を進めること，②関係基盤同士のつながりを紡ぐこと，時間をかけて重層化と連結化の手続きを進めること，③社会教育が地域関係資本の醸成に果たす役割（社会化・人材育成，中間集団の連結促進等）を有効に活用すること等を提言している。

4　今後の展望

　本書のデータは，COVID-19 以前のものである。今後は，COVID-19 以降の地域における社会関係資本の変容についての研究が期待される。中間集団の創出の重要性を見いだしているが，町内会・自治会への参加率の急減が進み，どの組織にも所属しない市民が 2 割台から 4 割台に増加しているとの調査もある。ＰＴＡや子供会の衰退に歯止めがかからない COVID-19 後の今日に対して示唆を与える研究成果を期待したい。

　また，時間軸の拡張にも挑戦していただきたい。著者も指摘するように，地域社会づくりには相当の時間を要する。事例分析では一定程度配慮されているが，世代のレベルに踏み込めていない。計量分析では横断データであるため考慮されていない。近年，経済学分野の社会関係資本研究において，時間の価値が着目されており，今後の研究推進においてぜひとも検討いただきたい。

　ロバート・D・パトナムが著書『われらの子ども─米国における機会格差の拡大』において指摘したように，地域の子供を地域で育てようとする規範の消失が，地域崩壊の序曲である。こうした規範の役割についても，研究の中で扱ってほしい。地域住民にとって価値ある規範を守り継承することも，社会教育の重要な役割ではないだろうか。

石井拓児著

『学校づくりの概念・思想・戦略—教育に
おける直接責任性原理の探究』

（春風社　2021年）

国士舘大学　北　神　正　行

　本書は，「戦後日本の教育実践のなかから誕生した『学校づくり』という概念に着目し，それらの教育実践を主導した優れた教育者らの教育思想を明らかにするとともに，『学校づくり』概念が形成され各地の教育実践において定着するようになった，1950年代後半の政治的・経済的・社会的な状況および具体的な教育法・教育政策の実施過程を踏まえつつ考察することにより，今日において『学校づくり』概念が有する戦略的意義を明らかにすること」を目的とするものである。そして，この目的を達成するために3つの研究課題を設定している。第1の課題は，従来の「学校づくり」研究において十分ではなかった概念性にこだわりながら，その実践と運動，関連する教育科学の諸理論を検討することによって，その思想性と戦略性を示すこと。第2の課題は，学校づくり実践が困難さに直面する1970年代から80年代にかけての時代背景に「日本型企業社会」の形成があり，そのもとでの学校における教育課程づくりをめぐる戦略性の在り方が構造的に変容していく過程を明らかにすること。そして第3の課題が，戦後，民間教育運動のなかで確かめられてきた「学校づくり」と今日の新自由主義教育改革のなかで政策的に提起される「特色ある学校づくり」とを，明確に区分する視点がどこにあるのかを指し示すこと，である。

　こうした研究目的と研究課題を達成するために，本書は次のような構成で編まれている。

除性をめぐる問題

　このように，本書は学校づくり概念が形成された1950年代から現代に至るまでの学校づくりの通史的研究という性格を有するものであるが，そこでの基本的スタンスは「学校づくり概念が，ある特定の歴史段階において教育実践概念として誕生したものである以上，その『歴史的状況』をとらえることなしに，この実践概念のもつ教育的価値を明らかにすることはできない」という点にある。こうした基本的姿勢が，本書の構成に込められており，学校づくり概念の発生から今日に至る過程のなかで形成されてきた学校づくり実践の教育的価値が分析されている。そして，この「歴史的状況」を的確にとらえ，その概念のもつ教育的価値を明らかにするために，本書では教職員らの教育実践を励ましていた教育雑誌，教育運動におけるさまざまな報告書，地域を単位に積み上げられていた教育研究団体や教職員組合の教研活動における実践レポートといった資料に「徹底的に依拠」して分析・考察がなされている点に研究方法上の特質がある。こうした研究の基本的立場や方法論上の特質を踏まえながら，以下，本書の学術的意義について触れておくことにする。

　本書の学術的意義の第１は，1950年代以降の日本の管理統制的な教育政策への対抗を背景に，教職員の自主的・創造的な教育活動としてはじめられた「学校づくり」概念の成立を1950年代中頃から後半に特定できることを論証するとともに，その概念に込められている価値志向性（思想性と戦略性）について，学校づくり実践・教育運動とそれを支えた教育理論，そして教育政策動向との対応関係の側面から明らかにしている点にある。また，「学校づくり」概念のもつ歴史性の観点から，「学校づくりは，教育内容の国家統制的な関与を排しつつ，この時代の学校運営そのものへの過剰な行政的介入にも抵抗的であり，かつ学校と保護者・地域住民との共同的な関係性をいかにして構築するのかを

課題とするものであり，その意味で，教育の自由と自主性の尊重および学校自治（学校運営の自律性），そのもとでの保護者・地域との合意に基づく学校教育活動および教育内容のあり方（教育課程の自主編成）を追究しようとするものであった」ことが示されている。

　第2の意義は，第1の点にも関連するが，「学校づくり」実践がもたらした教育法理論や学校経営研究に与えた影響が論証されている点である。特に，「学校づくりの理論と実践の拠り所」である「教育の直接責任性」原理が，抽象的な理念としてのみならず，学校と地域，教職員と子ども・保護者の関係性を追究する具体的で現実的な価値理念として読み解かれ，この価値理念をもとに実践された学校づくりの姿が事例分析（北海道宗谷地方の教育合意運動等）を通して明らかにされている点は，今後の学校づくり研究を進めていく上での大きな手掛かりとなる。同時に，そこでの実践は学校経営のあり方に関わる父母・住民の学校参加，具体的には教育課程編成と学校づくりの課題を結合させる取組としての方向性や戦略を示すものとしての意義を見出すことができる。

　第3の意義は，こうした研究成果を踏まえ「学校づくり」概念の歴史性とともに普遍性を示している点である。学校づくり概念には，教職員の自主性と主体性，教職員の集団性と組織性，子どもの発達や地域のなかの課題発見性という組織原理が存在し，そのもとで「地域に根ざす学校づくり」「開かれた学校づくり」など，多様な形容詞を伴った実践が展開されている。そこには，1980年代前後に形成された日本型企業社会の形成以降の政治的・文化的価値観の変容やその後の新自由主義的教育政策の展開のもとでの「学校ガバナンス改革」や政策的に提起された「特色ある学校づくり」による学校内部の自治的・自律的関係性の解体が進められているなかでも，学校づくり実践の豊かな可能性を示すものだといえる。と同時に，今後の学校づくりの方法論的枠組みとして，この概念が「福祉国家」論的学校管理行政に対抗的に生み出されたものであることから，これを福祉国家構想のなかに位置づけ直すことによって，その現代的な再生・復権を可能とするものであることを提示している点は，今後の学校づくり研究の一つの方向性を示すものとして注目される。

　学校・地域を取り巻く環境が大きく変化するなか，本書で示された「学校づくり」実践に込められた価値志向性を確認しながら，今後は，コミュニティ・スクールの動向や子どもの福祉，地域課題の変化などを含んだ新たな学校づくり研究の展開も期待される。筆者の研究から引き続き学んでいきたいと思う。

■書評■

鈴木雅博著

『学校組織の解剖学
─実践のなかの制度と文化』

（勁草書房　2022年）

早稲田大学　菊 地 栄 治

　教育経営研究は実践性と学術性の両方を視野に入れつつ，さまざまな研究方法を駆使して多くの知的貢献を行ってきた。他の社会科学等の認識論や方法論に倣いながら，教育研究としての質的向上が図られてきた。至極当然のことなのであるが，学校組織を日常的に運営している人々は，単に政治的・文化的な価値の単純な虜として日々の実践を紡いでいるわけではない。にもかかわらず，私たち研究者は往々にして特定の前提に立っていることに無自覚なまま，「当事者＝教師」を受動的な行為者として扱いがちである。たとえば，「校長のリーダーシップ」を是として想定した途端に，教師たちのふるまい方を特定の方向のみで枠づけて理解してしまう。計量的な実証研究もしかりである。意識されざる前提に立って研究をデザインし，最終的には多変量解析の統計量が想定上の確率分布のいずれの地点に落ち，当該の帰無仮説が棄却されることになるかどうかに関心が払われたりする。具体的な日常から離れた抽象化や数量化は研究者がよって立つ前提を無自覚化させる魔力を持っている。

　本書は，複数の学会誌論文等を「エスノメソドロジー」という方法的規準に照らし，矛盾なきように再構成した著作である。これまでの学校組織研究が半ば無意識に依拠する前提そのものをデータにもとづいて看破し，「教師たちが実践のなかで／として学校組織をまさにそのようなものとして成し遂げる，その方法と能力を解明すること」を目的として論が展開されていく。

　社会問題の構築主義的アプローチも事象が予め構築されたことに立脚する限界を射抜いている点で類似しているようにもみえるが，ガーフィンケルとサックスの言う「エスノメソドロジー的無関心」は当事者の立場に関するコミットメントから解放されていることにこだわる。いわば宙吊りのままにされ，まさ

に学校組織における行為が解剖学的に描出され意味が解釈されていくのである。

本書は，おそらく日本において「学校組織のエスノメソドロジー」を初めて本格的かつ適切に実現した好著である。市立中学校（北中学と仮称）を調査対象にし，2009年4月から2011年3月にかけてフィールドワークがなされていった。マージナルな役割を背負いつつ，綿密かつ集中的な調査が実施され，当事者との関係性が構築されているからこその深い読み取りも実現している。いくつかの制約に直面しながらも，きわめて丁寧にデータ収集が行われている。

本書が描き出す学校組織の日常世界は多岐にわたる。ちなみに，第4章から第11章までのタイトルは，以下の通りである。「民主制のなかの官僚制／官僚制のなかの民主制」，「『説明責任』を語ること」，「先議者規範と沈黙のなかの／としての組織」，「『荒れ』を語ること」，「『新任者である』ことをすること」，「曖昧な校則と厳格な指導」，「時間外勤務をめぐる解釈実践」，「組織から距離をとること」……。どれも教育経営学のみならずこれまでの教育研究が「外側から押しつけてきた前提」をいったん括弧に入れなければ迫り切れない現実である。たとえば，保護者アンケートをめぐって，学校現場におけるアカウンタビリティ＝「説明責任」について，教師たちは「説明責任」を文脈ごとに異なるものとして産出し，保護者の位置づけを変えながらやり取りを行う過程が忠実に描き出されている。ここでは，経営論的用語は，専門職アイデンティティと対立することなく共闘的関係を結んでいたことが白日の下にさらされる。また，北中学と「荒れ」の結びつきと，経験に裏打ちされた「荒れ」と共同歩調による管理教育徹底の因果論が教師に共有されることから，生活指導担当者が将来の「荒れ」のリスクに言及し，厳格な指導の要請への応諾を引き出そうとしていた。これに関して，バッグの色の校則規定をめぐる議論の展開も教育現場の現実をより深く認識する上で興味深い。教師たちは「黒基準」が不文指導事項である限りにおいて，厳格さを一定程度評価するが，明文規定の地位を求める際には否定的な評価を行うという知見を得る。校則であることを明示せず生徒の納得を得ることを優先させられるのが通例であり，生徒の自律的な規律遵守に向けた教師たちの主体的協働が展開されている。時間外勤務をめぐる解釈実践の分析からは，従来の献身的で無境界的な仕事を「仕事」として語る教師の姿とは異なる様相が示された。教師たちは，「子どものため」に自主的／義務的に勤務時間を超えて仕事をする者ではなく，{教師}／{労働者}カテゴリーやそれらに結びつく規範を参照し，勤務時間外の仕事を減らす実践を展開

することが明らかになる。

　十余年も前の特定の中学校の日常世界を切り取ったものに過ぎないと指摘する向きもあるかもしれない。しかし，本書を読み進むにつれて，私たちがいかに「こちら側の世界」から特定の前提をあてはめながら裁断してきたかに気づかされる。日常の教師のふるまいと思考が解剖されるテキストを通して，読み手自身の前提自体が解剖されていくのである。

　とはいえ，疑問なしとするわけではない。データ（記録）の制約はおくとして，以下の３つの限界を指摘しておきたい。

　第一に，著者は果たして会議等での参与観察の際に教師たちの発言に一定の影響を及ぼさなかったと言えるのだろうか。社会的空間は一方向的な解剖学的行為とは異なり，調査者自身には気づけない影響関係が成立し得る。そのことの歪みを自覚し，影響関係そのものをも批判的考察の対象とすべきではないかという指摘に著者はどう応答されるだろうか。

　第二に，本書が現実に与えるインパクトを私たちはどのように認識すればよいのか。その点も含めた理論的・方法的な整理が必要ではないだろうか。エスノメソドロジーがいわば「方法主義」に陥ってしまう危険性もある。徹底して括弧に入れる思考は，現実の断片化を下支えし，支配的な動きに抗することのできないある種の政治的立場に立つ研究者でよしとする可能性はないか。現実世界に関与しながら自分自身も変えられていくという関係性のもとで協働的に学校組織の「難題」と向き合う研究こそが必要なのではないか。このことは，「臨床」概念を一歩踏み込んだ深い次元で捉え直すことに他ならない。

　最後に，教育現実のマクロな歴史性・政治性を明確にすることから距離をとること自体の政治性を問う必要がある。たとえば，民主制についての言及もあるが，この概念自体の陳腐な規定を踏み抜いていくことが必要である。このことは，経済学から派生している概念への無自覚性にもつながる。構造的考察の欠落からは，オルタナティブな社会像も学校像も生まれない。無関心で済まされる特権的な地位に研究者があることに反省的に向き合うにはどうすればよいのだろうか。社会科学者としてのミッションとは何だろうか。

　評者自身の課題でもあるこれら３点を含めて，著者の次なる物語をぜひ読んでみたいという気持ちに駆られる。より厳しい状況下にある教育現実に著者は研究者として今後どう伴走されるのか。その際にこの研究はどのように役立てられるのだろうか。今後の動きに期待を込めて注目したい。

■書評■

阿内春生著

『教育政策決定における地方議会の役割
―市町村の教員任用を中心として』

（早稲田大学出版部　2021年）

新潟大学　雲尾　　周

　本書は，「市町村議会における教育政策の審議についての検討を通じて，市町村議会の教育政策への関与の方法，関与の限界を明らかにする。そして，教育行政研究において，基本原理として重視されてきた教育の政治的中立性について，政治アクターと教育行政の関わりから検討する」（1頁）ものである。

　早稲田大学大学院教育学研究科より2020年2月に博士（教育学）学位を受けた博士論文を修正発刊したものであり，著者の10年以上にわたる研究の蓄積の上に構築されているだけに，五つの科研費の成果ともなっている。

　序章，第1章〜第9章，終章からなる。以下，各章の内容と，そこで生じた疑問等について記す。

　「序章　研究の背景・課題設定」は一部，赴任された2013年の『福島大学教育実践学研究年報』の論稿を含んでいる。教育行政研究の研究対象となってきた事象は幅広いが，研究蓄積が最も多いのは国内の公立小中学校に関する研究ではないかとしている（この点は，教育経営研究にも通ずるものがある）。その政策決定の中でも最終段階に関与するのに研究上重要視されてこなかった市町村議会に焦点を当てる研究である。そのため，教育の政治的中立性をまず論じ，市町村費負担教職員任用事業・地方分権改革・市町村議会の政策決定過程を検討しての課題設定，それらに関わる先行研究の検討と研究の意義を述べている。「図序 -2　本書の分析枠組み」（20頁）は，本研究の見取り図としてよくまとめられているが，議会間の関係（他の線と同じでよいか），他市町村との関係（一方向性か）については疑問もある。

　「第1章　教職員人事行政及び市町村議会の実態」は一部，2014年の『教育制度学研究』に掲載された課題別セッションの内容を含む。本研究の対象とな

る教職員人事に関わる制度と市町村議会に関わる制度を確認している。ただ，「都道府県や政令市全域を異動対象とする教職員と当該自治体内に異動範囲が限られる教職員」（75頁）に関わる課題を論じているところから疑問が生じる。著者はここで都道府県と政令市を同列に設定しているが，ここの記述に政令市は不要ではないだろうか。むしろ本研究の枠組みから言えば，市町村議会の教職員人事政策への関与がもっとも効果的に生じそうなのが政令市となってくるのではないだろうか。

「第2章 教育政策と地方政治に関する研究動向」は，教育の地方分権改革に関する先行研究，教育行政と首長の関係を論じた研究，地方議会と教育行政に関する研究を整理することにより，教育政策研究における地方政治の研究の必要性を明確にすることを企図している。

「第3章 長野県小海町の町費教員任用事例」は2009年の『早稲田大学大学院教育学研究科紀要』の論稿を基にしており，著者の本研究に係る最初の著作である。1998年度に独自の学級編成を行おうとしたところ県教育委員会の指導により修正させられた事例としている研究もあるが，本稿は1985年度より取り組んでいる町独自施策や任用形態，県教育委員会との協議などを議会資料，新聞報道，当時の教育長へのインタビューから分析考察し新たな評価を加えている。

「第4章 長野県小海町の少人数学級編制事例における議会の動向」は，首長と議会の関係が同調的である場合の事例として，町長・教育長インタビュー，議会議事録，新聞報道等から政策決定過程を分析している。インタビュー内容として「県地方課からは『不交付団体でもないのに』なぜ，このような政策を実施するのかと批判された」（136頁）と記述しているが，ここは着目点である。独自の少人数教育施策に対し公平性の観点から県教委が指導したという先行研究がある中で，一般行政においてはお金のあるところが独自施策を行うことを許容していた証左として研究発展する可能性がある。

「第5章 旧A町の町費教員任用事例」は2010年の『日本教育経営学会紀要』掲載論文を基にしたもので，複式学級解消を目的とする旧A町（およびその後継B市）の町費教員任用を，その待遇，職務，採用・配置の面から検討している。「第6章 旧A町の複式学級解消事例における議会の動向」はこの旧A町の事例を，町議会資料に基づいて分析している。

「第7章 旧総和町のTT政策導入事例」は，2014年の『日本教育行政学会

紀要』掲載論文を基にしており，首長と議会の関係が対立的である場合の事例として分析し，「第8章　旧総和町における『通年制』の事例」は同じ町における予算を必要としない施策について検討している。町立学校の学期区分をなくす「通年制」導入理由に絶対評価への移行があげられていながら小学校にのみ導入することの矛盾（小学校はすでに絶対評価。中学校がこの時期，相対評価から移行）はどう認識されていたのか気になるところである。また，この無予算政策において，町長は発案者ではあるが推進者ではなくなっており，政策繰り延べ提案を教育長に拒絶もされている。町長と教育委員会事務局職員だけでなく，アクターとしての教育長へのインタビューもあるとよかったのだろう。

　「第9章　箕面市における生徒指導専任教員配置政策」は2015年の『教育学研究』掲載論文を基にした，議会の予算審議を通じて教育政策が実質的に転換した事例の分析である。市長と議会の対立の中で成立したこの政策であるが，教育委員会会議が政策形成の外縁に追いやられる一方で，教育委員会事務局は市長・議員双方への政策形成具体化の協力を行っている。これは政治的立場ある者に加担して教育行政の政治的中立性に背くというよりも，いずれの政治的立場も尊重していることにむしろなるのではなかろうか。

　「終章　市町村議会の教育政策決定への関与」は2018年に日本行政学会で口頭発表したものを論文化したもので，議会と教育政策の関わりについて，首長・議会関係と教育政策の審議過程の関係，議会による教育政策決定過程への関与の限界について考察し，その中で教育の政治的中立性に関する考察を展開している。

　各章の事例分析，また終章の内容にもあるように，本書のキーワードは，書名・副題に現れていないが，「教育の政治的中立性」である。博士論文の題目をそのまま書名にされているが，評者が書名をつけるとすると『首長の教育政策を変容させる地方議会』，副題に「教育の政治的中立性の新しい形を求めて（のために）」または「教育の政治的中立性再考」としたいところである。書籍の帯には「教育の政治的中立性が確保される地方議会の関与のあり方とは」とあるので，書店で見かけてもらえれば必ず手に取ってもらえ，読んでもらえるのではないだろうか。

　そして地方教育行政研究の書籍に位置づけられてはいるが，首長，議員，教育委員，教育委員会事務局を含めた地域教育経営の新展開ととらえることで，地域教育経営研究の書籍として本書を高く評したい。

■書評■

鈴木悠太著

『学校改革の理論
―アメリカ教育学の追究』

（勁草書房　2022年）

三重大学　織　田　泰　幸

　本書は，著者の前著『教師の「専門家共同体」の展開と形成―アメリカ学校改革研究の系譜』（勁草書房，2018年）の続編として位置づけられている。前著が教育政策分析家ミルブリィ・マクロフリン（Milbrey W. McLaughlin）の研究に着目しているのに対して，本書は学校改革の研究者であるジョセフ・マクドナルド（Joseph P. McDonald）の研究に着目して，彼の学校改革の理論を体系的に検討したものである。本書が主題とした学校改革の研究は，同僚性（collegiality），専門家共同体（professional community），組織学習（organizational learning）といった教師集団や学校組織に関する重要概念を含み込んで展開されており，教育経営の研究テーマと重なるところが大きい。

　本書の目的は，マクドナルドとドナルド・ショーン（Donald A. Schon）による「学校改革の『活動の理論』の形成を跡づけ，その特徴を明らかにすること」（3頁）であり，研究の対象は「およそ30年間に及ぶアメリカ学校改革」（207頁）である。マクドナルドとショーンの共同研究を出発点とする学校改革研究の展開を「アクションリサーチ」として性格づける点に本書の特徴がある。

　マクドナルドの学校改革研究の基底にあるのは「活動の理論（theory of action）」である。それは，「組織学習」の見方（perspective）（13頁）であり，改革の方略や行為の意図（117頁）である。「活動の理論」は，「支持理論（espoused theory）」（信奉する理論）と「使用理論（theory-in-use）」（使用中の理論），それに「デザイン理論（design theory）」（プログラムの構造や方略に潜在的に含まれた意図）を加えた3相から構成される（20頁）。ここでは実践者の知（声）への注目と研究者と実践者の関係の一新が意図されており，実践者は専門的知識の受動的な受け取り手から「実践の探究者」へ，研究対象

ではなく「共同研究者」へとその位置づけが変容し，両者の「構成的連携」の方途が探究される。

　次に「学校改革の記憶喪失」というアメリカの風土病を乗り越え，学校改革の遺産（経験・記憶・影響力）を継承して発展させるための重要概念が「活動空間（action space）」である。「活動空間」とは，外部からの資源によって形成される空間であり，学校改革を想像する余地を与えるものである。それは資金，市民の能力，専門家の能力から成る（118頁）。学校改革の成功や達成は，これら三つの頂点の変動（例：資本の有無，支援者の存在，専門家の能力への依存／開発）の観点から説明される。「活動空間」の対義語として，「渦（vortex）」（授業におけるデータ活用のような挑戦的な革新を準備不足の学校／学区に居丈高なやり方で投入したらどうなるかを叙述する用語）が定位されている（154頁）。

　「活動空間の理論」のアイディアを実践する学校改革者の仕事は，①信念の枠組みを再構成する，②議論を「活動の理論」へと変換する，③活動に移す，④活動空間の脈絡を作り出すことである。「脈絡を作り出すこと（connecting）」は，学校改革のための財政的・人的・知的資源を獲得するだけでなく，「学校改革の『記憶喪失』と対決すること」（「学校改革の記憶を失わないこと」）であり，「学校改革者が先人や競合者の努力を自分たちのそれと関連づけたがらないことと対決すること」（144頁）である。この「脈絡」の力を回復することが，常に崩壊する傾向にある学校改革に対して，次なる学校改革の「活動空間」へと知識を継承するために重要になる。

　本書で提示される「学校改革者」と「学校改革研究者」の関係は，臨床的アプローチ，コンサルテーション，学校組織開発，そして教職大学院における学校改善支援と関わって教育経営学会として追究してきた主題から導かれた知見と通底している。例えば，K.レヴィン（Lewin）のアクションリサーチの学統の継承，実践家と研究者との協働による改革の推進，実践家の省察の実現の追究，学校改革の持続・継続の困難さの自覚である。ただし，本書はこれまでの教育経営研究では見られない独特な概念や方略を基礎とした学校改革のデザインと支援が意図されているゆえ，本書から得られる示唆は大きいだろう。

　以上の整理を踏まえて評者が本書から学ぶべきだと考えたのは，研究者として学校の改革に関わる際のスタンスである。本書では，「学校改革の『複雑さ』を引き受け」（ⅱ頁）るとともに，「改革の『坂道』を『共に転げ落ち』ながら

学校の実践家の『省察』の実現を追求」（238頁）する学校改革研究者の誠実で峻厳な姿勢が強調されている。「学校改革について考えるとき，あなたは何を考えるのか」（ⅰ頁）というアクションリサーチの基礎をなす問いは，学校改革の「観察者」や「傍観者」ではなく，学校改革の「当事者」や「協働探究者」としてのスタンスを明示するものである。

　もう一つ，「魔術的な思考（magical thinking）」の孕む危険性の指摘も重要である。「魔術的な思考」とは，「授業」という営みを過度に単純化して捉え，「実践の革新」をあまりにも容易に達成できるとする思考である（147頁）。この危険性については，学校改革に内在する複雑で複合的な課題に鑑みれば，「授業」を学校改善や組織開発に置き換えても同様のことが言えるだろう。

　それにしても本書のタイトルにある「学校改革（school reform）」は何を意味するのだろうか。従来の教育経営学では，OECD／CERI の国際学校改善プロジェクト（1982〜1986年）を契機として「学校改善（school improvement）」の研究が蓄積されてきたが，「学校改革」を冠する学術書はほとんど見られない（あるいは「学校改革」の用語の持つ意味は無自覚的に用いられてきた）。本書では「アネンバーグ・チャレンジ（Annenberg Challenge）」における現実の取り組みをもって学校改革と理解されているが，「学校改革」と「学校改善」の違いをどう理解すればいいのかという疑問が生まれた。そこで評者は，著者の指導教員であった佐藤学氏にこの疑問を尋ねてみた（個人的なやり取りをもとに許可を得て掲載）。

　佐藤氏はイノベーションの研究者 C. クリステンセン（Clayton M. Christensen）の「破壊的（disruptive）イノベーション」と「持続的（sustainable）イノベーション」の区別になぞらえて，学校改革は「破壊的イノベーション」であり学校革命（revolution）であるのに対して，学校改善は「持続的イノベーション」であり，漸進的な改革（evolution）であるという。この区別に照らすと，本書では「破壊的な活動」と「構築的な活動」が学校改革者に求められる（191頁）と明記されているが，教育経営学では「破壊的イノベーション」を明確に意図した研究が行われてこなかったのではないだろうか。「学校改善では学校の根本的な変化は生まれない」という佐藤氏の指摘に基づけば，「学校改革」と「学校改善」を明確に区別した研究と実践の推進は，教育経営学を専門とする研究者たちに突き付けられた大きな課題であると考える。

　（注：本書の引用については，原著に照らして一部を修正した。）

教育経営学研究動向レビュー

　今期の研究推進委員会は，「教育経営学研究の新機軸の探究」
をテーマに掲げている。昨年の課題研究では，コロナ禍において
学校や教育に生じている変化とその現実を明らかにする上での研
究課題について検討した。本レビューでは，昨年までの成果を踏
まえ，これまでの教育経営学研究が学校や教育の「リアリティ」
をどのように明らかにしてきたのかについて，調査・分析の手法
やアプローチに着目して，その特徴と課題についてレビューする。
教育経営学研究は本当に学校現場の現実を説明し得ているのか，
研究者がデータの収集や分析の枠組みをあらかじめ設定すること
によってむしろ見落としてしまっている現実もあるのではないか。
そのような探索的な問いを出発点にしている。

　本レビューでは，2000年以降の本学会紀要に掲載された実証的
研究の成果を整理し，特に質的調査を実施した論文が，それぞれ
にどのような研究アプローチを採用し，それによって何を明らか
にしてきたのかを分析する。これまでの研究が明らかにしてきた
ことの輪郭を明確にする作業を通じて，これまで十分にとらえら
れていなかったことへの接近の仕方について考察したい。

　本委員会では現在，一人の教員による語りにこだわりながら，
その語りに表れる学校組織の認識等について分析を進めている。
本レビューは，その基礎的作業としての役割も担うものである。

教育経営学研究における質的調査研究の特徴と課題

沖縄国際大学　照屋翔大

1　問題の所在―学校や教育の「リアリティ」をとらえられているか

　本稿は，教育経営学における実証的研究，とりわけ質的調査の研究手法を用いた研究が，いかなる手続きによって学校現場のリアリティを描き出そうとしてきたのかについて，2000年以降の論考を対象にレビューするものである。

　いうまでもなく，現代社会は大きな変化の中にある。教育経営をめぐる実情が大きく変化する中で，教育経営学研究は本当に学校や教育のリアリティをとらえ切れているのか，リアリティに基づいた研究知見を提供できているのかが改めて問われている。ズレを含むリアリティのとらえによって生み出された知は，研究知／実践知を問わず，その妥当性を欠くに違いないからである。

　今期（2021〜2024年）の研究推進委員会は，昨年度の研究動向レビュー（小早川・榎 2022）や学会大会での課題研究を通じて，これまで対象化できていない学校や教育の姿が存在すること，そしてこれまでとは異なる視角からの課題設定が必要になることを提起した。以上の成果を基礎にして，本稿では，少々回りくどく思われるかもしれないが，とらえ切れていないリアリティの輪郭を描き出すために，これまでの教育経営学研究がどのように学校や教育のリアリティをとらえてきたのかについて，2000年以降に刊行された本学会紀要（第42〜64号）に掲載された論文を基に明らかにしたい。その整理を踏まえた上で，これまでの教育経営学研究が十分に対象化することができていなかったリアリティをつかまえるための研究方法上の課題について考察する[(1)]。

　この目的に迫るべく，本稿では実証的研究，特に質的調査研究に着目する。実証的研究とは「教育問題の構成要素について，資料収集・記述・調査・統計的処理・比較的研究・事例研究など，経験科学に共通するいわゆる実証的方法

を用いて研究し，その研究を介して教育の実態を把握しようとするもの」（白佐 1980：16頁）として定義され，量的調査と質的調査両方の研究方法を内包する概念である。質的調査とは「対象となるサンプル数は少なくとも，より多様性に富む密度の濃いデータの収集を目的とする調査」（武井 2018：34頁）を指す。その研究アプローチ（ケーススタディ，エスノグラフィなど）や手法（参与観察，インタビューなど）は様々である。

　本稿では意識的に「質的研究」ではなく「質的調査研究（質的調査を実施した研究）」という語を用いている。大谷（2019）は質的研究について，仮説─検証型の研究では十分にとらえきれないもの，つまり人々の主観的・間主観的，言語的・非言語的，動的かつ相互作用的なことがら（例えば，価値観，信念，意図，意識など）を明らかにする（24頁），「事実は社会的に構成される」という社会的構成主義あるいは解釈主義的なパラダイムに支えられている（31頁）と説明する。クヴァール／能智・徳田（2016）は，研究する事柄についての概念は研究の過程で発展・洗練され，研究者自身が研究フィールドの一員となる（ii-iv頁）とした。しかし，後述の通り，これまでの教育経営学研究の中には，何らかの質的調査は実施するものの，そのデザインや質的データの扱いについて上記の質的研究の特長に合致しない研究も少なくない。

2　レビュー対象論文の抽出と実証的研究の全体的傾向

　レビュー対象としたのは，本学会紀要に掲載された「特集論文」および「研究論文」のうち，先の実証的研究の定義に照らして抽出された各論文である。紀要第42〜64号に掲載された上記二つのカテゴリー内の全論文から，執筆者らが自ら量的あるいは質的な調査を実施したことが確認できた論文を抽出し，その特徴の分析を行った[2]。抽出できたのは，量的調査研究28，質的調査研究23，量的調査と質的調査の両方を実施した研究6の計57論文である。

　全体的な傾向として，2000年代は量的調査研究の掲載が目立つ。しかし2010年代以降は質的調査研究の掲載数が増加し，同期における総計では量的調査研究のそれを上回っている。同時に，文献資料の分析を中心とした理論研究よりも各調査研究の掲載が増加していることも全体的傾向として指摘できる。これは，教育経営学研究における研究者の関心が「『現状分析』に主眼が置かれている」（田中 2021：142頁）という指摘とも符合する。

3　本学会紀要にみる質的調査研究のアプローチと その特徴

　質的調査研究として抽出した23論文について，それぞれが採用する研究アプローチの観点から整理した結果，七つのアプローチに分類することができた。⑴インタビュー調査，⑵フィールドワーク，⑶エスノグラフィ，⑷スクールヒストリー，⑸開発的研究，⑹修正版グラウンデッド・セオリー・アプローチ（M-GTA），⑺解釈的アプローチである。

⑴　インタビュー調査

　制度や政策といった特定の事例に対する対象者の認識や思いを聞き取り，ドキュメントデータだけでは十分な把握が難しい事実を確認・補完するためにインタビューを実施する研究群である。本稿では，以下に述べる⑵〜⑹の手法を併用せず，質的調査としてはインタビューのみを実施した論文を分類した。

　この研究群においてインタビューデータは「背景，政策の内容と実施の正確な理解を期するために，活用」（佐藤 2014：37頁）される傾向が認められる。特に国外をフィールドとする研究に共通性が高く（他に，小島 2004，湯藤 2010，照屋 2017，髙野 2018），国内の事例を取り上げた場合にも同様の傾向が認められる研究は多い（川上 2005，阿内 2010，御代田 2019，原北 2020，吉田 2021）。また，インタビューの実施回数も対象者一人につき１回であることがほとんどである。特筆すべきは，他のアプローチと比較し，最も該当した論文が多い点である。インタビューという手法が多くの教育経営学研究者にとって採用しやすい（敷居の低い）手法であることの証左といえよう。それだけに，後述のように，その方法をめぐる妥当性は再考される必要がある。

⑵　フィールドワーク

　インタビュー調査に加えて参与観察による収集データも分析に加えている研究群である。学校と家庭・地域の連携活動が子どもに対してどのような効果を及ぼしたかを明らかにした柏木（2002），学校運営協議会におけるミクロな社会関係の分析から保護者が「無言委員」になってしまうメカニズムを明らかにした仲田（2010），学校参加活動の分析から教育当事者としての地域住民の認識は所与のものではなく徐々に形成されていくことを明らかにした木下（2021）

などは，施策の実施過程を動態的にとらえることに成功している。その他，ア
メリカの中学校における「専門職の学習共同体：PLCs」の実態を明らかにし
た新谷（2014）や，校長のビジョンを受けたミドルリーダーが主導する学校改
革の取組において教頭がどのような位置にあったかを，主に校長や中堅教員へ
のインタビューから明らかにした畑中（2018）もこの分類となる。

　これらの研究は，同一人物に複数回あるいは属性の異なる複数の対象者にイ
ンタビューすることで，分析データに厚みを持たせている。前述した(1)のイン
タビュー調査同様にドキュメントデータも使用するが，分析の中心は質的調査
によって得られたデータだという違いは明確である。対比的に述べるならば，
本手法ではドキュメントデータが質的調査データを補完する関係にある。

(3)　エスノグラフィ

　エスノグラフィの手法を用いたのは，海口（2005）と諏訪・渥美（2006）で
ある。海口（2005）は，教育委員会を制度ではなく組織としてとらえ，組織成
員の相互行為がどのように成立しているかを，定例会議における「ルーティ
ン」すなわち「教育委員会における定型行動」がどのように出現し，また更新
が阻まれるのかについて映像や音声データから明らかにし，委員会審議が形骸
化するメカニズムを説明した。諏訪・渥美（2006）は，学校・家庭・地域の協
働を進める校長の役割について，実際にその取組に当たった校長一人に2度に
わたるインタビューを実施し，その語りを軸に分析している。

　大野（2010a）によると，エスノグラフィとは「社会的現実を行為者自身の
意味の解釈過程と捉える解釈的パラダイムに立脚」（64頁）した研究手法で，
「実際に展開される研究活動は非常に広いバリエーションをもつ」（68頁）とさ
れる。後述のM-GTAや解釈的アプローチとの違いとして，調査を方向づけ
る研究課題の設定を調査前に定めておくという点が挙げられる。また，エスノ
グラフィについて「研究努力（エフォート）と産出しうる成果の落差も意識さ
れはじめており，エスノグラフィの適用を前面に出した調査は，見かけ上小康
状態」（大野2010b：159頁）という指摘は，調査対象に深く入り込むという同
手法が持つリアリティ把握における強みを踏まえると，深刻な課題といえる[3]。

(4)　スクールヒストリー

　スクールヒストリーは「個々の学校の営みを歴史的・社会的文脈の中に位置

づけて，学校や教職員が周囲の環境をいかにとらえ，意味づけてきたのかを，その組織や経験に関するデータを集め解釈する」（天笠 1995：52頁）アプローチである。この手法を採用した横山・清水（2005）は，学校と地域による合同運動会というイノベーションの継続的採用を促す組織的要因を関係者へのインタビューと資料から明らかにしている。また記述に偏りが出ないよう，インフォーマルな場面でも関係者に接触するよう配慮したことが明記されている。

(5) 開発的研究

　これには，佐古・中川（2005），佐古・竹崎（2011）が該当する。これらの研究では学校組織開発の具体的なプログラムの設計・実施プロセスが描かれ，それによって学校組織にいかなる変容がもたらされたのかの検討から，理論モデルの生成が図られている。これらの研究を支えているのは，「学校組織変革動態に関する具体的かつ実践可能な知識を探究することが不可欠」（佐古・竹崎 2011：75頁）という認識であり，実践への目に見える形での寄与である。

　また佐古は，「教育経営研究のリアリティは，研究知（認識）と観察可能な出来事との相応関係だけでなく，教育経営の理念の実態化という観点からも問題とされてきた」（佐古 2022：129頁）とし，リアリティの構築に向けた方法論として，教師や学校との共同実践を提起している。

(6) 修正版グラウンデッド・セオリー・アプローチ：M-GTA

　M-GTA を採用したのは，畑中（2012）と中村・熊丸（2022）である。学校の内部過程の分析を得意としてきたエスノグラフィなどとの違いは，それらが分析視座をあらかじめ設定し，現象を成り立たせる要因の抽出や概念化を図ろうとする（畑中 2012：76-77頁）のに対して，M-GTA はインタビューの逐語録を分析ワークシートに整理し，概念，サブカテゴリー，カテゴリーからなる分析結果図を作成することで，「本人たちも何が影響したか自覚できていない意識変容の要因やメカニズムを探索的に明らかにしよう」（中村・熊丸 2022：59頁）とすると説明されている。また，一度生成された理論を他の同じような例において検証することが理論の緻密化につながると考えられていることも特徴といえる。

(7) 解釈的アプローチ

解釈的アプローチを採用した鈴木（2015）によると，このアプローチは，現象学的社会学，象徴的相互作用論，構築主義，エスノメソドロジー等の総称で，実定法や内部規程等の法規範が成員の行為を規定するという因果モデルではなく，社会的事象に意味を与えていく人々の活動を研究対象にする中で，学校組織の動態的理解を目指す研究手法と説明できる（64-66頁）。また，「行為の持つ意味が，人びとの言語使用と絡みながら文脈依存的に構成されていく活動・過程に目を向けるものであり，知見の一般理論化には懐疑的」（76頁）という特徴も持つ。当該論文は，職員会議をめぐって教員間で共有された暗黙の掟＝コードを抽出し，コードを媒介とした教員の相互行為を分析することで，職員会議で沈黙が出現し維持される理由とメカニズムを明らかにしている。

4　今後の課題—質的調査研究から質的研究へ

2000年以降の本学会紀要に掲載された質的調査を実施した各論文が採用してきた研究アプローチの傾向を踏まえ，改めて冒頭で確認した質的研究の特長に照らしながら，今後の教育経営学研究上の課題として3点を指摘しておく。

第一は，インタビューという手法の再考である。先にも述べたように，インタビューは最も採用しやすい質的調査の手法となっていた。しかし，本来インタビューとは「インター・ビュー」，つまり「共通に関心をもつテーマについて会話する2人の間の，まなざし／見解（ビュー）の交換」（クヴァール／能智・徳田 2016：6頁）であり，「インタビュアーとインタビュイーの相互作用を通して知を生成する，会話の特殊な形式」（同上：ix頁）である。つまり，研究者と対象者がインタビューデータを共有し，お互いの見方を省察・更新していくことがインタビュー本来の姿なのだろう。このプロセスは，無意識的に見落としてきたリアリティの存在にお互いが気づくきっかけとなる可能性がある。これこそが研究知と実践知の相互交流であり，「近代科学が無視し，軽視し，みようとしてこなかった『現実』に目を向け，捉えようとする」（竺沙2018：47頁），すなわち「臨床の知」を生成していく回路を開くのではないか。

第二は，探索型の研究手法の開発である。2009〜2012年の研究推進委員会が挑んだ「感情」に関する課題研究は，これまで主流であった仮説—検証型の研究モデルをおおよそ確定させた上で調査に入ることは有効でなく，探索型の研究スタイルが有効なことを示せたのではないかと結んだ（榊原2013：150頁）。

加えて，このようなまとめに至った過程には「関係者へのすこぶる丁寧な，またそれなりの数のインフォーマントからのデータ収集と整理と議論」（同上）があったことは大変示唆に富む。また，探索型の研究手法とは，研究知の一般化を一旦留保するということも含むであろう。今回抽出した論文にも，事例選定の理由や他への一般化をめぐるエクスキューズが散見された。確かに，科学的研究の在り方としての必要性は理解するが，このような物言いこそが，質的調査本来の強みや可能性を狭めてしまうことになりはしないか。他分野ではあるが，村上（2013）による現象学的アプローチ[4]や当事者のナラティブ（語り）とストーリー（経験の積み重ね）を出発点にするナラティブ・アプローチ（田中 2017）などは今後参考にする必要があるように考える[5]。

　第三は，教育実践過程への着目である。当事者という観点を出発点にするならば，もっと教育実践の場面や教師に照準した研究の組立てが必要になろう。教育過程と経営過程は別に存在するのではなく，教育実践において統合されているというのが学校現場の「リアル」である（水本 2021）。しかしながら，教育経営学研究では，経営過程および管理職に代表される経営過程の中心的アクターが主たる研究対象となっていることが多く，教育実践の主たるアクターである教師さらには子どもがその枠外に置かれてしまっていることへの問題提起も継続的に存在する（水本 2000，片山 2013，雪丸 2021など）。

　近年の環境変化によって，教育実践は文字通り揺り動かされてきた。リアリティを眼差す教育経営学研究であるために，研究者が限定した視点ではなく，当事者が紡ぎ出す言葉から探索的に研究を組み立てる試みが必要である。

［注］

(1)　教育経営学研究における研究方法については，2006〜2009年の研究推進委員会でも検討され，その成果は藤原・露口・武井編著（2010）にまとめられている。

(2)　本稿では「教育経営の実践事例」は対象外とした。当該の論稿が実践の実施内容を紹介・分析する，つまりリアリティを作り出そうとした過程について明らかにするものであり，リアリティをどのように描き出そうとしていたのかを検討するという本稿の目的には合致しないと判断したからである。

(3)　鈴木（2021：31頁）は，教育経営学研究においてエスノグラフィが普及しなかった理由として，エスノグラフィの専門家以外にはそれを名乗ってよい条件が判然としないこと（フィールドワークや事例研究との違いが明確でない），エスノグラフィを自称することで，研究の読まれ方や読者を限定してしまうことを研究者が懸念し

ていることを挙げている。
(4)　本学会でも河野（1988）がこのアプローチについて論じている。
(5)　水本・畑中・臼井・柏木（2019：33頁）は，今後の質的研究の展望として，①動
　　態の詳細な記述，②研究目的に応じた時間的経過の重視，③事前に設定した理論枠
　　組みにデータを落とし込むのではなく，詳細な記述から探索的に概念を構築する，
　　④当事者性を重視する，の4点を挙げている。

［引用文献一覧］

・阿内春生「県費負担教職員制度下における市町村費負担教職員制度の前史的事例に
　関する検討―旧A町の複式解消を目的とする町費負担教員雇用の実践―」『日本教
　育経営学会紀要』第52号，2010年，50-64頁。
・天笠茂「指導組織の改善に関する史的考察―N小学校におけるケーススタディーを
　中心に」『学校経営研究』第20巻，1995年，49-69頁。
・海口浩芳「定例会からみる教育委員会の機能の分析―『ルーティン』概念を手がか
　りに―」『日本教育経営学会紀要』第47号，2005年，48-63頁。
・大谷尚『質的研究の考え方―研究方法論からSCATによる分析まで』名古屋大学
　出版会，2019年。
・大野裕己「校長はどのような仕事をしているのか？―エスノグラフィ―」藤原文
　雄・露口健司・武井敦史編著『学校組織調査法―デザイン・方法・技法』学事出版，
　2010年a，63-76頁。
・大野裕己「校長の職務実態／職務行動を対象とする調査―エスノグラフィを中心に
　―」『日本教育経営学会紀要』第52号，2010年b，157-162頁。
・柏木智子「学校と家庭・地域の連携に関する一考察―子どもへの効果に着目して―」
　『日本教育経営学会紀要』第44号，2002年，95-107頁。
・片山紀子「社会変動と子どもをめぐる課題」『日本教育経営学会紀要』第55号，
　2013年，14-26頁。
・川上泰彦「学校管理職による情報交換と相談―校長・教頭のネットワークに着目し
　て―」『日本教育経営学会紀要』第47号，2005年，80-95頁。
・木下豪「地方小都市における地域住民の学校参加の意義に関する一考察―教育に関
　わる当事者としての認識形成に着目した事例分析―」『日本教育経営学会紀要』第
　63号，2021年，70-86頁。
・河野和清「アメリカ教育経営学における現象学的アプローチ」『日本教育経営学会
　紀要』第30号，1988年，91-106頁。
・小島優生「韓国における学校運営委員会の組織と機能―教科書選定過程に着目して
　―」『日本教育経営学会紀要』第46号，2004年，65-77頁。
・小早川倫美・榎景子「COVID-19発生以降の教育経営にかかる実態と課題をめぐる

研究動向」『日本教育経営学会紀要』第64号，2022年，172-181頁。
・榊原禎宏「討論のまとめ」『日本教育経営学会紀要』第55号，2013年，149-150頁。
・佐古秀一・中川桂子「教育課題の生成と共有を支援する学校組織開発プログラムの構築とその効果に関する研究―小規模小学校を対象として―」『日本教育経営学会紀要』第47号，2005年，96-111頁。
・佐古秀一・竹崎有紀子「漸進的な学校組織開発の方法論の構築とその実践的有効性に関する事例研究」『日本教育経営学会紀要』第53号，2011年，75-90頁。
・佐古秀一「教育経営研究のリアリティ探究」『日本教育経営学会紀要』第64号，2022年，127-131頁。
・佐藤博志「スクールリーダーの資質向上に関する国際的検討―オーストラリアの教育改革と専門職スタンダード―」『日本教育経営学会紀要』第56号，2014年，35-50頁。
・白佐俊憲『研究の進め方・まとめ方』川島書店，1980年。
・新谷龍太朗「米国における『専門職の学習共同体（Professional Learning Communities：PLCs)』の検討―デュフォーのモデルを発展させた中学校の事例を通して―」『日本教育経営学会紀要』第56号，2014年，68-81頁。
・鈴木雅博「教員コードによる職員会議の秩序構築―解釈的アプローチによる相互行為分析―」『日本教育経営学会紀要』第57号，2015年，64-78頁。
・鈴木雅博「学校研究における組織エスノグラフィーの現在」『社会と調査』No.26，2021年，28-35頁。
・スタイナー・クヴァール著／能智正博・徳田治子訳『質的研究のための「インター・ビュー」』新曜社，2016年。
・諏訪晃一・渥美公秀「教育コミュニティづくりとハビタント：地域への外部参入者としての校長」『日本教育経営学会紀要』第48号，2006年，84-99頁。
・髙野貴大「アメリカにおける『社会正義』を志向する新たな教員養成プログラム―シアトル教員レジデンシーの事例分析―」『日本教育経営学会紀要』第60号，2018年，112-127頁。
・武井敦史「質的調査」日本教育経営学会編『教育経営ハンドブック（講座現代の教育経営５)』学文社，2018年，34-35頁。
・田中昌弥「ナラティブ・アプローチ」日本教師教育学会編『教師教育研究ハンドブック』学文社，2017年，102-105頁。
・田中真秀「教育経営学の『知の蓄積』と『知の継承』への一検討」『日本教育経営学会紀要』第63号，2021年，142-143頁。
・竺沙知章「『エビデンスに基づく教育政策』と教育経営研究」日本教育経営学会編『教育経営における研究と実践（講座現代の教育経営４)』学文社，2018年，39-49頁。
・照屋翔大「アメリカにおける『教育の専門性』をめぐる現状と課題― NBPTS による優秀教員資格認定の取り組みに着目して―」『日本教育経営学会紀要』第59号，

2017年，58-72頁。

・仲田康一「学校運営協議会における『無言委員』の所在―学校参加と学校をめぐる
　ミクロ社会関係―」『日本教育経営学会紀要』第52号，2010年，96-110頁。

・中村怜詞・熊丸真太郎「教師の意識変容はいかになされるか―総合的な探究の時間
　の実践に着目して―」『日本教育経営学会紀要』第64号，2022年，56-72頁。

・畑中大路「M-GTAを用いた学校経営分析の可能性―ミドル・アップダウン・マネ
　ジメントを分析事例として―」『日本教育経営学会紀要』第54号，2012年，76-91頁。

・畑中大路「ミドル・アップダウン・マネジメントにおける教頭の位置―高等学校に
　おける3年間の実践を分析事例として―」『日本教育経営学会紀要』第60号，2018年，
　128-142頁。

・原北祥悟「公立小・中学校における非正規教員の任用傾向とその特質―助教諭の運
　用と教職の専門職性をめぐって―」『日本教育経営学会紀要』第62号，2020年，
　62-76頁。

・藤原文雄・露口健司・武井敦史編著『学校組織調査法―デザイン・方法・技法』学
　事出版，2010年。

・水本徳明「学校の組織・運営の原理と構造」日本教育経営学会編『自律的学校経営
　と教育経営（シリーズ教育の経営2）』玉川大学出版部，2000年，132-148頁。

・水本徳明・畑中大路・臼井智美・柏木智子「学校経営の質的研究の展望」『京都教
　育大学大学院連合教職実践研究科年報』第8号，2019年，23-36頁。

・水本徳明「教育経営における子どもの主体化の現代的様相―言説的制度としての教
　科書の言語行為論的分析を通じて―」『日本教育経営学会紀要』第63号，2021年，
　2-18頁。

・御代田桜子「学校統廃合に伴う学校―地域連携の再編過程―人口減少社会における
　『地域教育経営』論の再構築―」『日本教育経営学会紀要』第61号，2019年，62-77頁。

・村上靖彦『摘便とお花見―看護の語りの現象学』医学書院，2013年。

・雪丸武彦「子どもを枠組みに入れた教育経営研究の動向」『日本教育経営学会紀要』
　第63号，2021年，206-215頁。

・湯藤定宗「米国チャータースクールにおけるスポンサーによる学校評価に関する研
　究―Bethel UniversityによるPACT評価を事例として―」『日本教育経営学会紀
　要』第52号，2010年，111-125頁。

・横山剛士・清水紀宏「教育イノベーションの継続的採用を促す組織的要因の検討―
　学校と地域の連携による合同運動会の定着過程に関する事例研究―」『日本教育経
　営学会紀要』第47号，2005年，145-160頁。

・吉田尚史「『災害経験の継承』をねらいとしたカリキュラム改革の意義と課題―福
　島県双葉郡における『ふるさと創造学』の策定過程―」『日本教育経営学会紀要』
　第63号，2021年，87-104頁。

日本教育経営学会第62回大会報告

　日本教育経営学会第62回大会は，2022年6月3日（金）〜5日（日）の三日間，菅原至大会実行委員長のもと上越教育大学が担当校となりオンラインにて開催された。第61回大会に倣い学会員は参加費無料，非会員についても公開シンポジウムのみ参加の場合には無料とし，全日程の参加を希望する非会員のみPeatixによる事前申込み（参加費1,000円）を依頼する形での実施とした。正確な参加者数は確定できないが，全日程を通して延べ参加者数は約180名（うち，有料にて参加された非会員は44名）であった。

　初日には，各種委員会，全国理事会のほか，若手研究者のための研究フォーラム「若手研究者が考える教育経営学研究の現在地と展望」が開催された（参加者約40名）。若手研究者のための研究フォーラムでは，活発な意見交換が行われるとともに，企画者からの依頼に応じてフォーラム終了後も1時間程度Zoomを継続開室し，引き続き自由な交流が行われた。オンラインのために削減されてしまっている懇親会の場を違った形で提供することとなり，若手研究者のネットワークづくりに有益な機会とすることができた。

　二日目には午前中に自由研究発表を4分科会（参加者延べ約175名），午後に公開シンポジウム（178名）と総会，懇親会（28名）を実施し，三日目は午前中に自由研究4分科会（延べ164名）と，午後に課題研究（103名）と実践研究フォーラム（52名）を実施した。（括弧内は参加者数の概算。Zoomミーティング参加者数を記録したが，流動性が高く正確な人数は把握できない。）

　自由研究発表は，土，日両日で8分科会（全31件）の研究発表が設定され，具体的実践事例から理論的考察に及ぶ幅広い研究報告がなされた。公開シンポジウムは，「新しい教育の形と教育経営」というテーマで，韮澤篤氏（十日町市社会教育委員），荒井英治郎氏（信州大学），末冨芳会員の3氏からの問題提起をもとに，これからの時代の教育経営について幅広い議論を展開した（司会：辻村貴洋会員，辻野けんま会員）。韮澤氏からは，十日町市での市民が主体となって進める町づくりと学校教育との連携について実践事例を紹介いただき，荒井氏と末冨会員からは，実践的活動に加えて研究者の立場での現状分析，政策に対する評価を含め，今考えるべき問題の提案があった。新潟県という大

会開催担当校が立脚する地域的課題も意識し，少子高齢化する地域，子どもの貧困や複雑な課題が影響する新型コロナウイルス感染症対応などについて，受け身ではない積極的な教育経営実践を考えることを意図していたが，当日は，こども基本法とこども家庭庁の設置など，最新の政策トピックまで視野に入れた議論となった。多面的な意見交換がなされ，参加者それぞれが身近で切実な課題意識を持ち帰ることができたのではないかと考えている。

　また，研究推進委員会による課題研究は「教育経営学研究の新機軸の探究⑴」と題して教育経営学研究の在り方が議論され，実践推進委員会による実践研究フォーラムでは「日本教育経営学会における教育経営実践事例とは何か」と題して教育経営研究の中での実践事例の位置づけが議論された。この二つのプログラムは，理論と実践の両面から教育経営学の今日的課題を捉え，そのありように真摯に向き合おうとするものとなった。複数の参加者から「どちらかにしか参加できないのはもったいない」との感想をいただいた。

　以上，会員各位のご協力により，いずれのプログラムも盛会裏に終えることができた。3回目のオンライン開催であったため，参加者の皆様がZoomの利用に習熟してきたことがスムーズな開催につながったものと思っている。昨年度実施校である広島大学からの「オンライン・マニュアル」の引継ぎも大変ありがたく，実行委員会での大会準備もほとんど混乱することなく進めることができた。多くの学生が教育実習へ出る本学の事情から，コロナ対策は落ち着きつつあるとはいえ，対面実施に踏み切ってもよいかどうか悩ましかったところを，早い段階でオンライン大会へと方針を決定していただいた会長および理事会のご判断，また参加者の皆様に心より感謝申し上げたい。

　一点，残念であったのは，懇親会の参加者が少なかったことである。オンラインではどうしても参加者が自由に交流する機会が限られてしまう。今大会でも最終的にはZoomでの懇親会としたが，直接会話を交わすだけでなく，若手研究者が名刺交換をするための，個人宛チャットタイムを入れるなど，実行委員会なりの工夫を試みた。しかし，長時間にわたるオンライン発表および視聴の後であったため，懇親会参加者がほとんどいない結果となってしまった。対面実施による懇親会の価値を改めて実感したところである。新型コロナ感染症は決して楽観視できる状況ではないが，次期大会以降，大会プログラムの中で再び対面での懇親会が開催される日が来ることを期待したい。

（第62回大会実行委員会事務局長　安藤知子）

日本教育経営学会会則

第1章　総　則

第1条　本会は日本教育経営学会（The Japanese Association for the Study of Educational Administration）という。

第2条　本会は，教育経営の研究と実践を促進し，その普及を図ることを目的とする。

第3条　本会は次の事業を行う。

 (1)　大会および研究会の開催

 (2)　学会紀要（「日本教育経営学会紀要」），会報等の発行

 (3)　会員の研究および共同研究の促進

 (4)　内外の関係学会との連携

 (5)　教育経営の関係機関及び団体等との連携

 (6)　教育経営の研究と実践の普及活動

 (7)　その他本会の目的達成のための事業

第2章　会　員

第4条　本会の入退会には，次の手続きを必要とする。

 1．本会に入会するには，必要事項を登録し，当該年度の会費を納入することを必要とする。

 2．入会にあたり，会員の推薦を必要とする。

 3．本会を退会するものは，毎年3月31日までに文書により申し出るものとする。

第5条　会員は本会が行う事業に参加し，研究大会，学会紀要等で研究発表することができる。

 2．会員は本会の倫理綱領を遵守しなければならない。

第6条　会員は会費を納入するものとする。

 1．会費は年額8,000円（学会紀要費を含む）とする。

 2．2年以上会費の納入を怠ったものは，会員としての資格を失う。

第7条　会員にして義務を怠ったものに対しては，理事会の決議により除名する。

第8条　本会に名誉会員を置くことができる。名誉会員は，理事会が推薦し総会の承認を得るものとする。

第3章　役　員

第9条　本会に次の役員をおく。

 会長　1名　理事　若干名（常任理事を含む）　監査　2名

第10条　1．会長は本会を代表し，会務をつかさどる。会長に事故あるときは，理事会の推薦により理事の一人がその職務を代行する。

 2．理事は理事会を組織し，本会の運営にあたる。内若干名を常任理事とし業務の執行にあたる。

 3．監査は会計を監査する。

第11条　会長，理事，監査は総会において選出し，常任理事は理事の互選による。

第12条　役員の任期は3年とする。但し理事及び監査は再任を妨げない。

第13条　理事に欠員が生じたときは，次点者をもって補い，その任期は前任者の残りの期間とする。

第14条　本会に顧問をおくことができる。

第4章　総　会

第15条　総会は会長が召集し，本会事業の重要事項を審議する最高議決機関とする。

第5章　地方研究団体・機関との連携

第16条　本会は，地方における教育経営研究に関する団体・機関と連携することができる。連携に関する事項は別に規程により定める。

第6章　会　計

第17条　本会の経費は会費，その他の収入をもってこれにあてる。

第18条　理事会は予算案を編成し，総会の議に附するものとする。

第19条　本会の会計年度は，毎年4月1日に始まり，翌年3月31日に終わる。

第7章　各種委員会

第20条　1．本会に紀要編集委員会をおく。紀要編集委員会は，学会紀要の編集にあたる。

　　　　2．本会に研究推進委員会をおく。研究推進委員会は，学会としての研究の推進にあたる。

　　　　3．本会に実践推進委員会をおく。実践推進委員会は，教育経営に関する実践の推進にあたる。

　　　　4．本会に国際交流委員会をおく。国際交流委員会は，研究の国際交流にあたる。

　　　　5．本会に必要に応じて，総会の議を経て特別委員会をおくことができる。

第21条　各委員会は委員長1名，委員若干名で構成する。委員は，会員の中から理事会の議を経て会長が委嘱する。

第22条　各委員会の運営に関する細則は必要に応じて別に定める。

第8章　学会褒賞制度

第23条　会員の研究の活性化と奨励を期して学会褒賞制度を設ける。学会褒賞制度に関する細則は別に定める。

第9章　事務局

第24条　本会に事務局をおく。事務局は事務局長1名，幹事若干名で構成する。

第25条　事務局長および幹事は，会員の中から理事会の議を経て会長が委嘱する。

第26条　事務局は会務を処理する。

　　　補　則

　本会の運営に必要な細則は別に定める。

　　　附　則

第1条　本会則の変更は総会の決議による。

第2条　削除

第3条　本会則は昭和33年12月13日より施行する。

第4条　本会則は昭和60年6月7日より施行する。

第5条　本会則は平成元年4月1日より施行する。

第6条　本会則は平成2年6月2日より施行する。

第 7 条　本会則は平成 5 年 6 月 5 日より施行する。
第 8 条　本会則は平成 9 年 5 月31日より施行する。
第 9 条　本会則は1999年 6 月 5 日より施行する。
第10条　本会則は2000年 6 月10日より施行する。
第11条　本会則は2001年 6 月 9 日より施行する。
第12条　本会則は2003年 6 月 7 日より施行する。
第13条　本会則は2006年 6 月 3 日より施行する。
第14条　本会則は2007年 6 月 2 日より施行する。
第15条　本会則は2012年 6 月 9 日より施行する。
第16条　本会則は2020年 9 月 1 日より施行する。
第17条　本会則は2021年 6 月 5 日より施行する。

日本教育経営学会紀要編集規程

1 ．日本教育経営学会紀要は日本教育経営学会の機関誌で，原則として 1 年に 1 回発行する。
2 ．本紀要には，教育経営学に関する未公刊の論文・資料・書評などのほか，学会会務報告その他会員の研究活動についての記事を編集掲載する。
3 ．紀要編集委員長については，会長が理事の中から選任し委嘱する。但し，その選任にあたっては，常任理事会の同意を得るものとする。
　　紀要編集委員長は紀要編集委員会を代表し，紀要編集委員会会務をつかさどる。紀要編集委員長に事故あるときは，会長の委嘱により紀要編集委員の一人がその職務を代行する。
4 ．委員長以外の紀要編集委員については，紀要編集委員長が，会長と協議の上，会員の中から14名を下限として選任し委嘱する。但し，その選任にあたっては，常任理事会の同意を得るものとし，必ず各理事選挙区から 1 名以上が選任されるようにするとともに，学会での活動実績，専門分野等に配慮するものとする。
　　紀要編集委員の任期は 3 年とする。但し，再任を妨げない。
5 ．紀要編集業務を担当するために，常任編集委員を若干名おく。常任編集委員については，紀要編集委員長が，会長と協議の上，紀要編集委員の中から選任し委嘱する。但し，その選任にあたっては，常任理事会の同意を得るものとする。
6 ．紀要編集業務を処理するために，紀要編集委員会事務局を組織し，そこに紀要編集幹事を若干名おく。紀要編集幹事は紀要編集委員長が委嘱する。
7 ．本紀要に論文を掲載しようとする会員は，所定の論文投稿要領に従い，紀要編集委員会事務局宛に送付するものとする。
8 ．投稿資格は 9 月 1 日現在で会員であることとする。
9 ．論文の掲載は紀要編集委員会において決定する。
10．掲載の場合若干の変更を加えることもある。但し内容についての重要な変更を加える

時は執筆者と相談する。

11．本紀要に掲載したものの原稿は原則として返還しない。

12．本紀要に掲載した記事は原則としてすべて科学技術振興機構 J-STAGE の電子図書館コンテンツとする。但し紀要第57号までは国立情報学研究所電子図書館サービスの電子図書館コンテンツとする。

附　　則　　本規程は平成 2 年 6 月 2 日より施行する。

　　　　　　本規程は平成 6 年 6 月 4 日より施行する。

　　　　　　本規程は1999年 6 月 5 日より施行する。

　　　　　　本規程は2003年 6 月 7 日より施行する。

　　　　　　本規程は2011年 6 月 4 日より施行する。

　　　　　　本規定は2017年 6 月10日より施行する。

日本教育経営学会　紀要編集委員会
研究論文投稿要領

1．論文投稿は未発表のものに限る。ただし，口頭発表およびその配布資料はこの限りではない。

　　投稿論文と目的・方法・知見等の面で重複している論文あるいは調査報告をすでに発表（予定を含む）している場合はそのコピーをすべて添付した上で投稿すること。

　　この規定に違反し，二重投稿等の研究倫理に違反した場合には，論文審査や投稿資格の停止の対象となる可能性がある。

2．論文投稿（注および引用文献を含む）は紀要16ページ（400字詰原稿用紙約43枚相当）以内とする。提出形式の詳細については下記の要件をすべて満たすものとする。

　⑴　原稿はワープロ等による横書きとし，Ａ 4 判，天地余白各45mm，左右余白各35mm（10.5ポイントもしくは11ポイントのフォントを使用），35字×32行×16枚以内とする。 1 枚目は論文題目を 1 行目に記載し，17行目から本文を書き始めることとする。節題の上下 1 行ずつは空白行とする。たとえば節題が 1 行の場合には 3 行とることとなる。なお 1 頁目の本文開始行（17行目）のみ節題上の余白は不要で17行目に節題記入を認める。

　⑵　表紙を必ず添付し，表紙に論文題目のみを記載すること（執筆者名，所属は記載しない）。表紙と投稿論文原稿とホッチキス止めして提出すること（クリップ止め不可）。

　⑶　注・引用文献については 1 枚あたり37字×35行の書式とする。

　⑷　図表は本文に挿入したうえで提出するものとする（後日別形式で提出を求める場合がある）。

　　　図表がある場合には10点以内にとどめ，このスペースも前記制限枚数に含めるものとする。

　　　図表中の文字は 8 ポイント以上の大きさとし，図表が極端に小さくならないよう留意するものとする。

(5) 投稿論文には，執筆者名，所属名は書き入れず，本文（注・引用文献を含む）にも
　　それらが判明する書き方をしない。

　　　また「拙著」「拙稿」などの表現，研究助成，共同研究者への謝辞など，投稿者名
　や所属機関が判明，推測できるような表現は控えること。これらの記載が必要な場合
　は，採択決定後の校正において加筆することを認める。

(6) 規定枚数を超過した場合には，受理しない。

3．投稿は，電子メールと郵送によって提出するものとする。電子メールでは，PDFファ
　イルの形式で，執筆者名がプロパティ等に記録されないように注意して保存し，論文の
　みを送信する。郵送では，論文（表紙とともにホッチキス止めしたもの）1部と別紙
　（論文タイトル，執筆者名，所属名，連絡先を付記したもの）1部を，日本教育経営学
　会紀要編集委員会事務局宛に送付する。

4．投稿論文の申込期限は10月10日とし，電子メール，郵送のいずれでも可とする。論文
　等の提出期限は，11月9日とする。

5．投稿論文について編集委員会は，執筆者との協議を通じ，内容の変更を求めることが
　ある。

6．掲載が決定した論文については，改めて(1)論文タイトル，執筆者名，所属名を付記し
　た論文原稿，(2)英文タイトル，300語以内の英文レジュメ，ローマ字表記の執筆者名，
　英文表記の所属名を付記した英文レジュメ，(3)それらが入力された電子的記録媒体
　（CD-R，DVD-R等）を日本教育経営学会紀要編集委員会事務局宛に郵送するものとす
　る。

　　　送付の形式はワープロソフト（Word，一太郎等）のままの形式とし，PDF形式は認
　めない。

　　　なお，(1)，(2)の郵送と合わせて，メールに日本教育経営学会紀要編集委員会事務局に
　データ送信を行う場合は(3)の送付を免除できるものとする。

7．執筆者による校正は再校までとする。その際，内容上の修正は原則として認められな
　い。

8．図版等で特定の費用を要する場合，執筆者に負担させることがある。

9．引用文献の表記法については，以下の通りとする。

(1) 単行本の表記方法

　　著者，書名，発行所，出版年の順で書く。

　　例1) 小野田正利『教育参加と民主制—フランスにおける教育審議機関に関する研
　　　　究』風間書房，1996年。

　　例2) Ravitch, D., *The Death and Life of Great American School System:How
　　　　Testing and Choice Are Undermining Education*, Basic Books, 2010.

　　例3) 国立教育政策研究所監訳『PISA2006年調査評価の枠組み』ぎょうせい，
　　　　2007年（＝Organization for Economic Co-operation and Development,
　　　　*Assessing Scientific, Reading and Mathematical Literacy:A Framework
　　　　for PISA 2006*, 2006.)

(2) 論文の表記方法

　　著者，論文名，雑誌名，巻，号，発行年，頁の順で書く。

　　例1）佐藤博志「オーストラリア首都直轄区の学校評価に関する考察―自律的学校
　　　　　経営における学校評価の役割に着目して」『日本教育経営学会紀要』第38号，
　　　　　1996年，88-99頁。

　　例2）Hargreaves, A., "Distinction and disgust; the emotional politics of school
　　　　　failure", *International Journal of Leadership in Education*, Vol.7, No.1,
　　　　　2004, pp.27-41.

10．脚注の表記方法は，引用文献と脚注を区別する方式とし，以下の表記方法に従うもの
　　とする。

　　注は文中の該当箇所に(1)，(2)……と表記し論文原稿末尾にまとめて記載する。

　　引用文献は本文中では，著者名（出版年），あるいは（著者名出版年：頁）として表
　　示する。

　　同一の著者の同一年の文献については，出版年の後にa，b，c……を付ける。

　　例1）しかし，浜田（1998a）も強調しているように……，単なる学校裁量の拡大に
　　　　　とどまり組織改革がともなわない場合には効果は低い。

　　例2）公立学校の改革を促進する動向は……，近年急速に進展している（中留・伊藤
　　　　　他2007：2頁）。

　　例3）Blumenthal の指摘によれば，「……である」（Blumenthal 2006: pp.564-565）。

11．引用文献は，邦文，欧文を含め，注のあとにまとめてアルファベット順に記載する。
　　著者，論文名，雑誌名，巻，号，出版社，出版年，頁の順に書く。なお引用文献は本文
　　中に用いたもののみをあげるものとする。

例）

［引用文献一覧］

・Blumenthal, R., "Why Connecticut Sued the Federal Government over No Child
　Left Behind", *Harvard Education Review*, No.76, Vol.4, 2006, pp.564-569.

・浜田博文「アメリカにおける個別学校の裁量拡大と校内組織改編に関する考察―『教
　員リーダー』の位置と役割に着目して―」『日本教育経営学会紀要』第40号，1998年
　a，68-81頁。

・浜田博文「米国フロリダ州における校長職をめぐる改革の動向について」『学校経営
　研究』第23号，大塚学校経営研究会，1998年b，76-87頁。

・中留武昭・伊藤文一・露口健司・大竹晋吾・雪丸武彦・田代裕一・倉本哲男・生田淳
　一・増田健太郎・小澤永治・八尾坂修『信頼を創造する公立学校の挑戦―壱岐丘の風
　がどのように吹いたか―』ぎょうせい，2007年。

・柳澤良明『ドイツ学校経営の研究―合議制学校経営と校長の役割変容―』亜紀書房，
　1996年。

日本教育経営学会紀要「教育経営の実践事例」
編集内規

1．〈目的〉
　　日本教育経営学会紀要に「教育経営の実践事例」の欄を設ける。「教育経営の実践事例」は，特色ある教育経営の実践事例を紹介・分析する論文を掲載することを目的とする。

2．〈執筆資格等〉
　⑴　論文の執筆者は，当該実践事例の企画立案または実施に関与した本学会の会員でなければならない。
　⑵　論文は未発表のものに限る。ただし，口頭発表プリントはこの限りではない。

3．〈募集方法〉
　　論文の募集は，投稿制および推薦制によって行う。

4．〈投稿制〉
　⑴　会員は，紀要編集委員会に対して論文を投稿することができる。
　⑵　紀要編集委員会は，投稿原稿の審査を行い，掲載の可否を決定する。その際，紀要編集委員会は，原稿の修正を求めることができる。
　⑶　紀要編集委員会は，必要に応じて，原稿の査読および修正を，紀要編集委員以外の適任の会員に委嘱することができる。
　⑷　原稿の分量は，紀要10ページ（400字詰原稿用紙約26枚相当）以内とする。その他，投稿の時期・手続き等は「日本教育経営学会紀要論文投稿要領」の規定を準用する。

5．〈推薦制〉
　⑴　理事および紀要編集委員は，実践事例およびその執筆会員を紀要編集委員会に推薦することができる。
　⑵　推薦に際しては，実践事例の概要（400字程度）と執筆会員の略歴を添えるものとする。
　⑶　紀要編集委員会は，実践事例概要と執筆会員の略歴を審査して，執筆依頼の可否を決定し，可とされた実践事例について，当該会員に執筆を依頼する。
　⑷　紀要編集委員会は，提出された原稿の修正を求めることができる。
　⑸　紀要編集委員会は，必要に応じて，原稿の修正を，紀要編集委員以外の適任の会員に委嘱することができる。
　⑹　原稿の分量は，紀要10ページ（400字詰原稿用紙約26枚相当）以内とする。その他，推薦の時期・手続き等は，「日本教育経営学会紀要論文投稿要領」の規定を準用する。この場合，「投稿」は「推薦」と読み替える。

日本教育経営学会 紀要編集委員会
「教育経営の実践事例」論文投稿要領

1．論文投稿は未発表のものに限る。ただし，口頭発表およびその配布資料はこの限りではない。

　　投稿論文と目的・方法・知見等の面で重複している論文あるいは調査報告をすでに発表（予定を含む）している場合はそのコピーをすべて添付した上で投稿すること。

　　この規定に違反し，二重投稿等の研究倫理に違反した場合には，当該論文の掲載は取り止めとなる。

2．論文投稿（注および引用文献を含む）は紀要10ページ（400字詰原稿用紙約26枚相当）以内とする。提出形式の詳細については下記の要件をすべて満たすものとする。

　⑴　原稿はワープロ等による横書きとし，Ａ４判，天地余白各45mm，左右余白各35mm（10.5ポイントもしくは11ポイントのフォントを使用），35字×32行×10枚以内とする。1枚目は論文題目を1行目に記載し，17行目から本文を書き始めることとする。節題には3行とる。

　⑵　表紙を必ず添付し，表紙に論文題目のみを記載すること（執筆者名，所属は記載しない）。表紙と投稿論文原稿とホッチキス止めして提出すること（クリップ止め不可）。

　⑶　注・引用文献については1枚あたり37字×35行の書式とする。

　⑷　図表は本文に挿入したうえで提出するものとする（後日別形式で提出を求める場合がある）。

　　　図表がある場合には10点以内にとどめ，このスペースも前記制限枚数に含めるものとする。

　　　図表中の文字は8ポイント以上の大きさとし，図表が極端に小さくならないよう留意するものとする。

　⑸　投稿論文には，執筆者名，所属名は書き入れず，本文（注・引用文献を含む）にもそれらが判明する書き方をしない。

　　　また「拙著」「拙稿」などの表現，研究助成，共同研究者への謝辞など，投稿者名や所属機関が判明，推測できるような表現は控えること。これらの記載が必要な場合は，採択決定後の校正において加筆することを認める。

　⑹　規定枚数を超過した場合には，受理しない。

3．投稿は，電子メールと郵送によって提出するものとする。電子メールでは，PDFファイルの形式で，執筆者名がプロパティ等に記録されないように注意して保存し，論文のみを送信する。郵送では，論文（表紙とともにホッチキス止めしたもの）1部と別紙（論文タイトル，執筆者名，所属名，連絡先を付記したもの）1部を，日本教育経営学会紀要編集委員会事務局宛に送付する。

4．投稿論文の申込期限は10月10日とし，電子メール，郵送のいずれでも可とする。論文等の提出期限は，11月9日とする。

5．投稿論文について編集委員会は，執筆者との協議を通じ，内容の変更を求めることがある。

6．掲載が決定した論文については，改めて(1)論文タイトル，執筆者名，所属名を付記した論文原稿，(2)英文タイトル，300語以内の英文レジュメ，ローマ字表記の執筆者名，英文表記の所属名を付記した英文レジュメ，(3)それらが入力された電子的記録媒体（CD-R，DVD-R 等）を日本教育経営学会紀要編集委員会事務局宛に郵送するものとする。

　　送付の形式はワープロソフト（Word，一太郎等）のままの形式とし，PDF 形式は認めない。

　　なお，(1)，(2)の郵送と合わせて，メールにて日本教育経営学会紀要編集委員会事務局に，データ送信を行う場合は，(3)の送付を免除できるものとする。

7．執筆者による校正は再校までとする。その際，内容上の修正は原則として認められない。

8．図版等で特定の費用を要する場合，執筆者に負担させることがある。

9．引用文献の表記法については，以下の通りとする。

　(1)　単行本の表記方法

　　　著者，書名，発行所，出版年の順で書く。

　　　例 1 ）小野田正利『教育参加と民主制—フランスにおける教育審議機関に関する研究』風間書房，1996年。

　　　例 2 ）Ravitch, D., *The Death and Life of Great American School System: How Testing and Choice Are Undermining Education*, Basic Books, 2010.

　　　例 3 ）国立教育政策研究所監訳『PISA2006年調査評価の枠組み』ぎょうせい，2007年（＝Organization for Economic Co-operation and Development, *Assessing Scientific, Reading and Mathematical Literacy: A Framework for PISA 2006*, 2006.）

　(2)　論文の表記方法

　　　著者，論文名，雑誌名，巻，号，発行年，頁の順で書く。

　　　例 1 ）佐藤博志「オーストラリア首都直轄区の学校評価に関する考察—自律的学校経営における学校評価の役割に着目して—」『日本教育経営学会紀要』第38号，1996年，88-99頁。

　　　例 2 ）Hargreaves, A., "Distinction and disgust; the emotional politics of school failure", *International Journal of Leadership in Education*, Vol.7, No.1, 2004, pp.27-41.

10．注の表記方法は，引用文献と脚注を区別する方式とし，以下の表記方法に従うものとする。

　　注は文中の該当箇所に(1)，(2)……と表記し論文原稿末尾にまとめて記載する。

　　引用文献は本文中では，著者名（出版年），あるいは（著者名出版年：頁）として表示する。同一の著者の同一年の文献については，出版年の後にa，b，c……を付ける。

　　　例 1 ）しかし，浜田（1998a）も強調しているように……，単なる学校裁量の拡大にとどまり組織改革がともなわない場合には効果は低い。

　　　例 2 ）公立学校の改革を促進する動向は……，近年急速に進展している（中留・伊藤

　　他2007：2頁）。

　　例3）Blumenthal の指摘によれば，「……である」（Blumenthal 2006: pp.564-565）。
11．引用文献は，邦文，欧文を含め，注のあとにまとめてアルファベット順に記載する。
　著者，論文名，雑誌名，巻，号，出版社，出版年，頁の順に書く。なお引用文献は本文
　中に用いたもののみをあげるものとする。

　　例)

　　［引用文献一覧］

　　・Blumenthal, R., "Why Connecticut Sued the Federal Government over No Child
　　　Left Behind", *Harvard Education Review*, No.76, Vol.4, 2006, pp.564-569.
　　・浜田博文「アメリカにおける個別学校の裁量拡大と校内組織改編に関する考察―『教
　　　員リーダー』の位置と役割に着目して―」『日本教育経営学会紀要』第40号，1998年
　　　a，68-81頁。
　　・浜田博文「米国フロリダ州における校長職をめぐる改革の動向について」『学校経営
　　　研究』第23号，大塚学校経営研究会，1998年b，76-87頁。
　　・中留武昭・伊藤文一・露口健司・大竹晋吾・雪丸武彦・田代裕一・倉本哲男・生田淳
　　　一・増田健太郎・小澤永治・八尾坂修『信頼を創造する公立学校の挑戦―壱岐丘の風
　　　がどのように吹いたか―』ぎょうせい，2007年。
　　・柳澤良明『ドイツ学校経営の研究―合議制学校経営と校長の役割変容―』亜紀書房，
　　　1996年。

日本教育経営学会著作権ポリシー

1．学会紀要掲載の論文等（特集論文，研究論文，教育経営の実践事例，シンポジウム・課題研究の報告，海外の教育経営事情，実践推進フォーラム，書評，教育経営学研究動向レビュー等）について
　(1)　著作権（著作権法第21条から第28条に規定されているすべての権利を含む。以下同様。）は，学会に帰属するものとする。
　(2)　著作者自身による学術目的等での利用（著作者自身による編集著作物への転載，掲載，WWWによる公衆送信，複写して配布等を含む。）を，学会は許諾する。著作者は，学会に許諾申請をする必要がない。ただし，刊行後1年間は，WWWによる公衆送信については，原則として許諾しない。また，学術目的等での利用に際しては，出典（論文誌名，巻号頁，出版年，以下同様。）を記載するものとする。
　(3)　著作者が所属する機関の機関リポジトリでの公開については，刊行1年後に無条件で許諾する。著作者自身および著作者が所属する機関による許諾申請をする必要がない。ただし，出典を記載するものとする。刊行後1年以内の場合には許諾しない。
　(4)　第三者から論文等の複製，翻訳，公衆送信等の許諾申請があった場合には，著作者の意向を尊重しつつ，常任理事会が許諾の決定を行うものとする。
2．大会の発表要旨（要旨集に掲載された著作物）について
　(1)　著作権は著作者に帰属するものとする。
　(2)　著作物の複製，公衆送信，頒布等を行おうとする者は，著作者の許諾を得るものとする。
3．学会あるいは学会の委員会，学会において設置されたグループ等による著作物（学会ニュースを含む。）について
　(1)　著作権は，学会に帰属するものとする。
　(2)　著作物の複製，公衆送信，頒布等を行おうとする者は，学会の許諾を得るものとする。

附則　本規程は，2010年6月5日より施行する。

2021年6月5日総会決定

日本教育経営学会研究倫理綱領

（制定の趣旨）

第1条　日本教育経営学会は，会則第2条に基づき，その目的を遂行する上で，教育経営の研究と実践がもたらす社会的影響を自覚し，その社会的使命を果たすために，研究倫理に関する基本原則を示す本綱領を制定する。

2　日本教育経営学会会員（以下「会員」とする）は，本綱領を踏まえ，その社会的責任に鑑み，教育経営の研究と実践の発展に努めなければならない。

（基本原則）

第2条　会員は，教育経営の研究と実践に関係する人々（研究参加者・情報提供者・研究対象者ないしその保護責任者など）の基本的人権を尊重し，社会的信頼を損なう行為を行ってはならない。

2　会員は，研究成果の発表にあたり，科学的・実践的合理性，倫理的妥当性に十分に配慮し，研究の信頼性を損なうことがないように努めなければならない。

（研究不正の防止）

第3条　会員は，研究活動における不正行為（ねつ造，改ざん，盗用），および研究成果発表における不適切な行為（二重投稿，分割出版，不適切なオーサーシップ）を行ってはならない。

（個人情報の保護等）

第4条　会員は，研究活動全般において，教育経営の研究と実践に関係する人々のプライバシーを尊重し，個人情報および関係する諸機関の情報を安全に管理して保護しなければならない。

2　会員は，研究の実施，成果の公開および資料の保管において，教育経営の研究と実践に関係する人々に対して十分な説明を行い，理解されていることを確認した上で，同意を得なければならない。

（学会の責務）

第5条　日本教育経営学会は，本綱領の遵守を社会的責務として確認するとともに，その具体的内容の明確化と会員への周知に向けて，継続的な努力を払うものとする。

Journal of JASEA
CONTENTS

ARTICLES: Impacts of Decentralization and Autonomy on School Management and Leadership

A Historical Reexamination of the "School Autonomy" Policy in Post-war Japan
Takashi UETAKE (Kyoei University)

How Should We Understand the 20 Years of Development of School Autonomy and School Management Committees?
Koichi NAKATA (Hosei University)

Issues Concerning the Sustainability of School-Community Collaborations: Their Role and Development as Social Education Systems
Yasuhito TAMMA (Chiba University)

The Actual Situation of Principals' Leadership under Decentralization and Autonomy of School Management and its Support Condition: Focusing on Differences in Principals' Perceptions of School Issues
Masashi ASAKURA (University of Tsukuba), Hidehiro SUWA (Kawasaki University of Medical Welfare), Takahiro TAKANO (Ibaraki University), Hirofumi HAMADA (University of Tsukuba)

THESES:

The Quality of Power in the Revision of Course of Study from the Perspective of Discursive Institutionalism: An Analysis of "Hitsuyo" (need or necessary) in the Reports of the Curriculum Council and Central Education Council in Japan
Noriaki MIZUMOTO (Doshiha Women's College of Liberal Arts)

Inquiry of Effective Data Use for School Improvement: Considerations Based on Cases of Foreign Countries
Takafumi KIRIMURA (Hirosaki University)

PRACTICAL CASE STUDY OF EDUCATIONAL MANAGEMENT:

The Possibility of "Laughter" on Practice and Research in Educational Administration: With a Focus on the Process of Fostering Classroom Climate through "WARAIGAKU (Educational Manzai)"
Masahiro MORIWAKI (Kyoto Compulsory Education School attached to Kyoto University of Education)

SYMPOSIUM:

Model of Education and Educational Management
Takahiro TSUJIMURA (Joetsu University of Education), Kemma TSUJINO (Osaka Metropolitan University)

FORUM FOR YOUNG RESEARCHERS:

Young Researchers' Perspectives on Now and Future of the Studies of Educational Administration
Tetsuro TAKEI (Ritsumeikan University), Kunitomo SAKUMA (Nihon University), Shougo HARAKITA (Sojo University), Maho TANAKA (Osaka Kyoiku University), Ryo YAMAMOTO (Oita University)

REPORT:

Creating a New Direction for Educational Management Research (1)
Takahiro KOMATSU (Kobe Shoin Women's University), Yuichi FURUTA (University of Tsukuba),

Satoko MIURA (Hyogo University of Teacher Education), Tomoaki CHIKUSA (Kyoto University of Education)

PRACTICE FORUM JASEA:
What are "Practical Cases"? –Exploring the Educational Management and Administration in JASEA.
Chihiro ISHIZAKI (Tokiwa Junior College), Tetsuya TAKATANI (Kagoshima University), Masashi ASAKURA (University of Tsukuba), Tomoko ANDO (Joetsu University of Education)

BOOK REVIEW:

RESERCH REVIEW:
The Characteristics and Issues of Qualitative Research Approaches in Educational Administration Studies
Shota TERUYA (Okinawa International University)

No.65, June 2023
Edited by
The Japanese Association for the Study of Educational Administration

編　集　後　記

　編集委員会の諸先生方，会員の皆さまのご協力を賜り，紀要第65号を無事に お届けすることができました。この場をお借りして，厚く御礼申し上げます。

　2023年2月に厚生労働省新型コロナウイルス感染症対策本部決定「マスク着 用の考え方の見直し等について」が通知され，同年4月より学校におけるマス ク着用を求めないことを基本とすることが示されました。2020年3月の一斉休 校以来の長い道のりでしたが，曲がりなりにも日常を取り戻しつつあるといえ そうです。平常を取り戻していく中で，教育経営研究・実践がこれまで以上に 活発になっていくことを願っています。

　第65号では前号を上回る数の投稿申込（全25件，前年比3件増）と投稿（全 20件，前年比2件増）をいただきました。次の第66号は，今期編集委員会最後 の紀要となります。多くの会員の皆さまの投稿をお待ちしております。

（編集幹事・櫻井直輝）

日本教育経営学会紀要　第65号

分権化・自律化がもたらした学校経営へのインパクト

2023年 6 月20日　初版発行　　　　　　　　定価3,300円（本体3,000円＋税10%）

編　集　　日 本 教 育 経 営 学 会（会 長　木岡　一明）
　　　　　日本教育経営学会紀要編集委員会（委員長　貞広　斎子）
発行者　　田　中　英　弥
発行所　　第一法規株式会社
　　　　　〒107-8560　東京都港区南青山 2 丁目11－17
　　　　　ホームページ　https://www.daiichihoki.co.jp/

ISBN978-4-474-09285-3 C3037（8）〈検印省略〉

日本教育経営学会紀要バックナンバー

第47号	自律的学校経営を担う学校経営者の在り方	2005年
第48号	学校経営の自律化に向けた評価と参加の在り方	2006年
第49号	教育経営をめぐる環境変動	2007年
第50号	教育経営概念の今日的検討―50周年記念号―	2008年
第51号	今日における教育経営学の意義と課題	2009年
第52号	学校の組織力と教育経営	2010年
第53号	教育経営と学力	2011年
第54号	教育経営と地域社会	2012年
第55号	社会変動と教育経営	2013年
第56号	教育改革と教職員の資質向上	2014年
第57号	教育経営の独立性を問う	2015年
第58号	学校組織のリアリティと人材育成の課題	2016年
第59号	大学経営の課題と展望	2017年
第60号	教育経営研究の課題と展望―60周年記念号―	2018年
第61号	カリキュラムと教育経営	2019年
第62号	教師という仕事と教育経営	2020年
第63号	子どもの生と教育経営	2021年
第64号	エビデンスと学校経営	2022年